대승불교 흥기시대 인도의 사원 생활

대승불교 흥기시대
인도의 사원 생활

| 『근본설일체유부율』을 중심으로 |

그레고리 쇼펜 著 · 오다니 노부치요 日譯 · 임은정 韓譯

운주사

역자 머리말

이 책이 발간될 수 있도록 많은 분이 도와주셨습니다. 그분들께 감사드립니다.

일본어 역자 오다니 노부치요 선생님의 역자 후기는, 이 책의 저자인 쇼펜 선생님 개인에 대한 이해와 학문에 대한 이해를 함께할 수 있는 내용이기에 제일 앞에 실었습니다. 이 후기를 먼저 읽고 본문을 읽는다면 훨씬 재미있는 독서가 될 것입니다. 『근본설일체유부율』과 같이 읽는다면 이 또한 재미있을 것입니다.

번역은 힘든 과정이었습니다. 많이 노력하면서 성장하는 귀중한 시간이기도 하였습니다. 학문이 미숙하여 번역에 미흡한 점이 많습니다. 부끄러운 생각이 듭니다.

이 책을 읽게 될 독자 분들께도 미리 감사드립니다.

2021년 2월 25일

임은정

일본어 역자 후기

1. 쇼펜 교수의 방법론

쇼펜 교수는, 대승불교가 불탑 교단에서부터 일어났다는 히라카와 아키라(平川彰) 박사의 '불탑 교단 기원설'의 비판자로 1975년 학계에 등장했다. 그러나 내가 교수의 연구에 주목하게 된 것은, 1983년 미시간 대학의 고메즈(Gomez) 교수를 방문했을 때였다. 고메즈 교수로부터 꼭 만나보라는 권유를 받고, 시애틀의 워싱턴 대학에 있는 쇼펜 교수를 방문했다. 그곳에서의 2일은 오로지 히라카와 설(平川說)에 대한 교수의 비판을 들으면서 보냈다. 나는 당시 히라카와 박사의 『초기 대승불교의 연구』를 읽고 박사의 불탑 교단 기원설에 감명을 받고 있었기에, 처음에는 교수의 비판을 불신不信했다. 하지만 교수의 비판을 열심히 듣게 되면서 설득력 있다고 생각했다. 불교학에 새로운 학설이 대두된 느낌이 들어 흥분했던 기억이 있다.

미국 불교학자들의 방법론을 조사하는 것이 이때 여행의 목적이었다. 이것을 교수에게도 묻자, 그는 비문을 읽고, 티베트 대장경에 수록된 4천 장의 오래된 율장인 『근본설일체유부율』을, 의미를 알거나 모르거나 매일 2~3장씩 읽는 것을 일과로 삼는 것이 방법론이라고 대답했다. 다른 연구자들이 시도한 방법론은 대체로 민속학이나 언어학이나 현상학이나 해석학 등 다른 학문 분야의 방법론을 불교학에

도입하는 것이었다. 이것들은 어떻게 보아도 미국 불교학자들의 방법론으로 어울린다는 느낌이 들어 매력적이었다. 이에 대해 "단지 비문과 율장 읽기를 일과로 삼는 것이 자신의 방법"이라고 잘라 말하는 쇼펜 교수의 대답을 듣고, 우리 쪽 질문이 가벼워 피하는 것 같다는 느낌을 받았다. 그러나 그렇지 않았다. 교수는 이것을 말 그대로 실천한 것이다. 교수는 많은 비문을 해독하면서 방대한 『근본설일체유부율』을 읽고 축적하여, 이것이 필요할 때마다 마음대로 이용할 수 있게 만들어, 대단히 흥미로운 논문으로 차례대로 발표했기 때문이다. 이런 논문들을 읽어 보면, 경전에는 비구의 이념적인 존재 방식이 묘사되어 있고, 비문이나 율장에는 비구들의 현실 생활이 반영되어 있을 것이라고 한 교수의 예감이, 이것들을 싫증 내지 않고 꾸준히 읽어 오랜 경험으로 축적하여, 지금은 확신으로까지 높인 것으로 보인다.

이번에 나는 대학원의 특별 세미나에서 교수의 보좌역을 맡게 되었다. 교수가 우리의 요구에 응해 강의나 공개강연회의 모든 원고를 미리 제출해 주었기에, 청강자에게는 영문 원고와 졸역拙譯을 같이 배부할 수 있었다. 이때는 시간에 제약이 있어 너무 조잡한 번역밖에 할 수 없었다. 본서는 그때 배포한 졸역을 대폭 개정한 것이다. 다 읽어 보면 알 수 있듯, 이번 강의에서 교수의 관심은 대승불교의 기원에 대한 논쟁의 테두리를 넘어, 1세기부터 4·5세기에 걸친 시대의 불교 교단에 대한 상황이나 비구의 생활실태에 대해, 소승의 한 부파의 계율서인 『근본설일체유부율』에 기초하여 가능한 한 구체적으로 밝혀 보는 것에 있었다. 교수가 소개하는 율장의 서술 속에는 우리가 예상했던 것과는 전혀 다른 비구들의 모습이 그려져 있었다.

우리는 보통 비구가 3의衣 1발鉢과 여수낭濾水囊과 좌구坐具 등 최소한의 물건 이외에는 재산을 사유하지 않았을 것으로 생각해 왔다. 그러나 실제로는 상당한 양을, 게다가 상당히 고가인 장식품을 소유했었다고, 교수는 강의에서 명확하게 밝혀 주었다. 학습이나 명상에 몰두했을 것으로만 여겨졌던 비구들이 현실에서는 건축 일을 감독하거나, 개(犬)를 기르거나, 심지어는 금융업과 관련된 일까지 했으며, 사원의 안팎에서 실로 다양한 업무에 종사했었다는 것까지 명확하게 밝혀 주었다. 우리 수강자들은 실로 인간 냄새 나는 비구들의 모습이 소개될 때마다 놀라게 되었다.

2. 쇼펜 교수의 불교학

2년 차 세미나를 실시할 즈음, 이에 관련된 준비를 하려고 교수가 근무하는 텍사스 대학을 방문했다. 9월 초순의 오스틴(Austin)은 아직도 한여름이어서 오후에는 35도가 조금 넘을 것 같은 더위였지만, 내가 있던 호텔이나 교수의 자택에서 에어컨을 알맞게 틀고 하는 회의 시간은 쾌적했다. 우리는 1주일 동안 매일 4시간 정도를, 첫해 있었던 강의에 대한 요점을 확인하고 다음에 있을 강의 원고에 대한 의문점을 검토하면서 보냈다. 이 중 하루는 교수의 불교와 관련된 생각을 듣기 위해 인터뷰 시간을 마련했다. 다음은 이때 들은 내용을 작성한 것이다. 교수의 불교와 관련된 생각이나 인품을 이해하기 위한 단서라는 생각이 들어 여기에 수록하기로 했다. 문장에 대한 책임은 역자에게 있다.〔이하부터 쇼펜 교수의 인터뷰〕

1) 교수의 성장과 불교와의 만남

저는 1947년 사우스 다코타(South Dakota)의 인구 3천 명도 되지 않는 작은 시골 마을 데드우드(Deadwood)에서 태어났습니다. 이 마을은 유명한 카우보이 와일드 빌 히콕크(Wild Bill Hickok)가 총을 맞은 장소라고 미국에서는 잘 알려져 있습니다. 처음에는 가톨릭계 학교에 입학했습니다만, 개구쟁이 짓을 지나치게 해서 수녀님의 빈축을 샀고, 7학년까지 재학한 후 전학할 수밖에 없었습니다.

제가 처음으로 불교를 접하게 된 것은 고교 시절, 마을 도서관에서 스즈키 다이세츠(鈴木大拙)의 선禪 관련 책을 발견하고서입니다. 당시 불교에 대해서는 거의 아무것도 몰랐는데 이 책을 읽어 보니 꽤 재미있었습니다. 도서관에 가서 다른 책을 빌리려고 했는데, 여기에는 스즈키 다이세츠의 책이 이것 말고는 비치되어 있지 않았습니다. 그래서 17마일 떨어진 근처의 서점에 가보았더니, 인쇄된 도서 카탈로그에 스즈키 다이세츠의 책이 있었습니다. 이것은 『입능가경入楞伽經』에 대한 것이었습니다.

주문하고 시간이 지나 책이 도착했을 때, 이것이 범어의 번역본이라는 것을 알게 되었습니다. 하지만 범어가 어떤 말인지는 몰랐습니다. 이를 계기로 불교와 범어를 배우고 싶었습니다. 하지만 그다지 유복하지 않은 가정에서 자랐기에 대학은 가까운 곳을 선택할 수밖에 없었습니다. 이 대학에는 불교학 과정도, 범어 과정도 없어서 할 수 없이 영문학을 전공했지만, 혼자서 계속 불교 서적을 읽었습니다. 3학년이 되었을 때, 전에 결혼을 약속한 애인이 시애틀(Seattle)로 가게 되었습니다. 그래서 저도 그녀를 따라 서해안으로 가게 되었습니다.

2) 학위를 취득할 때까지

이 무렵 시애틀에서는 워싱턴 대학에서 콘즈(Conze) 교수가 불교를 가르치고 있었기에, 3학년으로 편입해 콘즈 교수 밑에서 공부를 하게 되었습니다. 당시 워싱턴 대학에서는 고메즈(Gomez: 현 미시간 대학) 교수도 범어를 가르치고 있었습니다. 고메즈 교수는 워싱턴 대학에서 처음으로 강의를 하고 있었습니다. 그러나 저는 갓 결혼한 상태로 생활비를 벌어야 해서 고메즈 교수의 수업에는 거의 갈 수 없었습니다. 마침내 아내가 에칼라카 몬타나(Ekalaka Montana)에서 일자리를 구했고, 여기로 옮겨 4년이 되어 졸업했습니다.

이러는 동안 베트남 전쟁을 생각해야 할 나이가 되었습니다. 여러 생각 끝에 병역을 피하려고 캐나다로 가게 되었습니다. 맥마스터(McMaster) 대학에 입학하여 중국인 교수 밑에서 불교 공부를 했습니다. 토론토(Toronto)에서 카츠라 쇼류(桂紹隆: 현 히로시마 대학廣島大) 교수에게서 티베트어를 배운 것이 나중에 많은 도움이 되었습니다. 석사과정을 마치는 데 5년이 걸렸지만, 이 과정이 끝날 무렵 경전 숭배에 대한 논문을 써서 호주 국립대학의 드 용(J. W. de Jong) 교수에게 보냈습니다. 이것이 교수의 마음에 들어 박사 논문을 쓰기 위해 호주로 오라는 권유를 받았고, 이 권유를 따르기로 했습니다.

길기트(Gilgit) 사본은 호주로 가기 전부터 읽기 시작했기에 이 사본의 해독에도 흥미가 있었습니다. 드 용 교수로부터 길기트 사본 중 율장을 연구해 보라는 권유를 받았습니다. 당시에는 대승 경전에 관심이 많아, 율장이 재미없을 것이라고 믿었으므로 교수의 권유를 거절하고, 『약사왕경藥師王經』을 논문의 자료로 선택하여, 이 범어 텍스트와 티베트어 번역을 교정해서 영어로 번역했습니다. 이때 길기트 사본의 경전 부분은 전부 다 읽었습니다만, 율장 부분은 눈길도 주지 않았습니다. 지금 와서 보면 이것은 모순이었다고 생각합니다. 하지만 드 용 교수 덕분에 율장 공부를 꽤 잘할 수 있었습니다. 이렇게 호주에서 박사 논문을 마무리하고 딸이 태어났습니다.

호주에서 미국으로 돌아와 일자리를 찾았습니다. 하지만 일자리를 찾지 못했습니다. 처음에 찾은 것은 와이오밍(Wyoming)의 제재소에서 야간경비를 보는 일이었습니다. 이곳에서 1년간 일했습니다. 이 일은 꽤 마음에 들었습니다만, 유야마 아키라(湯山明: 현 소카 대학創価大교수) 박사의 초청으로 도쿄의 국제불교연구소에서 1년간 유학을 했습니다. 이 사이에도 길기트 사본을 읽으면서 몇 개의 논문을 썼습니다. 귀국 후 미시간(Michigan) 대학에서 일자리를 얻었습니다. 여기서 2년간 가르치고, 시애틀(Seattle)에서 1년간 가르치고, 인디애나(Indiana)에 가서 5~6년 가르치고, 텍사스(Texas) 대학에 와서 올해로 6년째가 되었습니다.

3) 영향을 받은 연구자

가장 큰 영향을 받은 이는 드 용(J. W. de Jong) 교수입니다. 교수로부터 텍스트를 주의 깊고 정밀하게 읽는 방법을 배웠기 때문입니다. 하지만 교수는 텍스트의 사상 자체에는 별로 관심이 없어서, 이 방면에 대해서는 교수로부터 배운 것이 거의 없습니다. 이 점에 대해서는 라모뜨(É. Lamotte)의 논문에서 많이 배웠습니다. 드 라 발레 푸생(Louis de la Vallée Poussin)의 논문도 열심히 읽었기 때문에 상당히 많은 영향을 받았습니다. 드 라 발레 푸생도, 라모뜨 못지않게 사상 연구에 관심을 가졌던 학자라고 생각합니다. 이런 분들이 저에게는 중요한 연구자입니다.

그러나 제가 지금까지 진행해 왔고 앞으로도 계속하려는 연구는 이런 연구자들의 연구 방법과는 직접적인 관계가 없습니다. 제가 이런 연구 방법을 생각해 낸 것은 『약사왕경』을 교정하면서, '어떤 스님들이 이 텍스트를 읽었을까?'라는 생각을 자주 했기 때문이며 이것이 계기가 되었습니다. 비문을 읽으면 어디서, 어떤 비구들이 이 텍스트를 사용했는지 알 수 있지 않을까 생각했습니다. 사실 그렇게 잘 실행되지는 않았지만, 비문 연구를 통해 참 많은 것을 배웠습니다. 최근에는 비문 연구와 고고학 연구의 중요성에 대해 진지하게 생각하는 연구자들이 늘어나고 있습니다. 이런 일에 제 연구가 적잖이 공헌했다고 조금은 자부하고 있습니다.

4) 『근본설일체유부율』에 대한 관심

『근본설일체유부율』에 대한 연구를 추천한 분이 드 용 교수였지만, 앞서 말씀드린 것처럼 율장에 대해서는 아무것도 몰랐고 재미있다고도 생각하지 않아 거절했습니다. 몇 년 후 비문을 공부하게 되었을 때, 비구가 실제로 일상생활에서 어떤 일을 했는지에 관심을 기울이게 되었습니다. '율장에는 비구가 실제로 행했던 것이 서술되어 있지 않을까?'라는 생각을 한 것입니다. 처음에 관심을 가진 주제는 장례식이었습니다. 이것은 적어도 서양에서는 아직 아무도 연구하지 않은 주제였습니다. 장례식에서 비구가 해야만 했던 일들과 이에 대한 교의敎義 관련 자료에 흥미가 생긴 것입니다. 여기에는 어떤 비구가 사망한 동료 비구를 위해 회향回向했을 것으로 생각되는 것이 있었습니다. 이것은 제가 그동안 비구에 대해 느끼고 있었던 것과는 전혀 다른 이미지였습니다. 저는 이렇게 해서 율장에 흥미를 갖게 되었습니다. 그래서 4천 엽葉에 이르는 이 율장을 전부 다 읽기로 했습니다. 대충 다 읽었지만 지금도 반복해서 읽고 있습니다.

『근본설일체유부율』에는 붓다 재세시在世時 교단(승가)의 모습이 얼마나 반영되어 있느냐는 질문을 자주 받습니다만, 『근본설일체유부율』에는 붓다 재세시의 승가가 실제로 어떤 것이었는지에 대해 아무것도 언급되어 있지 않습니다. 이것은 『근본설일체유부율』이 서기 1~2세기경에 쓰였거나 편집되었거나 편찬되었기 때문입니다. 이것은 이 당시 사원제도에 대해 말하고 있는 것에 지나지 않습니다.

『근본설일체유부율』뿐만 아니라 현존하는 율장 어느 것을 보더라도, 붓다 재세시의 승가를 말하고 있는 것은 없습니다. 왜냐하면, 팔리율로도 붓다고사(5세기) 이전의 실제 내용이 어떠했는지를 알 수 없고, 또 한역인 여러 율장도 모두 5세기 이후에 번역되었기 때문입니다. 현존하는 율장 모두가 붓다 재세시보다 훨씬 뒤에 만들어졌기 때문입니다. 이들 율장 중에서 어떤 것이 전기前期의 것이며 어떤 것이 후기後期의 것인지를 묻는다면, 이에 대한 답도 어려울 것입니다. 마찬가지로 붓다 재세시의 승가와 1~2세기 무렵의 어느 승가가 서로 닮아 있는가에 대한 답도 어렵습니다. 기원 1세기 이전의 교단에 대한 존재를 증명해 줄 수 있는 고고학적인 증거가 아무것도 존재하지 않기 때문입니다. 승가가 존재했었다는 것이 사실이라 해도, 지금은 어떤 흔적도 남아 있지 않기 때문입니다.

5) 경과 율의 관계

경과 율 중 어느 쪽이 더 오래되었을까? 라는 문제도 있습니다. 일반적으로 경이 율보다 더 이전에 성립되었을 것으로 생각하고 있습니다만, 과연 이것이 확실할까요? 경이 율과 별도로 발전했을 것이라는 생각에 확실한 근거가 있을까요? 『근본설일체유부율』에는 흥미로운 사실이 있습니다. 이 율장에는 다수의 경이 삽입되어 있습니다. 『근본설일체유부율』에는 팔리 니까야 장부경전의 3분의 1 또는 이 이상에 해당하는 경이 제외되지 않은 채, 지금까지도 일부분으로 존재해 오고 있습니다. 이것은 누군가가 이 율장에서 팔리경전을 선정했을 것이라는 인상을 줍니다. 그렇다면 율장에서 경이 선정되어 성립되었을 것이라는 가능성도 고려해 볼 수 있습니다. 더욱이 사원제도라는 관점에서도 율장이 먼저 만들어졌을 것으로 보는 것이 이치에도 맞습니다.

경이 율보다 먼저 만들어졌다고 보는 견해에는, 교의적教義的인 것이 제도적制度的인 것보다는 먼저 만들어졌다고 보아야 한다는 편견이 작용했을 것으로 생각됩니다. 그렇지만 이렇게 생각해야 할 근거는 어디에도 없습니다. 오히려 반대인 것을 보여주는 증거가 몇 가지 존재합니다. 이 중 하나가, 인도에서는 행위의 정당성이 교의의 정당성보다 중요시되는 경향이 있었습니다. 인도의 종교는 일반적으로 사상보다는 행위를 더 중요시했습니다. 길기트(Gilgit) 교단에서도 율은 『근본설일체유부율』을 사용했지만, 경은 모두 대승 경전을 사용했던 것 같습니다. 교단에서는 승려가 율만 지킨다면 누구도 그의 사상에 대해서는 왈가왈부하지 않았습니다. 교단에서는 사상을 그다지 문제 삼지 않았던 것입니다. 서양에서는 사상이나 교의教義를 더 중요하게 생각했습니다만, 인도에서는 반대였습니다.

6) 아함과 대승 경전의 서사書寫 연대

일반적으로 아함은 대승 경전보다 먼저 작성되었을 것으로 생각합니다만, 여기에도 문제가 있습니다. 『마하방사(*Mahāvaṃsa*)』에는 성전이 기원 원년 직전에 쓰인 것이라고 서술되어 있습니다만 이것은 스리랑카에서의 일일 뿐이고, 인도에서의 일에 대해서는 아무것도 알 수 없습니다. 인도에서는 오랜 시간 구전되다가 기록에 의한 전승으로 점차 변화되었을 것으로 생각합니다. 스리랑카에서 성전이 기록된 시대와 인도에서 대승 경전이 기록된 시대가 일치하기 때문입니다.

7) 초기 불교 문헌을 읽을 때의 주의사항

요컨대 이 문제는 불전을 올바르게 읽어야 한다는 단순한 말이 됩니다만, 실제로 이것은 좀처럼 쉽지 않습니다. 여기에는 불전의 수사법(修辭法, rhetoric)에 대한 문제가 있기 때문입니다. 여기서 3종류의 수사법을 생각해 볼 수 있습니다. 경전을 읽을 때, 3종류의 다른 정보가 서술되어 있다는 것을 생각해 볼 수 있습니다. 경전에서는 '붓다가 말했다'라고 자주 설명되어 있습니다만, 우리는 '붓다가 정말로 무엇을 말했는지' 모릅니다. 붓다가 말한 것의 직접적인 단서가 아무것도 없기 때문입니다. 모든 것은 붓다가 열반한 후에 기록되었습니다. 이것이 첫 번째 단계의 수사법입니다. 두 번째 단계의 수사법은 '붓다가 무엇을 의도했는가?'입니다. 하지만 붓다가 무엇을 말했는지도 모르는데, 무엇을 의도했는지를 어떻게 알 수 있겠습니까? 그리고 가장 귀찮은 세 번째 단계의 수사법은 '붓다가 사실은 무엇을 의도했는가?' 입니다.

초기 불교 문헌에는 선명하지 않은 점이 많이 존재합니다. 이것을 최근에서야 겨우 알게 되었습니다. 지금까지는 문헌의 기록에는 사건이 솔직하게 서술되어 있다고 생각해 왔습니다만, 사실은 그렇지 않았습니다. 하나의 문헌에서도 여러 목소리가 서로 경합을 벌이고 있다는 것을 알게 되었습니다. 우리가 이런 다양한 목소리를 듣게 된다면 모든 목소리가 아니라, 먼저 어떤 하나의 목소리에 귀를 기울여야 합니다. 이 모든 목소리를 차례로 듣지 않는다면 이런 일에 대한 전체의 모습을 알 수 없기 때문입니다. 현재 경전을 해석하는 오래된 해석 모델은 거의 신뢰 받지 못하고 있기에, 이 연구법은 매우 자극적이면서도 시사해 주는 바가 풍부하다고 생각합니다. 우리는 지금, 새로운 해석 모델을 시도해 보아야 할 시기에 와 있습니다.

8) 무엇이 진정한 불교인가?

만약 초기 불교만이 진정한 불교라고 말한다면, 티베트나 네팔이나 일본의 종교적 천재들의 노력을 경시하는 것입니다. 이들은 불교를 단지 수용만 했던 것이 아니라 이를 발전시켜, 전혀 다른 상황에까지 적응시켰던 것입니다. 이것은 지극히 창조적이었습니다. 이것을 불교의 적극적 전개라고 보고 연구해야지, 초기의 이상적 불교로부터 타락했다고 파악해서는 안 됩니다. 이처럼 후대의 불교가 타락했다고 생각하는 것을 다윈의 종의 기원 이론에 적용하면, 현재의 인간도 원초의 순수한 것으로부터 타락한 것입니다. 이런 생각은 후기 불교와 관련된 연구를 억압해 버립니다. 후기 불교에서도 배워야 할 자료는 풍부하게 있습니다. 이것은 이 자체로도 연구할 가치가 있습니다. 7세기 중국의 불교도 붓다의 불교와 마찬가지로 중요합니다. 후대의 불교가 타락했다고 생각할 때 발생하는 또 하나의 폐해는, 진짜 불교는 텍스트에서나 볼 수 있다는 생각을 더욱 강화하게 됩니다. 불교가 텍스트 이외에서도 존재하는 것은 말할 필요도 없습니다.

9) 불교 연구에서 가장 관심 있는 것

제가 불교 연구에서 가장 관심을 기울이는 것에 대해 말씀드리겠습니다. 저는 용수가 '공空'에 대해 말한 것에는 별로 관심이 없습니다. 이것보다는, '그는 자신의 어머니가 돌아가셨을 때 어떻게 했을까?'라는 것에 더 관심이 있습니다. 그가 그때 했을 행동이 현실 생활의 장場에 직면해서, 그가 가진 사상으로 어떻게 행동했는지를 말해 줄 것이기 때문입니다. 용수의 '공' 사상과 관련된 연구서는 매우 많습니다만, 용수가 어머니의 임종을 맞아 어떤 행동을 했는지에 대해 말하고 있는 것은 눈에 띄지 않습니다. 이러면 균형을 잃게 됩니다. 제가 『근본설일체유부율』을 공부하고 싶었던 이유 중 첫 번째가, 이 율장에는 비구들이 학문하거나 숲속에서 명상하고 있었을 뿐만 아니라, 매우 인간적 냄새가 나는 일상생활을 하고 있었던 것까지 서술되어 있었기 때문이었습니다. 이들은 청구서에 대한 대금을 지출하거나, 스승을 돌보거나, 환자가 생기거나 하면 그 사람이 사망할 경우까지도 생각하고 있었습니다.

장례식이라면 『열반경涅槃經』에서 붓다 스스로가 자신이 사망할 경우와 관련해 고민하는 모습도 서술되어 있으므로 관계가 없습니다. 이것도 철학과는 거의 관계가 없습니다. 이 자리에는 붓다와 아난다(Ananda)만이 있었습니다. 붓다는 아난다에게 장례식 걱정은 하지 않아도 된다고 말합니다. 일본에서는 이에 근거해, 붓다가 비구의 장례식을 금한 것처럼 말하는 사람도 있습니다만, 여기에는 이런 일에 대해서는 한마디도 서술되어 있지 않습니다. 붓다는 비구가 장례식을 하면 안 된다는 말을 한마디도 하지 않았습니다. 이 자리에 비구는 아난다밖에 없었습니다. 그리고 아난다에게는 새로 출가한 사람들을 돌보기 위해 비구로서 해야 할 다른 많은 업무가 있었습니다. 그래서 붓다는 그에게 이 업무를 하면 된다고 명했습니다. 비록 『열반경』에는 금지되어 있었어도 2백 년이 지난 후의 교단은 장례식을 치르고 있었습니다. 비구들이 장례식을 치른다고 해서 그들이 불자가 아니라고 말할 수 있을까요? 만약 붓다의 생각만이 불교라고 한다면, 후대의 불교는 모두 불교가 아니게 될 것입니다. 이런 결과는 '붓다만이 불자'라는 실로 기묘한 것이 될 것입니다.〔이상 쇼펜 교수의 인터뷰〕

3. 히라카와 아키라 박사의 '대승불교 불탑 교단 기원설'

마지막으로 쇼펜 교수의 연구실적 중 일부를 소개하기 위해, 히라카와 아키라(平川彰, 1915~2002) 박사의 '대승불교 불탑 교단 기원설'에 대한 교수의 비판을 조금 설명하고 싶다. '경전'은 보통 붓다의 가르침에서부터 시작되었다고 생각한다. 그러나 아함 경전은 지금까지도 붓다가 입멸한 후 시간이 지나 편찬된 경전이라는 기원을 가지면서, 붓다의 교설이 비교적 충실하게 반영되었다고 생각하는 반면, 대승 경전은 일본 에도(江戶) 시대의 천재적 유학자 도미나가 나카모토(富永仲基, 1715~1746)가 불설佛說이 아니라고 부정한 이래, 유럽의 근대불교학 연구 성과에서도 붓다의 가르침이 아니라고 주장하는 영향까지 받고 있어, 연구자들 대부분이 이를 인정하고 있다.

그러면 대승불교는 언제, 어디서, 누가, 어떻게 일으킨 것일까? 이것의 기원을 찾으려는 다양한 가설을 세운 논의가 지금까지 전개되었다. 지난 몇 년 동안 일본에서 가장 많은 지지를 받았던 것은 히라카와 아키라 박사의 '불탑 교단 기원설'이었다.

히라카와 박사는 소승의 한 부파였던 대중부가 발전해서 대승이 되었다는 지금까지의 정설을 물리치고 새로운 학설을 제기했다. 이때까지도 대중부는 마음의 본성이 청정하다고 여기면서, 매우 진보한 보살 사상까지 갖추고, 『화엄경』에서 말하는 '10주'설에 정통하여 '10지'설을 주장하며, 대승의 선구 사상이 된 것으로 보고 있었다. 그러나 소승불교 문헌과 관련된 연구가 진행되면서 다른 부파들도 대승과 공통된 사상을 갖고 있었다는 것이 밝혀져, 대중부의 교의만이 대승사상의 기원이라 할 수 없게 되었다. 히라카와 박사의 새로운 학설은, 이전의 연구자들이 오로지 교리적인 측면에서만 대승의 기원을 찾으려 한 것에 반해, 사회적 집단으로서의 측면인 교단에서 기원을 찾으려 한 것에 독자성이 있었다. 박사가 말하는 대승 교단은 소승 비구들의 승가와는 별도로 '보살 가나(bodhisattva gaṇa: 보살의 집단)'로 불리며, 불탑 옆의 승방에서 거주했을 것으로 여겨지는 대승 보살들의 교단이었다.

박사가 소승 승가와는 별도로 대승 교단을 생각해 낸 것에는, 대승 보살 스스로가 석가보살을 모방해 '보살 수행을 하고자 결심한 자'인데, 이런 수행자가 소승불교의 비구들과 같이 생활할 수 없었을 것이라는 이유에서였다. 이런 보살들이 인격적인 붓다의 출현을 기원하며 모인 장소가 불탑이었을 것으로 생각한 것이다. 이처럼 붓다의 덕을 흠모하고, 자비에 의한 구제를 기원하며 불탑에 모인 재가 신자의 불교 운동으로부터 대승불교가 시작되었다는 것이 히라카와 박사의 '불탑 교단 기원설'이다.

『율장』에서는 승가를 엄밀하게 규정하여 비구 승가와 비구니 승가만을 인정하고 있기에, 대승 경전에서 볼 수 있는 '보살 가나' 교단이 소승 승가에서는 있을 수 없게 된다. 비구가 승가에 들어갈 때는 가족이나 친족과의 관계를 끊고 모든 재산을 버려야 했기에, 출가 후에는 재산을 사유하지 않았을 것으로 생각할 수도 있다. 그러나 대승 경전에는 보살이 다양한 물건들을 보시하고 있는 기록이 있어, 이들이 재산을 소유했었다는 것이 당연하게 설명된다. 이렇게 되면 보살이 승가에 머물렀다는 것도 당연하게 된다.

『아함경阿含經』에서는 붓다를 '승가의 주인', '가나의 주인'이라고 불렀는데, 동시대의 6사 외도도 이처럼 부른 것으로 보아, 처음에는 '가나'가 '승가'와 같이 사용되다가 나중에 율장 용어로 '승가'가 정식 채택되고, '가나'는 '불완전한 집단을 가리키는 데 사용된' 것이라고 박사는 해석했다. 박사는 율장의 규정을 따르지 않는 집단인 보살

교단의 호칭으로 '보살 가나'가 채택된 것이라고 보았다. 그러나 대승 불자들에게 부파불교의 '승가'에 대항하는 의미가 있다 해도, 동시대의 정통파가 '불완전한 집단을 가리키는 데 사용한' 명칭을 기꺼이 자신의 집단을 지칭하는 것으로 사용한 데에는 조금 묘한 인상을 받게 된다. 승가는 율장으로 규정된 집단인 데 반해, '가나'는 사회적 규정으로 엄격하게 규제받는 집단이 아닌 것이 되기 때문이다. 이러하기에 부파 승가에 대응하는 교단이라고 보기에는 다소 무리가 생긴다.

히라카와 박사의 설명에서, '보살 가나'라는 대승 불자들의 모임이 존재했을 수 있음은 볼 수 있어도, 이들이 소승 승가와는 다른 '교단'을 형성해 불탑에 거주했었다는 것을 증명할 만한 충분한 자료는 존재하지 않는 것으로 보인다. 이것이 '불탑 교단 기원설'의 가장 큰 난점이다.

대승 경전의 한역漢譯은 2세기 후반에 월지의 지루가참이 본격적으로 시작했다. 그가 『도행반야경道行般若經』을 중국에 들여온 것을 서기 170년경으로 보고 있다. 이 경에서는 '대승(마하연摩訶衍)'이 사용되고 있고, 아촉불阿閦佛의 정토왕생도 말해지고 있어 『아촉불국경阿閦佛國經』 등이 성립되어 있었다는 것도 예상해 볼 수 있는데, 늦어도 기원 1세기경, 빠르면 기원전 1세기경에는 대승이 성립되고 있었을 것으로 보고 있다. 하지만 이것은 대승의 '교의'가 이 무렵에 성립되고 있었다는 것을 보여주는 것이지, 대승 '교단'이 존재하고 있었다는 것을 보증해 주는 것이 아니다. 히라카와 박사가 교리적인 부분에서만이 아니라 사회적 집단 부분에서도 교단의 기원을 찾으려 했던 시도는 여전히 미해결인 채로 남게 되었다.

4. 쇼펜 교수의 '대승불교 주변 지역 기원설'

이렇게 좌절된 것처럼 보였던 초기 대승 교단의 연구는 얼마 되지 않아 생각지도 못한 방향에서 재검토되었다. 이 설에 의하면, 대승불교 교단은 4세기경까지 인도에서는 존재하지 않았다는 것이다. 이렇게 놀라운 견해를 제시한 사람이 쇼펜 교수다.

고대 인도 불교 교단의 모습을 알기 위해서는 경전뿐 아니라, 율장이나 교단에 기부한 기록이 새겨져 있는 비문도 중요한 자료가 된다. 앞에서 소개한 것처럼 쇼펜 교수의 연구는 두 자료를 종횡으로 구사하며 이루어지고 있다는 점에 특징이 있다. 교수에 따르면, '대승'이라는 단어를 직접 볼 수 있는 비문은 6~12세기까지에 걸쳐 14가지의 예가 있으며, 이런 단어를 직접 볼 수는 없어도 대승을 의미하는 표현이 사용된 것에는, 4세기 이후의 인도 각지에서 볼 수 있는 약 80여 가지의 예가 있다.

이렇게 대승을 의미하는 명칭이 인도의 자료에 등장하는 것은 적어도 4세기 이후부터이며, 대승불교는 이 시대까지도 아직 부파교단에서 독립한 교단이 아니었다는 결론을 내리고 있다. 교수는 이 시대까지의 대승불교는 부파교단 내에서 존재해 왔다고 위치 짓고 있다.

1996년도의 특별 세미나 강의에서는 『근본설일체유부율』에 근거하여, 1세기 초부터 5·6세기까지에 걸친 인도불교 사회의 모습을 매우 구체적으로 설명해 주었다. 율장에는 개개의 계율을 제정하게 된 이유가 서술되어 있는데, 여기에는 당시 비구의 일상생활 모습까지도 잘 묘사되어 있다는 것이다.

교수는 당시 비구의 일상 생활상에 대해 밝히면서, 히라카와 박사가, 율장에서 규제했기 때문에 소승의 비구들에게는 금지된 행동이라고 했던 사유재산의 많은 기부 등이, 율장에서는 실제로 용인되고 있었던 행동임을 증명해 보였다. 이것을 증명하면서 히라카와 박사가 소승 승가에 소속되지 않았던 비구의 존재를 인정하며 '불탑 교단'과 연결해 '대승불교는 불탑 교단에서 일어났다'라고 했던 설까지 부정하였다. 이런 교수의 논술은 이미 '불탑 교단 기원설'을 비판하는 테두리를 넘어, '비구는 사유재산을 소유하지 않았을 것'이라고 통상적으로 이해해 왔던 '비구 무소유설'에 대한 비판으로까지 향하고 있었다.

교수가 『근본설일체유부율』로 연달아 소개했던 율 제정의 인연에 얽힌 이야기는, 우리가 마음속에 막연히 그리고 있던 고대 비구들은 '3의 1발, 여수낭, 좌구 이외에는 아무것도 소유하지 않고, 청빈에 만족하며 정진하는 수행자'였다는 이미지까지 깨뜨렸다. 여기에는 비구들이 재산을 축적하려 애쓰는 모습까지도 묘사되어 있었다. 그러나 율장에서는 비구들이 축재하는 것을 위법한 것이라고도, 부도덕한 것이라고도 하지 않았다. 오히려 반대로 붓다나 사리불 등 고덕高德의 비구일수록 소유한 재산이 많았다고 알려져 있으며, 재산이 많다는 것은 그들을 칭송하는 말이었다는 것도 알게 되었다.

우리는 『대반열반경大般涅槃經』이나 8왕 분골의 에피소드에서, 비구는 가르침(法)을 배워야지 장례에 관여하는 것이 아니라고, 붓다가 열반에 들 때 가르쳤다고 생각하기 쉽다. 그러나 율장에는 동료 비구를 간호하는 것과 장례 치르는 규정이 서술되어 있다. 교수의 해설에 따라 율장에 서술된 비구들의 생활상을 살펴보도록 하자.

인도 북부의 사원 유적지에서 인장印章이 많이 발굴되었다. 『근본설일체유부율』에도 사원과 개인의 소유물에 소속을 표시하는 인장을 부착해야 한다는 규정을 제정하는 과정이 서술하고 있는 것을 볼 수 있다. 사원의 인장을 만드는 것을 먼저 제정한 후, 개인의 인장을 만드는 것을 제정한 서술이 있는 것이다. 사원 유적지에서 발굴된 인장의 초기 도안은 여러 가지 잡다한 것이었지만, 5~6세기 사원의 물건에는 '수레바퀴와 두 마리의 사슴'이, 개인의 물건에는 '해골'이 통일적으로 그려져 있었다. 발굴 자료에서 볼 수 있는 도안의 변화는 『근본설일체유부율』에 서술된 인장에 대한 규정의 변천과 상당 부분 일치하고 있다. 여기에는 육군비구六群比丘들도 등장하고 있다. 이들은 다른 장면에서도 자주 등장하는데 상당히 문제아들이다.

이들은 소지품에 인장을 부착하라는 붓다의 말을 확대해석하여, 금이나 은이나 유리나 수정으로 인장을 만들고 온갖 장식으로 화려하게 꾸민 반지를 껴 세간의 빈축을 사게 되고, 붓다는 인장을 황동·구리·청동·상아·뿔의 다섯 종류로 한정하게 된다. 이들은 여기서 그치지 않고 자신들의 소지품에 붙인 인장에 하필이면 성기를 노출한 남녀의 그림을 그려, 재가자들이나 브라만이 성性에 대한 편집증상을 비난하게 만드는 파렴치한 사건도 일으킨다. 붓다는 이 사건을 계기로 승가의 인장에는 수레바퀴와 두 마리의 사슴을, 개인의 인장에는 해골을 새기라는 규칙을 제정하게 된다. 이를 통해 인도불교 중기(1세기 초부터 5·6세기까지)의 비구들이 결코 '청빈한 수행자'가 아니었음을 알게 된다. 따라서 히라카와 박사가 말하는 불탑에 다양한 물건을 기부한 사람들이 사유물을 소유하지 않았던 비구들일 수는 없기에, 이런 기부자들이 '불탑 교단'에 소속된 재가 보살이어야 한다는 논거는 성립하지 않게 된다.

교수는, 대승의 조사로 주목받는 용수(2~3세기)의 『라트나발리(Ratnavali, 寶行王正論)』가 정통파로부터 뒤진 사람의 당파심 강한 설교조의 성격을 띠며, 대승의 사상을 인정하지 않는 사람들에게 '대승을 비웃는 사람들은 어리석고, 사악하고, 누군가에게 농락당하고, 무지몽매하고 등등'이라는 심한 말을 늘어놓으며, 스스로 대승이 혐오당하고 있으며, 반감을 사고 있으며, 비웃음거리가 되고 있으며, 경멸당하고 있으며, 거부당하고 있다는 것을 반복해서 서술한 것으로 보아, 여기에 서술된 대승은 당시의 불교 사회에서는 비웃음과 조롱의 대상이었기에, 독립된 교단이었다고는 도저히 생각할 수 없다고 말한다.

우리는 용수의 시대를 대승이 인도 불교계에서 패권을 가지고 있었던 것처럼 생각하는 경향이 있는데, 인도에서의 대승은 5세기까지도 제도적으로나 문화적으로나 보잘것없는 존재로 머물러 있었을 뿐이었다는 것이다. 그리고 5~6세기의 비문에서 볼 수 있듯, 벵골(Bengal)주의 구나이그하르(Gunaighar)나 오리사(Orissa)주의 자야란푸르(Jayaranpur), 구자라트(Gujarat)주의 데브니모리(DevniMori) 등과 같은 변방에서, 문화적으로는 주변부에서 대승 교단이 출현했던 것이라고 교수는 주장한다.

〔히라카와 아키라(平川彰), '大乘佛教의 特質'(『講座・大乘佛教 1』, 春秋社), 다카사키 지키도(高崎直道), '總說大乘佛教의 〈周邊〉'(『講座・大乘佛教 10』, 春秋社)을 참고했다.〕

일본어 역자 서문

이 책은 오타니(大谷) 대학교에서 1996년 11월과 1997년 10월, 각각 2주간에 걸쳐 그레고리 쇼펜(Gregory Schopen) 텍사스(Texas) 대학교 교수(당시)가 「대승불교 흥기시대 인도의 사원불교에 대해서(Monastic Buddhism in India During the 'Mahāyāna' Period)」라는 주제로 발표한, 대학원 특별 세미나의 강의록과 공개 강연 원고의 일본어 번역문이다.

서기 1·2세기부터 4·5세기까지는 대승불교가 기존의 부파불교를 능가하며, 매우 눈부시게 활동한 시대라는 것이 인도 불교사를 보는 일반적 견해이다. '과연 대승불교가 당시 그 정도의 세력을 가진 존재였을까?'라는 쇼펜 교수의 강의는 이런 인도 불교사의 정설에 의문을 던진 것이었다. 교수는 이 주제를 일관되게 계속 추구해, 훌륭한 많은 논문과 저서를 성과로 출판하였다.

이런 연구업적으로 입증된 교수의 주장은 공개 강연에서도 많은 청중을 사로잡았고, 특별 세미나 강의에서도 타 대학 청강생을 포함해 50여 명의 청중이 있었는데, 그들까지도 만족시켰다. 교수의 강의는 율장 연구에 비문碑文 연구와 고고학적考古學的 연구 방법을 도입한 교수가 자신만의 방법론에 기초를 둔 것으로, 거의 매 강연에서 새로운 견해를 보여주며 우리 청중들이 감동하게 만들고, 지적 호기심까지 자극하게 하였다.

교수의 강의는 소승불교의 한 부파 율장인 『근본설일체유부율根本

說一切有部律』에 기초해 진행되었다. 이 율장 중에서도 주로 율사(律事, Vinaya-vastu) 부분이 채택되었다. 율사는 17개 항목으로 성립되어 각각 하나의 장으로 구성되어 있는데, 강의에서는 이 항목명(장명章名)이 자주 등장한다. 그래서 이 율律의 구성과 항목명을 미리 알아두는 것이 편리할 것이라는 생각이 들어 여기에 개요를 서술해 두기로 한다.

현재 완전한 형태로 남아 있는 율(광율廣律)로는 상좌부의 『팔리율』, 법장부의 『사분율』, 화지부의 『오분율』, 설일체유부의 『십송율』, 근본설일체유부의 『근본설일체유부율』, 대중부의 『마하승기율』 등 6권이 있다. 히라카와 아키라(平天彰) 박사의 『율장연구 1』(春秋社, 1999년)에 의하면, 이 중에서 가장 먼저 성립된 것이 『팔리율』이고, 가장 늦게 성립된 것이 『근본설일체유부율』이라고 하는데, 이는 연구자 대부분이 인정하는 것이리라. 그러나 쇼펜 교수는 『근본설일체유부율』이 가장 먼저 성립된 것이라고 주장한다(본서 제1장).

율장은 승가의 규칙을 수록한 것인데, 출가 수행자의 개인적 행위에 대한 규칙과 승가 전체의 행동에 대한 규칙, 이렇게 두 부분으로 이루어져 있다. 전자는 '바라제목차波羅提木叉'로 개인에 대한 금지령禁止令과 주석註釋으로, 규칙을 제정하게 된 인연담因緣譚과 어구語句의 정의, 구체적인 적용령適用令이 서술된 「경분별經分別」로 구성되어 있다. 후자는 「건도犍度」라고 하며, 출가 작법 등 승가 공동체로서의 활동에 대한 규칙이 서술되어 있다(사사키 スズキ佐佐木閑, 『出家란 무엇인가』, 大藏出版, 1999년).

그런데 쇼펜 교수가 강의에서 인용한 『근본설일체유부율』에 포함된 일련의 문헌은 북경판 서장대장경으로 주로 카규르(甘殊爾, 經部)의 계율부에 수록된 것이다. 탄규르(丹殊爾, 論部)의 율소부律疏部에 수록된 것은 이것들의 주석이다. 교수는 이것들도 대충 한 번은 읽어 보았다고 한다! 다음은 교수가 강의에서 인용한 율 문헌을 북경판 대장경 총색인의 번호순으로 기재한다.

1. 율사(Vinaya-vastu, No.1030)는 율잡사律雜事와 함께 건도부犍度部를 형성하고 있다. 17종의 항목(17사)으로 구성되어 있다. 한역에서는 『근본설일체유부비나야출가사』에서 『동파승사同破僧事』(대정 No. 1444-1450)까지 해당하는데, 한역에는 7사만 현존하고 있다.

2. 율경(Prātimokṣa-sūtra, No.1031)은 비구의 바라제목차이다. 한역 『근본설일체유부계경』(대정 No.1454)에 해당한다.

3. 율분별(Vinaya-vibhanga, No.1032)은 경분별 중 비구율 부분으로 비구의 바라제목차에 대한 주석이다. 한역 『근본설일체유부비나야』(대정 No.1442)에 해당한다.

4. 비구니율(Bhikṣuṇī-prātimokṣa-sūtra, No.1033)은 비구니의 바라제목차이다. 한역 『근본설일체유부필추니계경』(대정 No.1455)에 해당한다.

5. 비구니율분별(Bhikṣuṇī-vinaya-vibhaṇga, No.1034)은 경분별 중 비구니율분별로 비구니의 바라제목차에 대한 주석이다. 한역 『근본설일체유부필추니비나야』(대정 No.1443)에 해당한다. 단, 쇼펜 교수는 부톤(Buton)의 설에 의거 이를 『근본설일체유부율』에 넣지 않는다.

6. 율잡사(Vinaya-kṣudraka-vastu, No.1035)는 5건도에 해당한다. 한

역 『근본설일체유부비나야잡사』(대정 No.1451)에 해당한다.

7. 율상분(Vinaya-uttara-grantha No.1036)(대정에는 없다).

『근본설일체유부율』은 이상의 7종의 문헌으로 구성되어 있다. 이 안에서 율사는 다음과 같은 17종의 항목(17사)으로 구성되어 있다.

(1) 출가사出家事, Pravrajyā-vastu

(2) 포살사布薩事, Poṣadha-vastu

(3) 수의사隨意事, Pravāraṇa-vastu

(4) 안거사安居事, Varṣā-vastu

(5) 피혁사皮革事, Carma-vastu

(6) 약사藥事, Baiṣajya-vastu

(7) 의사衣事, Cīvara-vastu

(8) 가치나의사羯恥那衣事, Kaṭhina-vastu

(9) 꼬삼비사, Kośambī-vastu

(10) 갈마사羯磨事, Karma-vastu

(11) 황적비구사黃赤比丘事, Pāṇḍulohitaka-vastu

(12) 뿌드갈라사, Pudgala-vastu

(13) 별주사別住事, Pārivāsika-vastu

(14) 차포살사遮布薩事, Poṣadhasthāpana-vastu

(15) 와구사臥具事, Śayanāsana-vastu

(16) 쟁사諍事, Adhikaraṇa-vastu

(17) 파승사破僧事, Saṃghabheda-vastu

또한, 교수는 다음의 저서를 최근 출판하였다. 이 책과 같이 읽어 주시면 감사하겠다. Gregory Schopen, *Bones, Stones, and Buddhist Monks: Collected Papers on the Archaeology, Epigraphy, and Texts of Monastic Buddhism in India*, University of Hawaii press, Honolulu, Hawaii 96822-1888, 1997.

마지막으로, 이 책이 슌쥬샤(春秋社)에서 출판된 것에 대해서는 도쿄(東京) 대학교 조교수인 시모다 마사히로(下田正弘) 씨가 출판사 편집부의 사토 세이세이(佐藤清靖) 씨에게 소개해 주시고 수고해 주신 덕분이다. 또한, 편집을 담당한 우에다 데츠야(上田鐵也) 씨가 많이 수고해 주셨다. 간행에 즈음하여 새롭게 마련된 '오타니(大谷) 대학교 대학원 특별 세미나 – 학술간행출판조성'의 보조금을 받았다. 여기에 관계되시는 여러분께 충심 어린 감사의 말씀을 드린다.

2000년(平成 12) 6월 16일

오다니 노부치요(小谷信千代)

제3장 인간은 그가 소유하고 있는 물건이다 235
— 승가에서의 지위와 소유물

서장 인도와 중국에서의 불교 전개

— 병행·선후 관계의 부재

기원 초부터 5·6세기에 걸친 시대, 이 시대를 저는 인도 불교사의 '중기'라고 부르고 싶습니다만, 지금까지 이루어진 많은 시대 구분에서와 일반적인 불교서佛敎書에서는 이 시대를 대부분 '대승불교의 시대'라고 해왔습니다. 하지만 이 시대를 대승불교의 시대라고 해야 할 근거가 없다는 것이 점차 밝혀지고 있습니다. 이 시대에 대승 경전이 많이 만들어진 것이 사실이지만, 지금은 대승 경전의 저술만을 별도로 분리해서 생각할 수 없게 되었습니다. 인도불교 중기에는 이 이외에도 많은 작품이 나왔지만, 대부분은 대승불교와 어떤 명확한 관계가 없습니다. 왜 그런지 또 다른 자료는 지금까지도 등한시되고 무시되어 왔습니다. 저는 이렇게 된 원인을 연구해 보고 싶었습니다. 저는 왜 대승이, 인도불교의 역사에서 엉뚱하다고 말해도 좋을 지위까지 부여받게 되었는지 해명해 보려는 노력을 해왔습니다. 이러던 중 적어도 한 가지 사실이 점차 분명해졌습니다. 인도 대승불교의 역사를 독해해서 새롭게 구축할 즈음, 중국 대승불교의 역사가 여기에 큰 영향을 끼친 것입니다.

어떻게 보더라도 중국불교의 상황이 인도불교의 연구에 놀라울 정도로 많은 영향을 끼친 것입니다. 인도 불전에서 상호 간의 시대적인 관계를 확인하기 위해 연구의 옳고 그름은 제쳐두더라도, 한역 불전이 많이 사용되었습니다. 한역漢譯 시기가 확정되어 있다면, 인도어 원전의 시대를 특정해 보는 것이 가능하지는 않더라도, 적어도 어떤 기간에 존재했었을 것이라는 추측은 해볼 수 있기 때문입니다. 하지만 이렇게 해서 얻은 정보가 거의 아무런 의미도 없을 수 있습니다. 이렇다고, 이런 일을 소홀히 하면 안 되는 경우도 종종 있습니다. 이런 경우는 무엇보다 먼저, 여러 율律과 관련 있습니다. 한역으로 남아 있는 율장 대부분은 5세기에 번역되었습니다. 학자 대부분은 한역보다, 인도어 원전이 수 세기 전에 만들어졌을 것이라고 주장합니다. 비록 이들이 옳다고 해도, 이렇게 한역한 연대가 실제 무엇을 의미하는지는 아직 잘 모르겠습니다. 이런 상황에서는 다시 한 번 생각해 볼 필요가 있습니다.

또 하나는 인도 불전에서, 이런 발전 과정을 보여주는 것이 있을 수 있다는 생각으로, 이런 과정의 자취를 더듬어 확인해 보려고 한역을 사용해 왔습니다. 저는 이것이 성공적이었다고는 생각하지 않습니다만, 이렇게 한역을 사용할 때 수반되는 많은 전제나 방법상의 문제에 대해서는 지금까지 충분히 검토해 본 적이 한 번도 없습니다. 게다가 한역에 기초해 기본적으로 서술된, 인도 불전 역사의 대부분이거나 적어도 일부분은 인도 불전 자체의 역사보다도, 한역의 기술技術이나 중국의 종교적·문화적 편향의 역사에서 더 많은 영향을 받았을 수도 있습니다.

인도불교 문헌사에서 한역의 역할은 잘 알려져 있습니다만, 인도불교를 연구할 때 중국 자료를 사용하면서 받은 영향에 대해서는 그다지 많은 것이 알려지지 않다고 생각합니다. 사실상 인도의 역사 지리학이나 불교 고고학은 중국의 자료를 기초로 구축하였습니다. 법현法顯과 현장玄奘 없이 이런 학문의 현상現狀을 상상하기란 곤란한 것처럼 말입니다. 이들 중 어느 한 사람에게라도 의지하지 않는다면, 이런 학문의 기초를 구축한 알렉산더 커닝엄(A. Cunningham)도 틀림없이 연구를 수행하지 못했겠지요. 중요한 불교 유적 대부분은 존재가 확정되지도 못한 채 남겨졌을 것도 거의 확실합니다. 법현과 현장이 그에게 기본이 되는 지도를 제공해 준 것입니다.[1]

*

중국 자료는 인도불교를 연구할 때 확실한 기초를 제공해 주는 역할을 다양한 방법으로 해왔습니다. 하지만 이것들이 도움이 되지 않는다고 판명될 때도 있었습니다. 중국 상황에 대한 지식이 인도의 역사적 상황을 이해하는 데 도움이 되지 못하고, 오히려 걸림돌이 될 때가 있었습니다. 부모에 대한 자녀의 효도孝道를 강조하는 것이 중국불교 특유의 것이라고 일찍부터 거듭 주장되었는데, 효도의 강조는 불교가 중국에서 변용된 것 중의 하나입니다. 효도가 중국불교의

---

1 A. Imam, *sir Alexander Cunningham and the Beginnings of Indian Archaeology* (Decca, 1966), pp.51~52.

특징이라는 주장 때문에, 인도불교에서의 효도에 대한 인식의 중요성이 뚜렷하게 저해되었던 것도 확실합니다. 이와 마찬가지로 중국에서의 아미타불과 정토의 중요성이 증거 문헌으로 증명되기는 했습니다만, 이것으로 '인도의 정토 불교' 등을 찾아내려는 노력을 쓸데없이 기울이게 만든 결과를 가져온 것도 확실합니다.[2]

이렇듯 각 사례의 배후에는 아마도 너무나 광범위하게 모든 것에 영향을 미친 어떤 확신이 잠재해 있는 것 같습니다. 중국불교는 인도불교가 약간 선행될 것이라는 시간 차이를 유지하면서 연대적으로 병행시켜 발맞추어 왔기에, 둘이 거의 동시에 발전되었을 것이라고는 깊이 생각해 보지도 못하고, 항상 이런 상황일 것이라고만 가정하면서 결정지어 왔습니다. 이렇게 가정해 왔기 때문에 적어도 두 가지 결과가 생겨났습니다. 하나는 두 지역에서의 전개가 연대적으로 거의 이어지지 않은 것에도 주의를 기울이지 못한 것이고, 또 하나는 불교의 형태나 제도에서 볼 수 있는 어떤 전개나 이와 비슷한 것이 인도에서 발생하기 몇 세기도 전에, 사실은 중국에서 처음 발생했을 수도 있다는 이런 가능성조차도 거의 인정하지 않았던 것입니다. 그래서 먼저 이 두 가지에 대한 예를 들어 보고자 합니다.

불교가 '교양 있는 상류계급 사람들의 생활과 사상에 침투하기 시작한' 3~4세기 초 중국에서는, 쮜르허(E. Zürcher) 교수의 말처럼, 반야경 문헌 중 특히 『팔천송반야경八千頌般若經』이 '가장 중요했던' 것은 우선 의심의 여지가 없습니다.[3] 인도불교 연구자는 이 점에 대해 몇 가지

---

2 G. Schopen, "Sukhāvatī as a Generalized Religious Goal in Sanskrit Mahāyāna Sūtra Literature", *Indo-Iranian Journal* 19 (1977), pp.177~210.

생각을 해볼 수 있겠지요. 첫째는, 실제로 인도에서는『팔천송반야경』이 '교양 있는 상류계급 사람들의 생활과 사상에 침투했다'라는 말에 어떤 근거도 제시할 수 없으며, 더욱이 3세기나 4세기에 이러했다고 말할 수도 없습니다. 인도에서 교양 있는 상류계급의 사람들과 불교의 비구와 비구니는, 주로 인도 고전문학과 연극에 상투적으로 등장하는 인물인 광대처럼 간주하고 있었던 것 같습니다. 또한, 고전적인 까바(Kāvya)와 시를 쓸 수 있었던 아쉬바고샤(Aśvaghoṣa, 馬鳴. 100년경)와 아리야수라(Āryaśūra, 聖勇. 3~4세기) 등 소수의 불교 비구는『팔천송반야경』과 같은 불전의 존재를 알아차리지도 못했고, 이에 영향을 받은 것 같지도 않습니다. 혹시나 해서 인도의 논서를 들여다보아도『팔천송반야경』을 인용한 경우는 드물게 있습니다. 짠드라끼르띠(Candrakirti, 月稱. 600~650년경)는『쁘라산나빠다(Prasannapada)』에서『선정왕경禪定王經』을 20회 이상 인용하고 있습니다만,『팔천송반야경』은 4회밖에 인용하고 있지 않습니다. 샨띠데바(Śāntideva, 寂天. 650~700년경)는『대승집보살학론大乘集菩薩學論』에서『선정왕경』을 거의 20회 정도 인용하고 있지만,『팔천송반야경』은 2회밖에 인용하고 있지 않습니다.『팔천송반야경』이 인도에서 상당히 후대에 이르기까지 중용되지 않았다는 것이, 중앙아시아에서 수집된 많은 사본에도 반영되었을 것으로 생각합니다. 반야경 자체가 이런 수집에서 존재가 분명하게 인식될 수 있을 만큼 눈에 잘 띄는 것도 아니고, 이것들이

3 E. Zürcher, *The Buddhist Conquest of China. The Spread and Adaptation of Buddhism in Early Medieval China* (Leiden, 1959), pp.35~36: 50: 53~54: 61: 65: 101etc.

드러나는 경우는 전부라고는 하지 않더라도 압도적인 다수는 1만 8천, 2만 5천, 10만송의 『대품반야경大品般若經』의 단편입니다. 길기트(Gilgit)의 경우도 비슷합니다.

이렇다고 해서 인도에서 『팔천송반야경』이 유포된 흔적이 없다는 것은 아닙니다. 증거는 있습니다. 그러나 3~4세기의 것이 아니고, 후기 팔라(Pala)왕조인 11~12세기의 것입니다. 우리는 이 시대가 되어서야 처음으로 『팔천송반야경』이 불교 주석가들의 작은 집단 밖에서도 알려져 있다는 증거를 손에 넣을 수 있습니다. 사르나트(Sarnath)에서는 '대승의 신봉자인 가장 뛰어난 우바이優婆夷'가 『팔천송반야경』을 필사하고, '달과 태양과 지구가 계속되는 한 『팔천송반야경』의 독송도' 계속되기를 바라며 기부한 것을 새긴, 11세기의 비문碑文이 발견되었습니다.[4] 날란다(Nalanda)에서도 사원장이라고 생각되는 훌륭한 비구의 종교 활동을 새긴, 11세기의 비문이 발견되었습니다.[5] 이 비구의 스승이 '마음에 …… 팔천〔송〕 불모佛母를 지니고' 있는 것으로 표현되어 있고, 이 비구에 대해서도 '이를 통해 불모가 성자 카사르빠나(Khasarpaṇa: 觀音)의 대사찰에서 항상 회전하고 있는' 것과 같은 회전서가回轉書架로 생각되는 물건을 만들었다는 기록이 있습니

---

4 J. Marshall & S. Konow, "Sārnāth", *Annual Report of the Archaeological Survey of India for 1906–07* (Calcutta, 1909), pp.100~101.
V. V. Mirashi, "Inscriptions of the Kalachuri–Chedi Era", *Corpus Inscriptionum Indicarum* 4 (Ootacamund, 1955), pp.275~278.

5 N. G. Majumdar, "Nalanda Inscription of Vipulastrimitra", *Epigraphia Indica* 21 (1931-1932), pp.97~101.

다. 11~12세기 인도의 북동부에서 『팔천송반야경』을 중시하고 있었다는 것을 증언하는 비문들의 이런 기록 외에도, 앞에서 말한 사르나트의 '뛰어난 우바이優婆夷'의 행위가 결코 고립된 예가 아님을 증명해 주는 것으로, 12가지 이상의 패엽貝葉 사본의 오서奧書를 들 수 있습니다. 이런 사본은 벵골(Bengal)주와 비하르(Bihar)주의 일부 대사원에서 책이 필사되었다는 것을 보여주는 것입니다. 날란다에서도 이렇게 책을 필사한 것이 확실합니다. 비크라마시라(Vikramasira)나 커키하르(Kurkihar)에서도 책을 필사했겠지요. 이런 사본의 상당수는 대승의 우바새와 우바이와 대승의 여러 비구가 기부한 물건들(可施物, deyad-harma)입니다. 이런 것은 내용에서 볼 수 있는 바와 같이 복덕의 업으로 책을 필사한 것입니다. 이 복덕업福德業의 과보는 5세기의 것으로 보이는, 대승 최초기의 비문에 사용된 것과 아주 똑같은 문장으로 기록되어 있는 기부의식문寄附儀式文으로, 다른 중생에게 양도하거나 회향하고 있습니다.[6] 이런 대부분의 사본은 예배 대상의 역할을 하고 있습니다. 이것들을 덮고 있는 판자나 처음에 놓인 패엽에는 연고와 방향성 있는 분말을 끊임없이 바른 결과 두껍게 착색되어 단단한 외층으로 덮여 있는 것같이 되어 있습니다.

요컨대 이 모든 것은 『팔천송반야경』에서 언급한, 아마도 이것이

---

6 G. Schopen, "Mahāyāna in Indian Inscriptions", *Indo-Iranian Journal* 21 (1979), pp.1~19.
do. "Two Problems in the History of Indian Buddhism: The Layman/Monk Distinction and the Doctrines of the Transference of Merit", *Studien zur Indologie und Iranistik* 10 (1989), pp.37~47.

기록된, 기원 초에 행해졌을 것이라고 예상되는 서적 신앙을 증언해 주고 있는 것 같습니다.[7] 그러나 이렇게 증언해 주고 있는 것 같은 이 사본이, 사실은 예상보다 거의 천 년이 더 지난 후대의 사본이라는 것입니다. 그리고 이보다 더 이전의 것을, 이 불전에서 묘사하고 있는 것들을 증명해 줄 수 있는 것이 지금은 아무것도 없다는 것입니다.

여기서 고려해야 할 것은 두 가지가 있습니다. 첫째는, 불전의 저작연대가 종교적·문화적으로 중요했던 시대와 직접적인 관련이 없어도 된다는 것입니다. 불전에 담겨 있는 사상과 실천행實踐行은 불전이 만들어진 다음, 수 세기가 지나서야 경전이 처음으로 현실화하였기 때문입니다. 둘째는, 인도와 중국에서 『팔천송반야경』이 유포된 것으로 확인된 시대가 결코 한 줄로 서서 등장하는 것이 아니며, 각각 유포되던 사정도 매우 다른 성격을 지니고 있다는 것입니다. 인도에서의 상황은 중국에서와 같은 종류로 일어나 펼쳐진 것이 아니며, 비슷하게는 중국에서의 상황도 인도와 같이 일찍이 일어났던 것의 재현이라고는 말할 수 없습니다.

『팔천송반야경』의 경우는 극단적인 예로 볼 수 있겠습니다만, 앞에서 말한 율의 경우도 이것과 매우 비슷합니다. 만약 학자들 대부분이 생각했던 것처럼 율도 오래전에 성립되었다면, 인도와 중국에서 잘 관리되던 사원제도에는 거의 천 년의 격차가 생기게 되겠지요. 인도와 중국에서의 상황이 한 줄로 서서 있는 것이 아님을 완전하게까지는

---

7 G. Schopen, "The Phrase as *Pṛthivīpradeśaś caityabhūto bhavet* in the Vajracchedikā: Notes on the Cult of the Book in Mahāyāna", *Indo-Iranian Journal* 17 (1975), pp.147~181.

아니더라도 상당히 신빙성 있게 보여주는 반야경 관계의 자료는 다른 것도 있습니다.

*

만약 3세기의 중국과 3세기의 인도에서 『팔천송반야경』 또는 반야경 '학파'의 상황을 더 공시적共時的인 것으로 인정하려면, 우선 지금의 자료가 이것과는 너무 균형이 맞지 않는다는 것을 밝혀야 합니다. 중국과 관련해서는, 쮜르허(E. Zürcher) 교수가 상세하게 연구한 자료를 근거로, 교수가 『팔천송반야경』과 반야바라밀이 '가장 중요했다'라고 서술한 것을 거듭 지적하면 좋겠지요. 쮜르허 교수는 이 시대의 중국불교에 대해 '망설이면서', '신사계급의 불교'라고 말합니다. 다른 한편, 우리는 교수만큼 인도에 대한 자료를 풍부하게 갖고 있지는 않습니다만, 이것과 동시대의 것으로 보이는 중요한 역사 자료는 아마도 갖고 있습니다. 그러나 이것은 그동안 이상하게도 간과되었습니다.

이 분야에 정통한 학자라면, 대부분은 아마도 『라트나발리(Ratnavali, 寶行王正論)』가 나가르주나(Nāgārjuna, 龍樹)의 작품 중 하나라는 것과 나가르주나가 기원후 2~3세기의 사람이라는 것에 동의할 것입니다. 만약 이것이 정확하다면 『라트나발리』는 단지 불교 철학을 공부하는 사람들의 관심사만으로 그치는 것이 아니라, 대승의 역사를 공부하는 사람들에게도 매우 중요한 문헌이 될 것입니다. 이 자료를 『팔천송반야경』과 직접 관련짓는 것은 불가능합니다만, 불교의 전승에서 반야경 문헌과 관련 있을 것으로 생각되는 대학자 나가르주나에 의해 대승운동이 동시대의 것임을 보여주는 특징이 분명하게 기록되어 있는 것이 우리에게 제공되었습니다. 여기서 제4장은 대승에 상당한 지면을 할애하고 있는데, 몇몇 게송偈頌에서는 대승에 대한 불교계 일반의 반응이 어떠했는지를 서술해 놓고 있습니다. 그러나 이 저자의 모든 설명을 연표에 정착시킬 수 있으며, 한 게송에서 사용하고 있는 짧지만 중요한 한 단어, adya(지금, 오늘)가 있습니다. 만약 나가르주나가 『라트나발리』의 저자이고, 만약 그가 기원후 2~3세기의 사람이라면, '지금'은 그가 사는 시대를 가리키고 있음이 분명합니다. 이렇다면 이 문서의 위치를 지리적으로 확정할 수 있는 방향을 아직 결정할 수 없지만, 이것이 대승 전체를 가리키고 있는 것인지, 어느 특정 지역의 대승을 가리키고 있는 것인지도 아직은 잘 모르겠습니다만, 우리는 이것을 시간상으로는 위치시킬 수 있습니다. 이것은 기원후 2~3세기의 대승이거나 적어도 최초의 대승 경전이 쓰인 1세기 이후의 대승입니다.

『라트나발리』에는 대승 경전이 생겨난 이후인 1세기나, 그 이상이 경과된 후의 대승에 대해서는 묘사되어 있지만, '불교사원을 개혁했다'라든가 '근본적 변혁'이라는, 체르바스키(T. Stcherbatsky)가 말한 것과 같은 것을 대승이 실현했다고 보여주는 것은 아무것도 없습니다.[8] 『라트나발리』는 대승불교 운동의 강력한 제창자가 작성한 것으로 생각되는 불전이지만, 여기서 말하는 대승은 아무리 생각해도 조소·조롱·모멸의 대상이었던 것 같습니다. 가장 현명한 창도자 1인의 손에서

---

8 T. Stcherbatsky, *The Conception of Buddhist Nirvāṇa* (Leningrad, 1927), p.36.

도 대승은, 체르바스키의 생각이 담겨 있는 각본에서도 알 수 있듯, 이것 이전의 모든 것을 일소해 버릴 만큼 자립이 가능해서 자기 스스로가 만족했던 것은 아닌 것 같습니다. 오히려 이것은 기원후 2~3세기 무렵까지도 세상의 인정을 받아보려고 여전히 악전고투하는 전투적인 활동처럼 보입니다. 이것은 여러 사항과 관련해 어떻게 해도 안 되는 상황에 이르렀다는 것을 자각하고 있는 것입니다. 나가르주나는 대승이 '붓다의 말씀'이라고 인정받았으면 좋겠다는 소원을 다음과 같이 밝히고 있습니다.

> 요약하면, 자타의 이익과 해탈의 목적은 붓다의 가르침이다. 이것들은 6바라밀의 중심에 있다. 그러므로 이는 붓다의 말씀이다 (IV, 82).

그러나 이후 몇몇 게송 뒤에서 '깨달음으로 이끄는 행行에 있어서 확립된 목적은 경經에서 말씀하고 있지 않다'라는 것을 그는 인정할 수밖에 없었습니다. 나가르주나의 변명에 대해 생각해 보면, 대승은 역시 단순히 그 진위나 공성의 교의에 대해서뿐만 아니라, 이보다 더 많은 문제를 안고 있었습니다. 특히 나가르주나가 '붓다의 위대성(Buddha māhātmya)'이라고 몇 번씩이나 언급한 붓다의 개념도 2~3세기경까지는 승리를 거두지 못한 상태였다고 생각합니다. 나가르주나는 이것을 인정받으려고 계속 논쟁에 도전하고 있었습니다.

> 그 공덕이 허공처럼 불가사의하기에, 승자勝者는 무량한 덕성을

홀륭하게 갖추었다고 말한다. 그러므로 대승에서의 붓다의 위대성은 인정되어야만 한다(IV, 84).

이 게송에서는 대승적인 붓다의 개념을 인정해야 한다고 주장하지만, 다음에서는 이렇게 되지 않은 것을 암묵적으로 인정했다고 생각되는 게송을 서술하고 있습니다.

계戒와 관련해서조차도 그(붓다)는 샤리뿌뜨라(Śāriputra)의 영역조차 초월하고 있다. 붓다의 개념이 불가사의한 것이라고 왜 인정받을 수 없는 것일까?(IV, 85)

여기서는 대승이 거절당한 것을 암묵적으로 인정했는데, 아마도 이것은『라트나발리』제4장의 논의 전체에서 통일된 주제일 것입니다. 이 텍스트의 저자가 나가르주나이든 누구든, 그는 자신이 거절당한 것을 알고 있었습니다. 때로는 거절에 응답하며 논의도 전개해 나가지만, 대부분의 응답은 오히려 논리를 구사할 수 있는 사람의 논법이라기보다는 다른 사람에게 뒤진, 당파심 강한 설교사 특유의 고압적 설득법의 성격을 갖고 있습니다. 여기서는 다음과 같이 아무런 논의도 없이 대승을 칭찬하고 있지만, 이것을 이해하지 못한 사람에게는 아주 불친절하게 말하고 있습니다. 다음의 게송은 이런 설득법을 보여주는 좋은 예입니다.

그것이 매우 고결하고 심오하기에 대승은 오늘날(adya) 품위 없는

> 미숙한 사람들에 의해 조소당하고 있다. 자기에게도 타인에게도 적으로 맞서는 이 사람들에 의해 어리석다고 〔비웃음을 사는 것이다〕(IV, 79).

논의 내내 또다시 이런 종류의 설득법이 후렴구처럼 나오고 있습니다. 대승을 비웃는 사람들은 미련하고 심술궂을 뿐만 아니라 남을 기만하고, 증오심이 강하고(vs. 67), 선한 덕을 이해할 수 없어 실제로는 이런 덕을 너무 싫어하고(vss. 68, 69), 사려 깊지도 못하고(vs. 78), 무지몽매하다(vs. 83)는 말을 하고 있습니다. 일반적으로 이런 종류의 매도와 설득법은 자신의 활동이 광범위하게 지지받고, 승인받고, 견실하고, 자신 있는 경우에는 보통 느끼지 못하는 것들입니다. 그러나 2~3세기의 인도에서, 대승이 세상에 받아들여지기 어려웠다는 결론을 도출하는데 이런 대략적인 추측에 의지할 필요는 없습니다. 자신이 설명하고자 하는 사상체계나 활동의 창시자인 저자 자신이 바로 반복적으로, 게다가 확실하게 대승에 대한 '반대', '혐오', '반감'이 존재한다는 것을 밝히고 있기 때문입니다(vs. 97). 이런 활동이 '조소'나 '조롱'의 대상이 되고 있으며(vss. 67, 68, 69, 78, 79), 경멸당하고 있으며(vss. 70, 89), 언어 학대를 당하고 있으며(vs. 80), 인정받지 못하고 있으며(vs. 85), 용납되지 않고 있다(vss. 85, 87)고 서술하고 있습니다. 이제 대승이 어떤 위치를 차지하고 있었는지는 분명해졌습니다.

나가르주나는 지금까지 살펴본 것에 덧붙여, 전투적이며 당파심 강한 설교사의 공구함에서 또 다른 설득법도 꺼내어 사용하고 있습니다. 대승을 혐오하는 사람은 '그로 인해 몸을 망치게 된다(vs. 70)'는 경고도 하고 있습니다. 한편으로는 대승을 믿고 이것을 실천하면 무상보리와 무상보리로 가는 길에 놓인 모든 행복을 약속받게 된다(vs. 98)라든가, 대승 경전 문헌에서도 볼 수 있는 것처럼, 대승을 믿을 것을 열심히 권고하는 장면이 몇 군데 보입니다(예를 들면 vs. 97). 하지만 실제로는 대승이 약한 입장이었으므로, 이제 저자는 대승을 받아들이게 하려는 논의는 전혀 하지 않으며, 예전의 불교에서 설한 '중립'의 이상을 다시 채택한 듯한데, 적어도 이것이 허용되어야 한다고 논하는 일련의 게송에서는 더욱 뚜렷하게 드러내고 있습니다.

> 여래가 의도를 갖고 설명한 것을 이해한다는 것은 쉽지 않기 때문에, 일승과 삼승이 설해질 때는 주의 깊게 '중립'에 있어야만 한다. 중립에 머무르면 복이 아닌 것은 생기지 않는다. 그러나 혐오에서는 악이 생긴다. 하물며 어떻게 선을 충분히 얻을 수 있을까. 그러므로 대승을 혐오하며 자기를 자랑하는 자는 옳지 않다(vss. 88~89).

이 게송에는 몇 가지 문제가 있습니다. 여기서는 당파심 강한 설교법의 가치를 평가하는 것이 어렵습니다. 이것만을 따로 분리해 내는 경우는 특히 그렇습니다. 방관자에게는 타인을 구슬리는 설교법으로 보여도, 내부자에게는 자명한 것이며 확신하는 것을 서술하고 있다고 보입니다. 그러나 실제로는 아마도 다음과 같겠지요. 만약 당신 자신이 확신하고 있는 것을, 누군가는 공유해 주지도 않으면서 '바보'라고 부른다면, 이 자체만으로도 당신의 확신이 위협받게 되는 것이고, 어떤 절망까지도 반영된 것인데, 이는 대체로 '거절'에 직면했을 경우 일어납니다. 이것이 자신 있는 운동이었다면, 자신의 설득법에 대한 분명한 확신이 있었겠지요. 타인을 바보 취급하면서까지 폄훼하는 일에 만족하지는 않았겠지요. 당파심 강한 집단을 다양한 관점에서 연구한 사회학자들은 이런 것을 기성의 지배적인 모집단 주위나 주변에 있는 소규모의 전투적 집단에서 볼 수 있는 전형적 특징이라고 말합니다.[9] 그러나 『라트나발리』에서 볼 수 있는 것과 같은 종류의 설득법이 결코 특이한 것은 아닙니다. 이런 것이 대승문헌에는 널리 퍼져 있습니다. 대승을 받아들이지 않는 사람을 '바보'라고 폄훼하는 데 그치지 않고, 악업과 죄의 과실이 있으며, 심지어는 악마에 사로잡혀 있다는 말까지 하고 있습니다. 대승을 받아들이지 않은 사람이 '바보'였는지 아니었는지는 확인할 방법이 없지만, 이런 사람들이 이 저자의 시대에 많이 존재하고 있었다는 것은 틀림없이 확인할 수 있습니다. 『라트나발리』에서 볼 수 있는 것처럼, 설득법의 논리라도 그 자체가 '터무니없는 것'이라고까지는 말하지 않더라도, 설사 이것이 진실이 아니더라도, 어떤 운동의 제창자가 자신의 활동이 조소嘲笑의 대상이 되고 있다는 것을 스스로 반복하면서 주장하는 것은 자멸적自滅的 행위입니다. 그는 어떤 좋은 결과를 가져오지도 못하면서 이런 논리를 근거로 한 의론議論까지도 쓸모없게 만들어 버렸습니다. 『라트나발리』의 서술에는 『라트나발리』의 독자로 가정되어 있는 교육 받은 비구들이나 사회적 엘리트들에게서 대승의 진짜 면목이 다루어지지도 못했고, 그들에게는 경멸의 대상으로만 널리 알려져 있었다는 것이

9 S. Kent, "A Sectarian Interpretation of the Rise of the Mahāyāna", *Religion* 12 (1982), pp.311~332.

전제되어 있습니다. 저자가 의론에 힘주며 이렇게까지 노력했던 것은 당시의 사회적 엘리트들에게는 경멸의 대상으로 대승이 밑바탕에 존재했기 때문이라고 생각합니다.

여기에는 저자에 대한 문제도 있습니다. 이미 주목해 본 것처럼, 『라트나발리』를 『근본중송』의 저자인 나가르주나에게 귀속시키는 것으로 연구자들 사이에서는 의견이 일치하며, 나가르주나를 2~3세기의 사람으로 보고 있습니다. 이미 살펴본 것처럼, 『라트나발리』에서 서술한 대승은 2~3세기로 위치한다고 볼 수 있습니다. 또한, 이것은 대승이 출현했다고 보는 시기보다 적어도 1세기나 2세기 이후의 시대까지도 마땅한 지지를 받지 못했으며, 학문과 교양 있는 비구들 사이에서도 경멸과 비웃음의 대상이었던 것을 의미하고 있겠지요. 학자의 견해가 당연히 일치한다 해도 수정되는 경우가 종종 있는데, 이 경우도 그렇게 될지 모르겠습니다. 그러나 『라트나발리』의 저자가 『근본중송』의 저자가 아니라고 증명된다 해도, 이보다 더 이전의 저자가 저술한 것으로 증명될 가능성은 극히 저조하다고 생각합니다. 『라트나발리』가 2~3세기의 것이 아니라고 증명될 가능성은 있지만, 이보다 더 빠른 시기로 증명될 가능성은 매우 희박하다고 생각합니다. 이에 대한 연대적인 위치 설정이 어떻게 수정되더라도 연대를 뒤로 늦추게 될 방향일 것은 거의 확실합니다. 이렇게 되면, 여기서 묘사하고 있는 대승은 3세기 이후가 되어야 합니다.[10]

---

10 J. I. Cabezón, "Vasubandhu's Vyākhyāyukti on the Authenticity of the Mahāyāna Sūtras in Texts in Context", *Traditional Hermeneutics in South Asia,* ed. J. F. Timm (Albany, 1992), pp.221~243.

쮜르허(E. Zürcher) 교수가 재현한 3세기 중국 대승 및 반야경 학파의 상황과 『라트나발리』에서 묘사한 3세기 인도 대승 상황에서의 현저한 차이는 이것 이상으로 확산할 수 없을 만큼 큰 것입니다. 3세기 중국 대승은 성직자와 사회적 엘리트들 사이에서 '가장 중요한 것'으로 높은 위치를 부여받고 있었습니다. 아직은 도상途上에 있었다고 해도 사회의 주류가 될 가능성은 충분히 있었습니다. 하지만 『라트나발리』가 왕에게 보내진 것이라는 점을 떠올려 봅시다. 같은 시기 인도에서 이것은 전투적이었으며, 학식 있는 비구와 사회적 엘리트들에게서 조롱과 모욕을 당하고 있었으며, 사회 주변부에서 겨우 존재하던 것에 지나지 않았습니다. 이것이 양자兩者의 역사적 상황이었습니다. 이 둘이 잘 대응하지 못한 것은 확실합니다. 오히려 이 둘은 거의 서로 정반대의 상황에 있었습니다. 『라트나발리』가 인도 초기 대승의 역사적 상황에 대한 정확한 묘사를 보여주는 증거가 우리 곁에 항상 존재했지만, 끊임없이 배제해 왔습니다. 아마도 이런 이유 중 하나는, 이 자료를 논의의 장으로 가져온다는 것이 두 나라의 관계자들에게 불쾌감을 주었을 것입니다. 이것 때문에 자료로 논의되는 것이 방해된 것입니다. 불자는 인도가 어머니의 나라이며, 모든 권위와 선의 원천이라고 간주하며 왔습니다. 그런데 중국에서의 전개가 여기서 독립되어 아무런 관계가 없다는 것이, 사실이 아닌 비록 하나의 가능성만으로도 인정된다면 중국불교에서도, 더 나아가 일본불교의 전통에서도 문제가 발생하게 됩니다. 이렇게 되면 두 나라의 불교에서 '역사적 인가印可'를 빼앗게 됩니다. 중국에서 중요시된 것이 인도에서는 중요시되지 않았다는 것, 반대의 경우도 있었다는 것이 인정되면, 중국 자료를 주로 연구하는 현대 학자들이 열심히 노력한 성과는 의심받겠지요. 그들은 자신이 연구하는 문헌의 의의에 대해 불쾌한 질문을 해보아야 합니다.

*

여기서 저는 중국 자료와 관련해 세세하고 밀접하게 결합하고 얽혀 있는 일련의 이해관계가, 인도 초기 대승의 역사적 상황을 이해해 보려는 우리의 시도에 너무 큰 오해와 피해를 가져왔다고 생각합니다. 인도에서는 주변적이던 존재가 중국에서는 주류가 되었습니다. 하지만 이런 가능성에 대한 고려를 주저했거나 전혀 하지 않았던 것입니다. 이것이 인도 초기 대승에 대한 우리의 이해에 영향을 끼친 것입니다. 또한, 이것이 필자가 '중기'라고 말하는, 기원 초부터 5·6세기의 인도불교에 대한 우리의 이해까지도 흐리게 만들었다고 생각합니다.

3세기 이후 중국에서의 대승은 소수가 아니었습니다. 대승은 점점 다수로 확대되었던 것이 거의 확실합니다. 하지만 인도에서의 대승은 극히 주변적 존재로 계속 머물러 있었습니다. 인도에서의 대승은 중국에서의 상황과는 놀랄 만큼 대조적이었는데, 5세기까지는 제도상으로든 일반 대중에게든 전혀 눈에 띄지 않는 존재였습니다. 이 부분에 대해서는 몇몇 자료들을 예로 들 수 있습니다.

2~4세기의 인도에 대해서는, 소승의 부파가 토지의 기부·사원·기금·노예·마을·유골·불상佛像 등등에 대한 기탁물의 수령자였다고 새겨져 있는 많은 비문이 남아 있습니다. 그러나 5세기 말 6세기 초까지는 대승불교 및 대승 집단에 행해진 기부 물품이나 지원에

대한 언급이 전혀 존재하지 않습니다. 2세기부터 5세기에 걸쳐 광범위하게 출가 및 재가 기부자가 기부하는 의도나 목표나 소원이 새겨진 비문은 몇 백 개 존재합니다만, 불완전한 하나의 예외를 제외하면, 루이 드 라 발레 푸생(Louis de la Vallée Poussin)이 대승을 명시하기 위해 첫 번째 지표로 거론한 것과 같은 문장은 아무것도 존재하지 않습니다. '대승은 붓다의 특질을 열망하는 규정'이라고 서술하며, 초기 대승은 '경건한 사람이 붓다가 되고자 맹세하게 결의하는' 경우에만 소승과 구별된다고 서술한 것입니다.[11] 그러나 이런 사고방식이 현실의 문헌에 기록되어 있는 것은 불완전한 단 하나의 예외를 제외하면 존재하지 않습니다. 이런 생각은 5세기가 될 때까지, 몇백 개나 되는 비문 어디에서도 확인되지 않고 있습니다. 유일한 단 하나의 예외는 2세기이거나 3세기인 마투라(Mathura)의 고립 비문입니다. 하지만 이 자체도 완전히 대승의 것은 아니고, 다만 대승 쪽으로 모색하고 있는 상태의 것에 지나지 않습니다.[12] 이 고립된 단 하나의 불완전한 예외 이외에는 위와 같이 지극히 대승적인 생각이, 5세기까지 기부자의 대부분을 차지하는 비구에게조차도, 금속 세공사든 상인이

---

11 L. de la Vallée Poussin, *Vijñaptimātratāsiddhi. La siddhi de Hiuan-Tsang* Tome II (Paris, 1929), p.767.
do. "Opinions sur les relations des deux véhicules au point de vue du vinaya", *Bulletin de la classe des lettres et des sciences morales et politiques* ser. V, t. 16 (Belgique, 1930), p.22.

12 G. Schopen, "The Inscription on the Kuṣān Image of Amitābha and the Character of the Early Mahāyāna in India", *The Journal of the International Association of Buddhist Studies* 10. 2 (1987), pp.99~134.

든 왕이든 어떤 사람이든 인도의 기부자가 이것을 알 수 있을 정도의 영향을 주지는 못하고 있습니다.[13]

미술사의 자료를 보아도 역시 하나의 예외를 제외하고는 너무 똑같다는 것을 알 수 있습니다. 라모뜨(É. Lamotte)가 훨씬 이전에 서술한 것에서도 마찬가지입니다.[14] "간다라(Gandhara) 학파는 불교의 신들에 대한 소승의 개념을 아직 표현하지 않고 있다. 마투라에서도 같은 것이 확인되었고, 아마라바티(Amaravati)와 나가르주나콘다(Nagarjunakonda)에서도 비슷한 것이 확인되었다." 그리고 5세기가 될 때까지는 "대승의 위대한 구원자인 관음이나 문수의 어떤 흔적조차도 발견되지 않고 있다"라는 것입니다. 여기서 한 가지 예외는, 앞에서 서술한 바로 이 예외를 가리키고 있습니다. 마투라에서 출토된 2세기거나 3세기인 초기 대승의 비문은 아미타 불상이었던 기부基部에 기록되어 있습니다. 다른 소수의 조각상을 대승의 조각상으로 인정하려고 시도한 사람도 있습니다만, 이것 이외에 5세기가 될 때까지는 대승의 특징을 두루 갖춘 붓다나 보살이라고 확언할 수 있는 조각상이 인도

---

13 G. Schopen, "A Verse from the Bhadracarīpraṇidhāna in a 10th Century Inscription found at Nālandā, *The Journal of the International Association of Buddhist Studies* 12. 1 (1989), p.154, n.14.

14 É. Lamotte, "Mañjuśrī", *T'oung Pao* 68 (1960), pp.3~4.
M. T. de Mallman, *Etude iconographieque sur mañjuśī* (Paris, 1964).
A. Hirakawa, "Mañjuśrī and the Rise of Mahāyāna Buddhism", *Journal of Asian Studies* 1. 1 (Madras, 1983), p.27.
A. M. Quagliotti, "Mañjuśrī in Gandharan Art. A New Interpretation of a Relief in the Victoria and Albert Museum", *East and West* 40. 1-40. 4 (1990), pp.99~113.

어디에서든 단 한 곳도 없습니다. 『팔천송반야경』에 대해 서술한 것처럼, 이것들도 팔라 왕조시대를 맞이할 때까지는 실제로 일반에게까지 확대되지 못했으며, 이 시대의 것이라는 조각상마저도 숫자와 중요성에서 많이 과장되었을 가능성까지 있습니다.

비문과 미술사 자료의 연구로 밝혀진 것은 결국 앙드레 바로(A. Bareau) 교수가 최근에 연구한 것처럼, 법현의 여행기를 자세히 반복해 읽음으로써 확인되었습니다. 바로 교수는 "극히 드문 예외를 제외하면, 인도에서는 명확하게 대승이라 할 요소가 거의 없다고 법현은 기록하고 있다", "만약 그의 설명을 인정한다면, 5세기 초 인도의 불자에게 신앙의 대상은 거의 모두 초기 경전에서 설하고 있는 붓다이다", "그러므로 법현의 여행기 전체를 통해 살펴보면, 우리에게 5세기 초의 인도불교는 오로지 소승이었던 것으로 여겨진다"라는 주를 달아 서술하고 있습니다.[15]

다양한 증거를 들면 이 무게는 더 늘어날 것입니다. 어쨌든 중국에서의 당시 상황은 대승 경전을 이미 책으로 만들었고, 큰 의미에서 인도불교의 중기를 정당하게 판단해 본다면, 대승이라는 것을 결코 생각해 보지도 못했을 것이 분명합니다. 인도에서의 대승은 5세기 이후까지 제도적으로나 문화적으로나 미술사적으로나 참 보잘것없는 존재였습니다. 이 시대가 되도록 대승의 교의가 불교 신자인 기부자의 마음에 뚜렷하게 이것이다! 라는 어떤 귀중한 영향도 주지 못하고

---

15 A. Bareau, "Etude du bouddhisme. aspects du bounddhisme indien décrits par les pèlerins chinois", *Annuaire du collège de France* 1984-1985. *Résumé des cours et travaux* (Paris, 1985), p.649.

있었다는 것을 더욱 확신할 수 있습니다.

*

물론 우리는 이 시대가 될 때까지 대승이 어디에서 존재하고 있었는지 명확히 알지 못합니다. 그러나 이것이 확실한 모습으로 처음 나타난 장소는 알고 있습니다. 이것이 존재하고 있던 장소를 비문은 말해주고 있기 때문입니다. 여기에도 많은 자료가 있습니다만, 지금은 이것을 요약해 보겠습니다.

문제의 비문은 펀자브(Punjab)주 수틀레지(Sutlej)의 5~6세기 것입니다. 이 비문에는 대승의 고전적인 기도 의식문儀式文 게송이 새겨져 있습니다. '일체중생이 무상의 보리〔佛性〕에 도달하도록' 공덕을 기원하는 것과 사원에 기부하는 것이 새겨져 있습니다. 수령자의 주소는 '화지부(Mahīśāsaka)의 스승들'이라고 복원되었습니다. 하지만 이 명칭은 의도적으로 지운 문자 위에 새겨져 있습니다. 이 의식문은 여기서 지시하고 있는 소승학파(화지부)와 관련해서는 결코 볼 수 없고, 항상 대승과 관련해서만 볼 수 있습니다. 따라서 이 기록은 원래 화지부가 아니라 대승(Mahāyāna)으로 기록되어 있었다고 생각합니다. 대승의 스승들(ācāryas)을 언급한 최초기의 비문 중 하나였을지도 모르겠습니다만, 이것을 고의로 지웠다고 보려는 것은 말도 안 되겠지만, 중요하다고 생각합니다. 대승의 명칭이 확실하게 새겨진 최초기의 것이, 인도에서 정반대로 위치한 두 지방에서 출토되고 있습니다. 하지만 이것은 5세기 후반이나 6세기 전반 무렵의 것입니다. 이것 중 하나는 벵골(Bengal)주의 구나이그하르(Gunaighar) 것으로,

몇 구획의 토지를 기부한 기부자가 '대승의 신봉자로 불퇴전을 이루는 승가를 위해' 행했다고 기록되어 있습니다.[16] 다른 하나는 오리사(Orissa)주의 자야란푸르(Jayaranpur) 것으로, 한 마을을 '대승의 승가'에 기부했다고 새겨져 있습니다.[17] 또 하나는 이것과 동시대이거나 아마도 조금 늦다고 생각되는데, 네팔(Nepal)에서 출토된 것입니다. 여기에는 '대승을 수행하는 성스러운 비구니의 사방 승가'에 기부된 기금이 새겨져 있습니다.[18] 그리고 하나 더, 실제로는 대승의 이름이

---

16 māhāyānika (?) vaivarttika-bhikṣusaghanām parigrahe, 1. 5: māhāyānika-śākyabhikśvācāryya-śāntidevam uddiśya, 1.3-4 of D. C. Bhattacharya, "A Newly Discovered Copperplate from Tippera", *Indian Historical Quaterly* 6 (1930), pp.45~60.

D. C. Sircar, *Select Inscriptions Bearing on Indian History and Civilization,* 2nd ed. (Calcutta, 1965) Vol. I, pp.340~341.

R. Mukherji & S. K. Maity, *Corpus of Bengal Inscriptions Bearing on the History and Civilization of Bengal* (Calcutta, 1967), pp.65~70.

P. K. Agrawala, *Imperial Gupta Inscriptions. Guptādhirājalekhamaṇḍla* (Varanasi, 1983), pp.113~116.

R. Chaudry, *Inscriptions of Ancient India* (Meerut, 1983), pp.84~86.

N. S. Das Gupta, "On Vainyagupta", *Indian Culture* 5 (1983-1939), pp.297~303.

17 mahāyānikebhyo bhikṣusaṅghāya, D. C. Sircar, *Select Inscriptions,* p.531. 17.

S. Rajaguru, "Jayarampur Copper plate Inscription of the Time of Gopachandra", *The Orissa Historical Research Journal* 11. 4 (1963), pp.206~233.

D. C. Sircar, "Vijayavarman the Victory of Gopachandra", *Indian Studies Past & Present* 7. 2 (1966), pp.123~126.

P. R. Srinivasana, "Jayarampur plate of Gopachandra", *Epigraphia Indica* 39 (1972, but 1985), pp.141~148.

새겨져 있지 않지만, 라자스탄(Rajasthan)주의 경계에 가까운 구자라트(Gujarat)주의 데브니모리(DevniMori)에서도 아마 5세기의 것으로 보이는 기록이 있습니다.[19] 이것은 대승大乘 두 비구의 종교 활동과 기부에 대한 서술이라고 생각합니다. 이 비구들을 '샤꺄빅슈'라고 합니다만, '샤꺄빅슈(Śākyabhikṣu)'는 대승의 의식문을 사용하는 비구들이 자기 자신을 표현할 때 좋아서 사용했던 칭호였음이 확실합니다. 구자라트에서는 이미 '대승의'라는 관형어가 '샤꺄빅슈'와 결합하여 보였습니다.

인도의 지리를 잘 아는 사람이라면 누구나 이 장소들에 공통점이 하나 있다는 걸 이미 알아차렸겠지요. 이들 장소는 지리적으로도 문화적으로도 변방에 위치합니다. 당시에는 더욱 그랬을 것이 틀림없습니다. 이맘(A. Imam)이 당시의 벵골을 묘사한 것처럼, 이 모든 유적을 그대로 묘사해 본다면, 상당히 정확하게 묘사한 것으로 보이는 그런 지역에 위치합니다.[20] 그는 당시의 벵골을 "정체된 지역으로 절망적일 만큼 시골이었다"라고 서술했습니다. 이 무렵의 이 지역들이 모두가 그렇다고는 말할 수 없겠지만, 대부분은 생산과 경제를 위해 이용당하는 과정에 있었고, 계속 식민지화되고 있었고, 과거에는 정치 조직이라는 것이 전혀 존재하지 않았다고 생각해도 좋을 만한 그런

---

18 mahāyāna-pratipannāryya-bhikṣuṇī-saṅgha-pratibhogāyākṣaya-ṇīvī, D. R. Regmi, *Inscriptions of Ancient Nepal* Vol. I (New Delhi, 1983), p.88.

19 D. C. Sircar, *Select Inscriptions,* p.519.

20 A. Imam, "Bengal in History", *India: History and Thought, Essays in Honour of A. L. Basham,* ed. S. N. Mukherjee (Calcutta, 1982), pp.71~83.

지역이었습니다. 과거에는 전혀 존재하지 않았다고 해도 좋을 만큼, 불교 역사도 존재하지 않았던 것도 거의 명백합니다. 이것들은 극히 '변방'의 위치에 있었다는 생각이 듭니다. 5~6세기가 되어 대승이 마침내 공개석상에 모습을 드러내는 장소로는 두 곳이 있는데, 이런 문화적 변방 지역이 이 중 하나입니다.

5~6세기가 되면 대승은 과거에는 전혀 없었다고 해도 될 만큼, 불교 역사가 없었다고 앞에서 설명한 것 같은 주변의 '변방' 지역이 아닌, 다른 유적에서도 출현하기 시작합니다. 이런 제2의 유적은 과거에는 불교 역사가 확실히 있었지만, 예사롭지 않은 시대를 맞아 몰락했을 것으로 생각되는 지역입니다. 이 일부는 불자에 의해 방치되고 있었고 이 지역을 대승이 점거한 것 같습니다. 앞에서 서술한 것 이외에도 대승의 명칭이 비문에 새겨진 최초기의 하나를 아잔타(Ajanta)에서 볼 수 있습니다. 이 비문에는 '샤꺄빅슈'와 '대승의 신봉자'라는 두 이름으로 불린 한 비구의 기부가 새겨져 있습니다. 이 유적에는 이 밖에도 '샤꺄빅슈'의 기부에 대해 기록한 것이 12개 이상 존재합니다. 이런 종류의 기록에는 잘 계획되어 질서 있게 그려진 초기의 구도를 허무하게 혼란에 빠뜨릴 것 같은, 후대에 '끼어든' 조각이 새겨져 있습니다. 굳이 혼돈이라고까지는 말하지 않더라도 자의적으로 이루어진 조각상의 배치는 유적의 질서와 통제가 계속 무너지던 것을 보여주고 있다고 생각합니다. '샤꺄빅슈'에 대한 기술記述은, 이 유적이 급속히 몰락해 가던 시대였거나, 그렇지 않다면 아마도 이것이 버려지고 난 이후의 시대에 기록되었겠지요. 데슈팡데(M. N. Deshpande)가 말하는 '상당히 장기간 방치되었던' 시기가 지난 뒤 '대승이' 나중에 다시

점거했다는 것을 증언해 주는, 같은 종류의 증거들이 상당수는 서부 동굴에서 확인되고 있습니다.[21] 로젠필드(J. M. Rosenfield)도 사르나트(Sarnath)에서 같은 종류의 것을 확인했다는 주석을 하고 있습니다.[22] 쿠시나가르(Kusinagar)도 비슷하다고 할 수 있습니다. 전통적으로 중요한 이런 두 유적에서 대승의 비구에 대한 존재가 처음 언급된 것은 서부 동굴과 비슷한 5~6세기 즈음입니다. 틀림없이 완전히 포기하지는 않았지만, 활동은 중지되어 황폐해져 버린 곳에서 불교조직의 혁신이라는 것과 관련되어 등장합니다.[23]

마침내 '일체중생이 무상의 보리〔佛性〕에 도달하기를' 기원하는 대승의 이상이, 기부자의 기록에 등장할 때가 된 것입니다. 마침내 대승이 5~6세기의 인도에서 자신의 사원을 갖고 확실하게 식별할 수 있는 이름으로 불리는 하나의 집단으로 등장할 때가 된 것입니다. 과거에는 불교가 전혀 없었다고 말해도 좋을 것 같은 주변부이거나 변방 지역이거나, 버려졌다고는 말하지 않더라도 계속 몰락하여 구체제가 무너지고 있는 과거의 불교 유적 중 어떤 한 지역에서 출현했다고 생각됩니다. 구체제의 붕괴는 병행하는 다른 기록에서도 확인할 수 있습니다. 이처럼 인도의 비문에 '대승'과 '샤꺄빅슈'가 등장하기 시작한 것은,

---

21 M. N. Deshpande, "The Rock-Cut Caves of Pitalkhora in the Deccan", *Ancient India* 15 (1959), p.70.

22 J. M. Rosenfield, "On the Dated Carvings of Sārnātha", *Artibus Asiae* 26. 1 (1962), p.26.

23 G. Schopen, "An Old Inscription from Amarāvatī and the Cult of the Local Monastic Dead in Indian Monasteries", *The Journal of the International Association of Buddhist Studies* 14. 2 (1991), pp.295~296, 310~311.

사원의 구체제에 대한 언급이 비문에서 자취를 감춘 시기와 완전히 같은 시기입니다.[24]

*

5~6세기 이전의 대승은 어디서 존재하고 있었는가? 다시 말해 대승 경전을 만든 개개의 사람들이 사회적으로 제도적으로 어디에 있었는지, 우리의 수중에 있는 경전 문헌만으로 그저 추측해 볼 수밖에 없습니다. 이런 추측을 해본다는 것이 반드시 이익이 확실한 도박은 아닙니다만, 사실상 이런 문헌조차도 인도 초기 대승의 근거지가 변방의 이 두 지역이라는 것을 보여주는 듯합니다. 이 부분에 대해서도 자료는 풍부하지만, 지금은 극히 대략 요약하겠습니다.

『라트나발리』에 서술된 설득법 자체가 인도 초기 대승이, 더 큰 지배적인 여러 집단에서의 승인을 쟁취하려고 악전고투하는, 고립된 소규모의 전투적 소수파 집단이었음을 보여주고 있습니다. 대승 경전에는 이런 종류의 설득법이 아주 많이 사용되어 있는데, 이것이 이런 인상을 증폭시켜 주는 것입니다. 『팔천송반야경』 만으로 한정해서 보더라도, 대승이 소수파의 위치에 있었음을 분명하게 인정하고 있습니다. 여기에는 "이 중생세간에서 반야바라밀의 길에 들어선 보살은 거의 없다", "훨씬 더 많은 보살이 무상정등각에서 물러나게 된다"[25]라

24 J. Marshall et alii, *The Monuments of Sāñchiī* Vol. I (Delhi, 1940).
J. P. Vogel, "Shorkot Inscription of the Year 83", *Epigraphia Indica* 16 (1921-1922).

25 *Aṣṭasāhasrikā* (Mitra ed.), p.429. 11.

고 서술되어 있습니다. "북쪽에는 매우 많은 보살이 있을 것이다. 그러나 이 깊고 깊은 반야바라밀을 듣고, 사경하고, 수지하고, 유지하려는 사람들은 이들 중 조금밖에 없을 것이다"[26]라는 서술도 있습니다. 심지어는 제석천에게 "세존께서 반야바라밀의 신앙이 큰 이익을 가져다준다고 가르쳐 주셨는데, 인도 사람들이 이것을 모른다는 것이 어떻게 있을 수 있는 일인가? …… 그러나 그들은 이것을 모른다. 그들은 이것을 알아차리지 못한다. 그들은 이것을 믿지 않는다"[27]라는 말도 하고 있습니다. 때로는 격투의 상대에 대해 더 노골적으로 "잘 설해진 법과 율을 구하여 세상을 떠난 자로, 이 깊고 깊은 반야바라밀을 물리치고 중상하고 방해하려고 결의한 사람들, 속이던 사람들이 바로 여기에 존재하는 것이리라"[28]라는 지적도 하고 있습니다. 그러므로 반야바라밀의 적대자는 '잘 설해진 법과 율'에 들어간 비구로, 아마도 분명히 대승이 이들 사이에서 기반을 획득할 수 있게 되기를 지속해서 간절히 소원하던 기존 교단의 비구들이겠지요. 악마가 비구로 변장한 후 등장해서 반야바라밀로 사람들을 유혹하여, 이것으로부터 떠나게 하려고 획책하는 것을 서술한 많은 문장 가운데 가장 빛을 발하며 묘사된 것은 아마도 이것일 것입니다.[29]

인도 초기 대승의 문헌을 통해 볼 수 있는 적어도 한 가지 이야기의 맥락으로 판단해 보면, 이것은 제도적으로 더 큰 기존의 지배적인

---

26 *ibid.* p.226. 13.

27 *ibid.* p.59. 6-60. 20.

28 *ibid.* p.183. 11.

29 *ibid.* pp.331. 15: 389. 3: 328. 12: 249. 16.

교단에서, 이들에게 인정받으려고 악전고투하는 주변의 구성원으로 위치 지어져 있습니다. 그러나 대승 경전 문헌에서 볼 수 있는 또 다른 이야기의 맥락으로 살펴보면, 다른 위치에 있었을 수도 있다는 것을—더 주변으로 위치하게 된다는 것을—보여주고 있습니다.

최근까지는 별로 주목받지 못한 것이지만, 초기 대승 경전 문헌에서 과격한 고행주의에 대해 말하는 강한 어조의 맥락을 볼 수 있습니다. 이 맥락은 일정한 주거지에서 정착이 제도화된 사원 생활을 '매도'하는 귀에 거슬리는 비판과, 이에 지지 않는 삼림 생활에 대한 신봉을 큰소리로 서술한 것을 담고 있습니다. 정착된 사원 생활을 가장 과격하게 매도한 비판은 아마도 『호국소문경護國所問經』에 묘사되어 있겠지요. 『호국소문경』은 『가섭품迦葉品』이나 『보적경寶積經』이나 기타 유사한 경전과 같이 '이익과 명예에 여념이 없는' 비구를 항상 비판하고 있습니다만,[30] 비구가 소나 말이나 노예를 소유한 것을 비판하고, '농사와 장사를 열심히 하고', 처자를 두고 있고, 사원과 사원의 용품에 대한 소유권을 주장하는 비구도 비판하고 있습니다. 이런 것 중 다수의 행위는 소승 율장에도 언급되어 있으며, 여기에는 이런 일에 대한 규칙까지도 제정되어 있습니다.[31]

---

30 *Rāṣṭrapālaparipṛcchā* (Finot ed.), pp.16. 8: 17. 4. 10: 18. 4. 9: 19. 14: 29. 13: 30. 4: 31. 16. 19: 33. 2: 34. 4. 11. 12: 35. 2. 11. 13. 17: 36. 3.
Kāśyapaparivarta (Stael-Holstein ed.) §§ 2: 5: 6: 13: 15: 22: 112: 121: 124: 125: 126: 131.
Ratnarāśi (Silk ed.) I. 2, 67: I. 4, 13-16: II. 6, 4: II. 13, 1: III. 1, 15: IV. 1.

31 *Rāṣṭrapālaparipṛcchā* (Finot ed.), pp.28. 17-36. 14.
Ratnarāśi (Silk ed.) VII. 19.

이런 종류의 비판 중 대부분은 '숲속에서 치열하게 고행하는 실천으로 돌아가라'라는 외침과 관련되어 있습니다. 소승 율장이 최종적으로 구성될 때까지는 두타 공덕(dhutaguṇa)인 고행苦行의 실천이 유명무실한 관행이었거나, 적어도 카리타스(M. Carrithers)가 '상징적인 일'이라고 했던 것에 지나지 않았던 것도 분명합니다.[32] 그러나 초기 대승 경전 문헌에서 일부 맥락이 이런 극단적인 고행의 실천을 재형성再形成하여, 여기에 다시 생명을 불어넣어 부활을 시도한 것과 같은 정도인 것은 분명합니다. 이런 시도는 『아촉불국경(阿閦佛國經, *Akṣobhyatathāgatasyavyūha-Sūtra*)』[33]이나 『라트나라시(*Ratnarāśi*, 大寶積經)』[34]나 『삼매왕경(三昧王經, *Samādhirāja-Sūtra*)』[35] 같은 경전에서조차도 분명히 하고 있습니다. 『팔천송반야경』도 두타 공덕을 초기의 대승에서 중심적인 위치에 놓아야 할지, 어떻게 해야 할지 하는 진지한 논의에 1장 전체를 할애하고 있습니다. 하지만 『팔천송반야경』은 아직 위치가 분명하게 확립되지 않은 이 흐름을 억압하려 하고 있습니다.[36]

---

32 M. Carrithers, *The Forest Monks of Sri Lanka. An Anthropological and Historical Study* (Delhi, 1983), pp.59~66.
G. Schopen, "Deaths, Fynerals, and the Division of Property in a Monastic Code", *Buddhism in Practice,* ed. D. S. Lopez (Princeton, 1995), pp.473~475.

33 *Akṣobhyatathāgatasya-vyūha-sūtra,* Peking, Vol. 22, 130-5-8ff.
J. Dantinne,*La splendeur de l'inébranlable* (Louvain-la-Neuve, 1983) Tome I, pp.87~88.

34 Ratnarāśi, Chpts. V-VII.

35 *Samādhirāja-sūtra* (Vaidya ed.), pp.168. 1-169. 6: 169. 7-170. 5: 170. 5-29: 124. 9-20: 134. 15ff.

36 *Aṣṭasāhasrikā* (Mitra ed.), p.386. 11-395. 19.

몇몇 경전에서는 두타 공덕을 재평가하고 있습니다. 이와 같은 경전에서는 이것에 덧붙여 숲속으로 돌아갈 것을 솔직하게 권장하고 있습니다. 이 점에 대해서도 『호국소문경』과 『가섭품』은 뛰어납니다. 이 경전들은 끊임없이 '물건을 버리거나 은둔을 구하는 것', '숲속에서의 생활을 기뻐하는 것', '모든 세간의 오락에 관심을 보이지 않고 숲속에서 진지하게 생활하는 것'[37], '코뿔소처럼 혼자 사는 것', '숲속에서의 생활을 아주 버리지 않는 것', '공터에서 사는 것', '산과 계곡 사이' 등을[38] 말하고 있습니다. 『호국소문경』에는 과거의 붓다는 모두 '숲속에 머무르며' 후계자들에게 이것을 보고 배우도록 강하게 권유했다고 서술되어 있습니다. 그리고 실제로 삼림에 거주함으로써 그들이 깨달음에 도달했다고 암시되어 있습니다.[39] 『호국소문경』과 마찬가지로 『삼매왕경』도 '코뿔소처럼' 혼자 사는 예전의 이상으로 돌아가야 한다는 것을 설하고 있으며,[40] 집에 거주하면서 깨달음에 도달한 붓다는 과거에도 미래에도 현재에도 존재하지 않았다고 서술하며, "은둔을 찾아 숲속에서 살아야만 한다"라고 덧붙이고 있습니다.[41] 『욱가장자소문경郁伽長者所問經』은 "숲속에서 사는 것을 붓다가 명한 것이라는 점을 알고서 출발한 보살은 숲속에서 살아야 한다"라고 설하고 있습

37 Kāśyapaparivarta (Stael-Holstein ed.) §§ 15: 17: 19: 25.

38 *Rāṣṭrapālaparipṛcchā* (Finot ed.), pp.13. 7: 13. 17: 14. 5: 16. 2: 22. 1: 26. 1etc.

39 *ibid.* pp.39. 3-4: 45. 16.

40 *Samādhirāja-sūtra* (Vaidya ed.), pp.134. 19: 138. 3: 179. 11: 195. 15. cf. Ratnarāśi (Silk ed.) I. 2, 61.

41 *ibid.* p.25. 3.

니다.[42]

삼림 생활에 대한 이런 장려를 대부분 간과하여 왔지만, 초기의 많은 대승 경전에서는 놀라울 정도로 너무 평범하게 서술되어 있습니다. 이런 장려는 현재 『보적경』에 수록된 불전 대부분의 특징이며, 이런 불전의 성립이 대부분 매우 오래된 것이라고 아주 오래전부터 알려져 왔습니다. 지금은 직면하고 있는 몇 가지 것에 주의할 필요가 있습니다. 첫째로, 이렇게 고행을 치열하게 장려하는 맥락이 초기 대승문헌의 한 요소일 것이라는 생각에도 불구하고 중국 대승에 대한 이해와도 전혀 어울리지 않고, 초기 대승이 중국에서 보여준 전개의 방향과도 매우 상반되는 것을 명확히 인식하지 못한 채 간과하여 올바르게 평가하지 못했다는 것입니다. 둘째로, 만약 문헌에 보이는 고행과 삼림 생활에 대한 장려를 실제로 실천했다면, 인도에서 초기 대승이 출현한 두 번째 장소를 찾아낼 수 있게 됩니다. 만약 초기 대승의 일부 집단이 지배적인 소승의 사원조직에 제도적으로 계속 끌려들어 가면서도 변방에 남겨진 전투적 조직의 일부였다면, 다른 대승의 집단은 또 다른 의미에서 '변방'의 존재였겠지요. 이들은 소승 사원과는 뜻이 맞지도 않았고, 결코 환영받지도 못했기에 기부자와 기존 불교사원 및 성지聖地 어디든 접근이 제한되어 삼림에서 생활하게 된 고립된 소집단이었겠지요. 이런 장소는 존재가 알려진 이후 현재에 이르기까지 연구되어 온 1~5세기까지의 기존 불교 유적에서, 대승에 대한 기부와 지원이 새겨진 비문의 기록이 존재하지 않는 것과도

---

42 *Śikṣāsamuccaya* (Bendall ed.), p.199. 12.

잘 부합하고,[43] 매우 많은 대승 경전에서 확인할 수 있는 바와 같이, 불교 성지의 규정을 재구성하는 것과도 잘 부합하고 있습니다.[44]

우리의 수중에 있는 모든 증거는 ①『라트나발리』의 기술과, ②비문의 기록에 대승사상과 대승에 대한 언급이 없는 것과, ③불교미술에도 명확한 대승의 요소가 없는 것과, ④법현의 증언과, ⑤최초의 분류 가능한 대승사원과 명확한 집단으로서의 대승을 처음으로 확실하게 언급한 것이 발굴된 장소와, ⑥대승 경전 문헌에서 볼 수 있는 전투적 소수파 집단 특유의 설득법과, ⑦이와 같은 경전류에서 볼 수 있는 획일화된 사원제도의 관료주의적 가치관이나 실천 방법에 대한 떠들썩한 비판이나, ⑧숲속에서 생활하고 거주해야 한다고 끊임없이 장려하는 것 등인데, 이런 모든 것이 중국에서의 초기에는 대승이 주류였지만, 인도에서는 다양한 여러 의미에서 '변방'에 위치한 소수파 집단을 보여주고 있다고 생각합니다.

*

---

43 R. A. Ray, *Buddhist Saints in India. A Study in Buddhist Values & Orientations* (New York/Oxford, 1994).
cf. L. Prematilleke & R. Silva, "A Buddhist Monastery Type of Ancient Ceylong Showing Mahāyānist Influence", *Artibus Asiae* 30 (1968), pp.61~84.
S. Bandaranayake, *Sinhalese Monastic Architecture. The Vihāras of Anurādhapura* (Leiden, 1974), pp.58~85.

44 *Aṣṭasāhasrikā* (Mitra ed.), p.56. 6ff.
cf. É. Lamotte, "La concentration de la marche héroïque", *Mélanges chinois et bounddhiques* 13 (Bruxelles, 1965), p.221.

만약 이런 것들이 보여주는 예가 대체로 정확하다면, 우리는 인도 초기 대승의 본질과 특징을 아주 많이 오해해 온 것입니다. 우리는 인도불교 '중기'의 가장 유력한 존재를 완전히 간과해 온 것입니다. 주류가 무엇이었는지를 완전히 잃어버리고 기존 사원의 종교적·사회적 중요성을 너무 과소평가하며 '소승 사원'이라고 부르는 관습은 말도 안 되는 것입니다. 지금도 계속해서 밝혀지고 있지만, 이런 사원은 상호 연동하여 종교적·사회적·경제적 책무를 갖고 지역사회의 요구와 잘 호응하며, 아주 많이 성공한 조직으로 발전했다고 생각합니다.[45] 이들이 실제로 성공을 거두고 있던 상황에서는, 대승이 제공해야만 한다고 주장한 것들에 대해 사람들은 어떤 필요성도 느끼지 못했을 것입니다. 단적으로 표현하면, 너무 자주 대승의 논의라는 렌즈를 통해 소승의 비구를 보게 되어 완전히 오해해 온 것입니다.

만약 여기서 보여주는 예가 대체로 정확하다면, 대승이 인도 국외로 이동하게 된 주요 동기도 이제 설명이 되겠지요. 이 사회 환경 속에 확고하게 정착하고 있는 한, 기존 집단은 이동해야 할 동기가 거의 없습니다. 이동에 강한 유혹을 느끼는 것은 경제적 자원과 사회적

---

45 G. Schopen, "The Ritual Obligations and Donor Roles of Monks in the Pāli Vinaya", *Journal of the Pāli Text Society* 16 (1992), pp.87~107.
do. "Doing Business for the Lord: Lending on Interest and Written Loan Contracts in the Mūlasarvāstivāda-vinaya", *The Journal of the American Oriental Society* 114 (1994), pp.527~554.
do. "The Lay Ownership of Monasteries and the Role of the Monk in Mūlasarvāstivādin Monasticism", *The Journal of the International Association of Buddhist Studies* 18. 1 (1996).

명성과 정치적 권력에 접근할 방법이 거의 없거나, 이런 접근에 제약이 있는 이런 '변방'의 사람들로 성공하지 못한 사람들입니다. 이렇게 생각해 보면 대승이 국외로 이동하게 된 이유도 밝혀질 것입니다. 이렇게 생각해 보면 테라바다(Theravada)가 이동한 이유도 밝혀지겠지요. 어쩌면 이들 모두는 본토에서 잘 안 되었을 것입니다. 인도 측에서 보면 정말 중요하지 않고 진짜로 성공하지 못한 이런 불교 집단이, 오늘날 굉장히 많이 알려져 있다는 것은 말도 안 되는 일일 것입니다. 그러나 이것은 적어도 있을 수 있는 일입니다.

제1장 『근본설일체유부율』의 위치 매김

1. 『근본설일체유부율』의 성립 연대

1) 율에 대한 관심과 샤꺄무니의 이미지

이 '괴물怪物과도 같은 율'이 인도불교 중기中期에 편찬된 것은 거의 확실합니다. 그러나 이 편찬 시기가 중기 전반이었는지, 말기 즈음이었는지는 확실치 않습니다. 이에 대한 중요한 하나를 예로 들면, 라모뜨(É. Lamotte)는 이런 편찬 시기를 말기 즈음 정도로 본 것 같습니다. 근래의 논문들에서는 어떤 이유에서인지, 이 율장의 연대에 대해 언급할 필요가 있을 때는 모두 그렇게 하자고 약속이나 한 것처럼 라모뜨의 『인도불교사』를 인용하고 있습니다. 라모뜨의 논문에는 독특한 명석明晳함이 있는데, 이것이 라모뜨의 논문이 발표되기 이전부터 타당하다고 생각되어 왔던, 다른 연구자들의 존재감까지 희미하게 만들어 버렸기에 유감입니다. 그러나 라모뜨도 1958년의 시점에서는 생각을 바꾼 것 같습니다. 그가 1958년에 출판한 『인도불교사』에서 서술한 것이 자주 언급되기 때문에, 이것을 확실히 해둘 필요가 있습니다.

> 이 율장의 성립 연대는 대략으로라도 확정할 수가 없다. 이 율장에는 카니슈카(Kaniska)왕에 대한 예언이 삽입되어 있는데, 이 예언이 카니슈카의 공덕과 페샤와르(Peshawar) 스투파의 위용을 칭송하고 있다는 사실에서, 이들이 이미 시대적으로 격차가 벌어졌다는 것이 전제前提된 것도 알 수 있다. 게다가 이 율장에서 묘사하고 있는 샤꺄무니(Śākyamuni)는 이미 초기 경전에서 볼 수 있는 까삘라바스뚜(Kapilavastu)의 성자가 아니고, 아바다나(Avadāna) 문헌이나 대승에서 칭송하고 있는 '신들을 능가하는 신'이다. 그리고 율장을 찾아서 402년부터 411년 사이에 인도를 방문한 법현(法顯, 337~422년으로 추정)은 이 율장의 존재를 모르고 있었던 것 같다. 8세기 초반에야 비로소 의정(義淨, 635~713)이 이 율장을 10년 동안 단편적으로 번역했기 때문이다. 이런 이유로 이 율장이 4~5세기 이전에 성립되었다고 추정하는 것은 불가능하다.[46]

라모뜨가 거론한 '이런 이유'는 언뜻 보면 확실한 논거를 대고 있는 것같이 보입니다. 그러나 이것들은 논의해볼 여지가 있고, 상당 부분 수정할 필요가 있다는 것도 알게 되는 데 그리 많은 시간이 걸리지 않습니다. 실제로 이 일부의 논의에 대해서는 이미 다른 해석이 있습니

46 É. Lamotte, *Histoire du bouddhisme indien* (Paris, 1958), p.727.

다. 라모뜨가 여기서 거론한 순서와는 반대지만, 이것들을 지금부터 검토해 보겠습니다.

법현이 인도에서 이 율장을 발견하지 못했던 것은 확실합니다. 그리고 그가 법장부와 화지부의 율장도 발견하지 못했던 것 또한 확실합니다. 이 율장의 성립 연대를, 법현이 이 율장을 보았다거나 못 보았다거나 하는 것으로 관련지을 수는 없습니다. 『근본설일체유부율』이 8세기가 될 때까지 한역漢譯 되지 않은 것도 사실이지만, 설일체유부·법장부·화지부 등 대중부의 율장도 5세기가 될 때까지 한역되지 않은 것도 사실입니다. 통상적으로 이 율장의 작성 연대가 이런 사실을 반영하고 있다고는 생각하지 않습니다. 실제로 대부분의 율장을 한역한 연대가 거의 404년부터 424년 사이의 기간인데, 이렇게 한역한 연대에 인도불교 원전이 편찬된 연대가 반영된 것도 아닙니다. 율장의 한역 연대가 늦어졌던 것은 중국에서의 필요성과 이에 대한 평가 등이 반영된 결과였지, 인도에서의 불교 발전과 관련 있었던 것은 아닙니다. 포크(T. G. Foulk, 1995)는 다음과 같이 말하고 있습니다.

> 〔중국에서〕 해탈을 추구하며 출가한 비구나 비구니 교단이 인도불교를 모범으로 삼았을 때, 중국인과는 너무 관계가 없다고 생각한 것이, 그(인도불교의) 사회조직이거나 관습과 관련된 분야였다. 이것이 많은 사람이 위축될 정도로 곤란스러웠던 것이고, 계율 제도가 중국불교에서 확립되는 것도 방해하던 것이다.[47]

---

47 T. G. Foulk, "Daily Life in the Assembly", *Buddhism in Practice*, ed. D. S. Lopez (Princeton, 1995), pp.455~472.

자끄 제르네(Jacques Gernet, 1956)도, 중국에서 계율이 필요해 한역한 것을, 좀 더 이른 시기에 다음과 같이 지적했습니다.

> 중요한 것은 불교가 중국에서 처음으로 후기後期의 전개를 생각해냈다는 것이다. 상당한 규모의 불교 교단이 겨우 형태를 갖추기 시작했던 것은 동진(317~420) 시대부터이다. 승가제도의 분야에 대해서 말하자면, 이 교단에 어떤 상황이 발생하게 되면, 교단의 발전과 발을 맞추어 승가제도가 창설創設되어 성립된 것이다. 당시 율장에 관심을 가졌다는 증거는 404년부터 424년에 4대 율장의 번역을 시작한 것이다.[48]

제르네(Gernet)는 후기의 중국인이 율장에 많은 관심을 가진 요인으로 여러 사항을 지적하고 있습니다. 중국인은 일찍부터 대승불전에 흥미가 있었고 사상적으로도 대승 불자라 자칭하고 있었는데, '인도 율장에는 대승의 영향을 받아 당연히 만들어졌을 것으로 생각되던 불교 윤리의 대변혁이라는 것이 조금도 반영되어 있지 않았다'라는 사실에 있습니다. 이처럼 율장에서 기술하고 있는 것들이 중국 대승불교의 현실에는 적합하지 않았던 것이, 중국에서도, 이후 일본에서도 폴 그로너(Paul Groner, 1974)가 사이초(最澄, 767~822)에 대한 치밀한 연구에서 보여준 것처럼 문제로 남아 있습니다.[49]

---

48 J. Gernet, *Buddhism in Chinese Society. An Economic History from the Fifth to the Tenth Centuries,* trans. F. Verellen (New York, 1995: org. France, 1956), pp.65~66.

우리는 율장을 한역한 연대로부터 6세기의 중국에서 일어났던 일중 일부분을 알 수 있습니다. 이것으로부터 율장의 한역을, 종종 4세기 말부터 5세기 초에 걸쳐 넓은 지역으로 흩어져 여기저기 유포되던 여러 판본을 근거로 해서 했다는 것을 알 수 있습니다. 그러나 이것만으로는 그들의 율장이 비로소 편집되었거나 편찬되었던 연대와 당시 이것들이 어떻게 존재하고 있었는지 알 수 없습니다. 다른 율장이 한역된 연대로부터 그들의 율장이 편집된 시기나 편찬된 연대를 알 수 없다면, 한역 『근본설일체유부율』에서 어떤 정보를 얻을 수 있지 않을까 하는 기대를 해볼 수 있습니다. 그러나 실바인 레비(S. Lévi)는 아주 오래전, "한역〔및 티베트어 역〕된 연대가 늦다고 해서 우리가 이 저작을 새로운 생각이라고 단정할 수 없다"[50]라고 하면서, 한역의 연대에 과도하게 기대하는 것을 경고했습니다.

위에서 라모뜨가 "이 율장의 샤까무니(Śākyamuni)는 대승적으로 신격화되어 있다"라고 말한 이 두 번째 이유도 요점에서 벗어나 있음은 말할 필요가 없습니다. 이 '샤까무니'는 극단적으로 일반화되어 입증될 가능성까지 방해하고 있습니다. 이것은 고도로 재창조해 낸 이미지를 전혀 알 수 없는 이미지와 비교하는 것처럼 되어버렸습니다. 당연히 라모뜨조차도 이 비교에 의미를 두게 돼 곤란에 빠졌을 정도입니다. 그가 말하는, '초기 경전에서 볼 수 있는 까삘라바스뚜(Kapilavastu)의

---

49 P. Groner, *Saichō: The Establishment of the Japanese Tendai School* (Berkley, 1984).

50 S. Lévi, "L'Eléments de formation du Divyāvadāna", *T'oung Pao* 8 (1907), p.115.

성자'와 같은 유일한 이미지를 쥐어 짜내고 있는 것은, 이 율장에 없습니다. 게다가 '초기 경전에서 볼 수 있는 샤까무니'가 어떤 경전에서 설해진 것인지조차 말하지 않고 있습니다. 오히려 라모뜨가 지적했던 샤까무니의 모습은 그의 생각과는 반대로 구상하여 표현된 경우가 훨씬 더 많습니다. 바로(A. Bareau)는 라모뜨보다도 더 25년 전에 「법장부의 『대반열반경大般涅槃經』에 보이는 붓다의 초인적 인간성과 상징주의」[51]라는 주제로 흥미 있는 논문을 발표했습니다. 바로는 이 논문에서 '까삘라바스뚜의 샤까무니'는 『대반열반경』에, 용모나 목소리나 안색은 신을 능가하고, 32상을 갖추고, '멋진 황금빛의 안색을 가진' 사람이라고 반복적으로 묘사한 것에 주목했습니다. 결국, 이것은 라모뜨가 계속 후기後期라고 산정하고 싶어 한 '이 율장에서 설명하고 있는 샤까무니'와 똑같이 묘사되어 있습니다. 법장부의 『대반열반경』을 아무리 복잡하게 계산하더라도 '초기 경전' 속에서 헤아려 보는 것이 무리라는 것은 말할 필요도 없습니다. 라모뜨는 이 율장의 모든 '샤까무니'를 4~5세기보다 이전이라고는 볼 수 없고, 『디뱌바다나(*Divyāvadāna*)』와 『아바다나샤따까(*Avadānaśataka*)』의 샤까무니와 같다고 했지만, 『디뱌바다나』와 『아바다나샤따까』가 『근본설일체유부율』 자체에서 유래由來한 것인지, 의존依存한 것인지에 대해서는 설명하지 않았습니다. 그러나 그는 적어도 다른 곳에서는 분명하게

51 A. Bareau, "The Superhuman Personality of Buddha and Its Symbolism in the Mahāparinirvāṇasūtra of the Dharmaguptaka", *Myths and Symbols, Studies in Honor of Mircea Eliade,* ed. J. M. Kitagawa & C. H. Long (Chicago, 1969), pp.9~21.

『디뱌바다나』에 대해, "이것은 거의 『근본설일체유부율』에서 발췌한 것이다", "이것을 근거로 장시간에 걸쳐 문장을 다시 작성한 것이다"라는 서술을 하고 있습니다. 이것은 기묘한 논리입니다. 더욱 기묘한 것은, 그가 『디뱌바다나』와 『아바다나샤따까』와 『근본설일체유부율』의 샤꺄무니를 간다라(B.C. 2~A.D. 5) 미술가들이 조각술로 묘사하고 싶어 한 최상의 이미지였다고 서술한 것입니다. 4~5세기 이전의 것에서는 있을 수 없는 작품이거나 여기서 유래한 몇 개의 작품이 도대체 어떻게 이것보다도 더 1세기도 전의 간다라 미술가에게 영향을 주었다고 말할 수 있는 것인지요. 이에 대한 설명이 없습니다.

그러나 더욱 기묘한 것은 라모뜨가 '이 율장에서 묘사하고 있는 샤꺄무니의 이미지'라고 설명한 것입니다. 제가 알고 있는 한, 『근본설일체유부율』을 형성하고 있는 많은 편집물 중 역사상의 붓다에 대한 개념을 연구하려는 체계적인 계획은 아직 착수하지 못했습니다. 게다가 대체로 실수하지 않는 것이라면, 이와 같은 연구는 아무래도 원래의 방향에 대한 오류 등을 범하기 쉬울 것으로 생각됩니다. 이렇듯 이 율장 전체를 특징지을 수 있는 단 하나의 개념 같은 것이 존재하지 않는 것이 거의 확실합니다. 이 율장에는 '붓다가 32상을 갖추고, 신체는 80종호種好로 빛나며, 6척의 후광에 둘러싸여 천 개의 태양보다 밝으며, 동작은 보석의 태산과 같으며, 온갖 방법으로 사람을 매료시키는' 사람으로 묘사된 문장은 확실히 존재합니다. 그러나 바로(A. Bareau)는 이미 이런 묘사의 기본이 되는 요소가 여러 학파의 모든 곳에서 공통으로 볼 수 있기에, 이와 같은 붓다의 덕성은 아주 오랜 시대로, 결국은 아쇼까 시대(Aśoka, 재위 B.C. 273~232)로까지 거슬러 올라간다고 역사가로서의 방법으로 명확하게 진술하고 있습니다. 붓다가 어떤 장소를 방문했다는 것만으로도 발생하게 되는, '시각 장애인은 시력을 회복하게 되고, 귀먹은 사람은 들리게 되고, 언어 장애인은 말을 하게 되는' 놀라운 일들이 묘사된 문장도 있습니다. 붓다가 출현한 결과로 생긴 '18가지 길상사吉祥事'인 '화재나 수해나 사자나 호랑이에 대한 공포가 없어지고, …… 몇 번이나 아름다운 광경이 나타나고, 감미로운 음악이 들리고, 밝은 빛이 보이게 되는' 것들이 묘사된 문장도 있습니다. 그러나 이런 묘사와 함께, 전생에서는 그의 어머니였던 노부인이 그에게 안기는 것을 그대로 두고 있는 붓다나, 양어머니인 마하쁘라자빠띠(Mahāprajāpatī)의 관棺 받침대를 오른손으로 잡고 옆을 걷고 있는 붓다나, 오줌똥투성이로 누구에게도 간호 받지 못하고 병 때문에 모로 누워 있는 비구를 본인의 손으로 일으키어 씻기고 목욕시키고 쓰다듬고 있는 붓다나, 서툰 농담까지 하는 붓다를 묘사한 문장도 있습니다. 여기에는 어떤 비구가 지나치게 건강한 남자 생식기에 지쳐 극도로 곤란한 나머지, 두 개의 돌멩이 사이에 끼워 하나의 물건을 뭉갰을 때, "미혹한 남자가 깨뜨려야 할 것은 한 가지이지만, 너는 다른 것을 깨뜨리고 말았구나"라고 붓다가 말하는 문장도 있습니다. 그러나 가장 일반적으로는, 율장에 있는 이상 놀랄 만한 것도 아니지만, 이 율장의 붓다는 자비심이 깊기도 하지만 사람들에게 비치는 승가의 이미지에 주의를 기울이고, 때로는 힘겨워하는 사람들의 집단을 조직하는 것에도 큰 관심을 기울이는 교묘한 관리자로도 표현되어 있습니다. 이 율장에는 둘 이상의 붓다가 등장하는 것이 확실하지만, 이 중 어떤 한 사람만으로 이 인물상을 잘 알 수 없기에 이들의 다른 문헌에서 볼 수 있는 샤꺄무니상像과 비교해 볼 수 없습니다. 하물며 이런 것이 역사와 관련된 논의에서라면 도움이 되지 않는다는 것은 말할 필요도 없습니다. 거기다 라모뜨가 여기서 서술한 두 번째 이유에 대해서도 하나 더 비평해야 할 것이 있습니다. 라모뜨는 『근본설일체유부율』에서 강조하고 있는 샤꺄무니를, 그가 '아바다나 문헌'에서 보았던 샤꺄무니뿐 아니라 '대승에서 칭송하고 있는' 샤꺄무니와도 동일시했는데, 이렇게 생각하게 된 논거는 제시하지 않았습니다. 그는 이것이 어떤 대승이었는지도 재차 밝히지 않았습니다. 여기서는 '대승'에도 많은 것이 있다고 말한 것에 의심을 가져볼 만합니다. 그러나 여기서 주의해야 할 것은 만약 이 율장이, 라모뜨의 1958년 시점의 주장처럼 시기상 후기後期라면, 어떤 종류의 대승에서 영향을 받은 것인지 흔적을 명료하게 밝혔으면 하는 기대를 해봅니다. 훗날 여러 교단이 압도적으로 대승 경전을 이용하면서도, 승가 규정으로는 『근본설일체유부율』을 이용했을 것으로 생각되고 있는 사실에서, 이런 기대는 한층 더 높아지게 됩니다. 길기트(Gilgit)는 이런 경우 중 하나였을 것입니다. 인도 동부지역의 승가도 아마 마찬가지였을 것입니다. 티베트는 이것을 기본으로 하고 있습니다. 이 거대한 율장에서 대승의 흔적을 찾아볼 수 있는데, 이런 흔적이 그다지 그렇게 중요한 것도 아니고 주목받지도 못한 것이라고 말하는 것은 놀랄 만한 사고방식입니다. 『마하바스뚜(*Mahāvastu*, 大事)』에는, 어떤 판본은 대승 경전으로 생각되는 『아발로끼따(*Avalokita*, 觀音)』와 『불설내장백보경(佛說內藏百寶經, *Lokānuvartana-Sūtra*)』도 있지만, 이에 필적할 만한 것이 『근본설일체유부율』에서는 아직 아무것도 발견되지 않았습니다. 제가 알고 있는 한 소위 '불신론佛身論'이라는, 대승과 연결되는 요소는 어떤 것도 존재하지 않고 있습니다. 붓다의 색신色身과 법신法身에 대한 언급도 대승과 관련되어 수용된 것이고, 여러 가지 이야기로 받아들여진 것도 실제로는 부파불교에서 초기 대승 경전으로 공유된 전통이 계승되었다고 생각합니다. 이런 계승으로부터라고 해도, 혹은 적어도 이 율장에서 "한쪽을 보는 것은 다른 한쪽을 보는 것처럼 중요하다"라고 서술하면서, 두 가지 불신佛身의 가치에 등급을 매기려는 계획을 전혀 시도하지 않은 사실로도, 만약 그들의 이런 서술이 이 율장의 연대에 대해 무언가를 시사해 주고 있는 것이라면, 이 율장이 4~5세기보다는 더 이전의 시대가 되어야 한다는 가정을 해보아야 합니다. 하지만 이들이 이것만을 시사해 주는 유일한 것은 아닙니다.

2) 카니슈카 예언의 해석

라모뜨(É. Lamotte)가 이 율장을 4~5세기 이전으로 위치를 부여할 수 없다고 한 첫 번째 이유로 인용한 『근본설일체유부율』의 '카니슈카(Kanishka, 127~163)왕에 대한 예언'은, 이보다 훨씬 더 이전에 주목받은 적이 있었고, 연대기적으로도 라모뜨와는 상당히 다른 의미를 부여한 적이 있었습니다. 레비(S. Lévi)는 이미 1907년에 이것에 주의를 기울였고,[52] 게다가 후버(E. Huber)도 1914년에 이미 이에 대해 상세히 고찰했습니다.[53] 후버는 카니슈카의 예언에 대해 "이 작은 사실은 『근본

52 S. Lévi, op.cit., p.115.

53 E. Huber, "Etudes bouddhiques III. Le roi Kaniṣka dans le vinaya des mūla-

설일체유부율』이 1세기 초 즈음에 편찬을 거쳤다는 것을 보여주는 몇 가지 주지周知의 사실과 관련되어 있다. 그(카니슈카)의 이름이 언급된 것이, 이것과 동시대의 사건이라는 것을 보여주는 것이라고 말할 수 있다"라고 서술했습니다. 카니슈카의 언급에 존재하는 연대의 중요성에 대해, 라모뜨와는 다른 이런 사고방식은 실제 여러 자료에서 볼 수 있는 지배적인 사고방식입니다. 레비도 이렇게 생각했다고 추측합니다. 엘리엇(C. Eliot)은 1921년에 이 예언을 근거로, "그(카니슈카)가 치세할 무렵이거나 이후에 기록되었을 것이다. 당시 간다라에서는 불교가 번영하고 있었고, 이런 번영의 모습이 과거의 사건에 금박을 입혔을 것이라고 추궁할 만한 것이었다고 생각한다"라고 기술하며, "쿠샨 왕조시대(기원 전후부터 5세기까지)에 카니슈카와 관련된 예언을 조작했다면, 이유는 쉽게 상상해 볼 수 있다"라고 말했습니다.[54] 로랜드(B. Rowland)도 1948년에 간다라에 있는 어떤 부조浮彫를 다룬 논문에서 이 점을 더욱 강조했습니다.

> 『근본설일체유부율』도 거의 확실히 쿠샨 왕조에서 편집되었을 것이라는 주장에는, 인도 북서부 지역에서 조작된 붓다의 많은 여정旅程에 대한 기록이 포함되어 있을 뿐 아니라, 카니슈카 통치 시대의 예언이라는 아주 확실한 증거도 포함되어 있기 때문이다.

---

sarvāstivādins", *Bulletin de l'école française d'extrême-orient* 14 (1914), pp.18~19.

54 C. Eliot, *Hinduism and Buddhism, An Historical Sketch* I (London, 1921), pp.263: 301.

다시 말하면 문헌과 조각, 이 둘의 연대를 2세기 이전으로 위치 짓지 않는 것이 타당할 것이다.[55]

라니에로 뇨리(Raniero Gnoli, 1977)의 견해는, 여기서 증거로 얻을 수 있는 최신의 것으로 이를 가장 강력하게 주장하고 있습니다.

그러나 『근본설일체유부율』의 편집 연대를 카니슈카의 시대로까지 거슬러 올라가야 한다는 이 하나가 나에게는 확실한 일인 것 같다. 나는 이렇게 연대를 산정할 만한 두 가지 사항이 이것을 명료하게 말해주는 것 같다는 생각이 든다. 첫 번째는 카니슈카의 예언이다. 이런 종류의 예언이 모두 그런 것처럼, 카니슈카의 예언도 여기서 언급하는 왕과 동시대인 경우여야 비로소 의미가 생기기 때문이다. 두 번째는 인도 북서부 지역인데, 특히 카슈미르 지역과 관련된 서술이다.[56]

라모뜨가 첫 번째 이유로 들었던 증거와는 상당히 다른 견해가 존재하게 되는데, 이에 따라 『근본설일체유부율』을 쿠샨 왕조시대의 것이라고 확정 지을 수 있게 됩니다. 붓다의 북서부 지역 여정旅程에 대한 기술을, 몇몇 학자들이 후대에 삽입했을 것이라고 보는 것에도

55 B. Rowland, "A Note on the Invention of the Buddha Image", *Harvard Journal of Asiatic Studies* 1. 1 (1948), p.184.

56 ed. R. Gnoli, *The Gilgit Manuscript of the Saṅghabhedavastu. Being the 17th and last Section of the Vinaya of the Mūlasarvāstivādin* I. xix *Serie Orientale Roma* 49. 1 (Rome, 1977).

주의해야 합니다. 만약 이 율장이 쿠샨 왕조시대의 것으로 특정되어야 한다면, 이 기술 중에 삽입된 편집물 자체는 시기상으로 더 앞선 것이 되어야 합니다. 라모뜨가 이것들을 손에 넣은 것은 확실하지만, 그는 어디서도 언급하지 않고 있습니다. 이 예언에 대한 라모뜨의 견해 중 적어도 일부분은 '이것이 왕의 공덕과 페샤와르 스투파의 위용을 칭송하는 모습'인데, 이것은 그가 보았던 것에서 영향을 많이 받은 것 같습니다. 라모뜨의 이 글을 읽는 사람은 누구라도 이 예언에 왕과 스투파에 대한 어마어마한 찬사가 기록되어 있을 것으로 생각하겠지만, 실제로는 이와 같은 찬사는 발견할 수 없습니다. 이 율장에서 볼 수 있는 빠딸리뿌뜨라(Pātaliputra) 마을에 대한 같은 종류의 예언과 대조해 보면 오히려 이것이 더 조심스럽게 묘사되었기 때문에, 라모뜨가 본 것 같은 위용 있는 모습이라고 인정하기는 곤란합니다. 라모뜨가 참조한 것도 한역이 있지만, 후버(E. Huber)는 이 예언을 담고 있는 내용의 한역을 다음과 같이 번역하고 있습니다.

> 그 마을에 한 소년이 있었다. 그는 놀면서 스투파를 만들었다. 세존은 이것을 보고 바즈라빠니(vajrapāṇi)에게 말했다. "스투파를 만들며 놀고 있는 작은 소년이 보이는가?"라고. 바즈라빠니는 세존에게 "그가 보입니다"라고 대답했다. 세존은 말했다. "내가 열반涅槃에 들어간 후, 흙으로 스투파를 만들며 놀고 있는 이 아이는 카니슈카왕이 되어 카니슈카 스투파라고 불리는 거대한 스투파를 세우게 될 것이다. 여기서 그는 세존의 가르침이 널리 퍼지게 할 것이다"[57]라고.

프르질루스키(J. Przyluski, 1914)는 이와 같은 내용을 다음과 같이 번역하고 있습니다.

그 마을에 한 소년이 있었다. 흙을 가지고 놀면서 차이따(Chaitya)를 만들고 있었다. 이것을 본 세존은 바즈라빠니에게 말했다. "흙을 가지고 놀면서 차이따를 만드는 소년이 보이는가?"라고. 바즈라빠니는 "그가 보입니다"라고 대답했다. 세존은 말했다. "내가 열반에 들어간 후, 이 소년이 차이따를 만들며 놀고 있는 이곳에서, 카니슈카왕이 카니슈카 차이따라고 불리는 거대한 스투파를 세울 것이다. 그는 모든 힘을 다해 세존에게 봉사할 것이다"라고.[58]

이런 내용이 어떻게 '왕의 공덕과 페샤와르 스투파의 위용을 칭송하는' 것이라고 말할 수 있는 것인지 이해하기 어렵습니다. 『디뱌바다나』의 아소카 예언과 대조해 보아도, 이 예언에 대한 카니슈카의 기술은 오히려 선명하도록 평범하다는 것을 알 수 있습니다. 만약 한역 텍스트에서 이 이상의 것이 말해질 수 있다면, 길기트(Gilgit) 범어 사본의 내용과 비교하면 더 그렇다고 말할 수 있습니다. 두트(N. Dutt)의 교정본은 일반적인 것 같지만, 무단으로 엄청나게 수정되어 오독誤讀과 구두점 때문에 문장에 많은 차이가 납니다. 간행된 복사본에서 알 수 있는 한, 이 복사본은 다음과 같이 읽을 수 있습니다.

---

57 E. Huber, op.cit., p.18.

58 J. Przyluski, "nord-ouest de l'Inde dans le vinaya des mūlasarvāstivādin et les textes apparentés", *Journal Asiatique* (1914), p.517.

bhagavāṃ kharjūrikām anuprāptah〔.〕 kharjūrikāyāṃ vāladārakāḥ pāṃsustūpake krīḍanty〔.〕 adrā(kṣī)〔t bhaga〕vāṃ vāladārako pāṃsustūpakaiḥ krīḍanto〔,〕 dṛstvā ca punar vajrapāṇiṃ ya(kṣa)m āmantrayate : paśyasi tvaṃ vajrapāṇe (vā)ladārako (pā)ṃ(s) 〔us〕tūpakai krīḍanta〔.〕 evaṃ bhadanta〔.〕 ena caturvarṣaśataparinirvṛtasya mama vajrapāṇe kaniṣko nāma rājā bhaviṣyati〔.〕 so'smiṃ pradeśe stūpaṃ pratiṣṭhāpayiṣyati〔.〕 tasya kaniṣkastūpa iti saṃj(ñ)ā bhaviṣyati / mayi ca parinirvṛte vu(ddhak) āryaṃ bhaviṣyati//

이 사본에서는 자주 있는 일이지만, 여기서도 단수의 격 어미와 복수의 격 어미를 넣어 바꾼 부분이 있습니다. 그러나 우위優位에 있는 수數나 의도되어 있는 수가 복수인 것은 거의 확실합니다. 이런 것은 티베트어 번역에서도 확인할 수 있습니다. 별로 놀라운 것은 아닙니다만, 한역과 티베트어 번역자는 stūpaka를 진짜 stūpa라고 말한 것으로 해석하고 있습니다. 그러나 이 단어가 의도하는 것은 너무나 평범해서 어의 해석적으로 이해할 수 있는 것으로, '쌓아 뭉친 작은 덩어리'에 주의해야 합니다. 이 점을 고려하면 내용은 다음과 같이 번역할 수 있습니다.

세존은 카르주리까(Kharjūrikā)에 도착했다. 카르주리까에서는 소년들이 작은 진흙더미에서 놀고 있었다. 세존은 작은 진흙더미에서 놀고 있는 소년들을 보았다. 이것을 보고 야차 바즈라빠니(Vajrapāṇi)에게 말씀하셨다. "바즈라빠니여, 너에게 작은 진흙더미에서 놀고 있는 소년들이 보이는가?" "네, 세존이시여." "바즈라빠니여, 저 사람이 내가 반열반般涅槃에 들어간 후인 400년에 카니슈카라는 이름의 왕이 될 것이다. 그는 이 땅에 스투파를 세울 것이다. 그 이름은 '카니슈카 스투파'가 될 것이고, 그리고(ca) 이것은 내가 반열반에 들어간 후 세존의 업적을 이룰 것이다."

라모뜨는, 제가 마지막에 두 문장으로 해석한 부분에 해당하는 두트(N. Dutt)의 텍스트 부분을 하나의 장문으로 번역하고 있습니다.

이 장소에 그는 카니슈카 스투파라는 이름으로 불리는 스투파를 세우고, 내가 열반에 들어간 후 그는 세존이 되어 행동할 것이다.

여기에는 불분명한 요소가 있다는 것에 주의해 주세요. 범어의 vu(ddhak) āryaṃ bhaviṣyati에서, 이 동사의 주어에 대해서 적어도 이것을 '그'라고 하거나 '그것'이라고 할 수 있는 두 가지 가능성이 있다고 생각합니다. 그러나 프랑스어로는 이것들을 모두 〔il〕이라는 형태로 표시합니다. 하지만 영어에는 제약이 있어 어떤 것으로 결정할 지를 요구합니다. '그, 카니슈카가 세존의 업적을 이룰 것이다'인지, '그것, 스투파가 세존의 업적을 이룰 것이다'인지 둘 중 하나입니다. 이에 대한 한역을 다룬 후버와 프르질루스키는 전자를 선택했다고 생각합니다. 그리고 만약 이것이 범어 텍스트가 의도한 것이었다면 이것은 정말 찬사를 받아야 합니다. '그가 세존의 업적을 이룰 것이다'라고 서술한 것으로 이해한 사람으로 제가 아는 사람이라면, 승가의 명목상의 장長에 이름을 올리고 '무상의 붓다'라고 명료하게 불린, 우빠굽따(Upagupta)를 일원으로 하는 비구들입니다. 이 두 가지는 이 내용과 아주 가까운 위치에 서술되어 있습니다. 그렇지만 결국, 이 범어 텍스트에서는 몇 가지 요소들이 카니슈카가 동사의 주어라고 생각되지 않는 것을 나타내고 있다는 생각이 듭니다. 먼저, 문장의 구조상 카니슈카의 위치가 마지막 동사와 떨어져 있는 것입니다. 다음은, 두 번째 문장 속에 끼어 같이 사용된 동사가 카니슈카가 아니라 스투파의 속성('그 이름')을 받고 있다는 것입니다. 또한, 세 번째 문장의 '그리고(ca)'입니다. 또한, 다음 페이지에 서술되어 '예언'의 일부를 이루고 있는 같은 구조의 문장입니다. 여기에는 다음과 같이 서술되어 있습니다.

atra mathurāyāṃ naṭo bhaṭaś ca dvau bhrātarau mama varṣa〔śataparinirvṛta〕sya vihāraṃ pratiṣṭhāpayataḥ / tatas tasya naṭabhaṭika iti saṃjñā bhaviṣyati / agraṃ ca bhaviṣyati śamathavipaśyanānukūlānāṃ śayanā〔sa〕nānām

다만 이쪽은 더 명료해서 다음의 것만을 의미하고 있는 것이 틀림없습니다.

마투라 이 땅에, 나따(naṭa)와 바따(bhaṭa) 두 명의 형제는 내가 반열반에 들어간 100년 후에 사원을 세울 것이다. 그리고 그 이름은

'나따바띠까(naṭabhaṭika)'이고, 지止와 관觀에 이바지하는 바닥(床)과 자리(座)를 갖춘 사원 중 가장 뛰어난 것이 될 것이다.

이 예언에 비추어 볼 때, 이 율장에서 카니슈카의 예언은 카니슈카의 공덕이나 페샤와르 스투파의 위용을 칭송하려는 방향이 거의 없다고 생각합니다. 라모뜨는 어쩌면 한역 자료에서 볼 수 있는 더 과장된 종류의 예언을 가정하고 있었는지도 모르겠습니다. 이 율장에 담겨 있는 예언에는, 카니슈카가 아주 유명한 왕조차도 아닌 단지 스투파를 세운 왕이라고만 묘사되어 있습니다. '이것이 세존의 업적을 이룰 것이다'라는 스투파에 대한 설명은 확실히 흥미로운 것이지만, 이것은 어떤 스투파에나 해당하는 말이며, 이 이상의 것이 말해진 것은 아닙니다. 바로(A. Bareau)가 오래전에 주기注記한 것처럼, '기원전 무렵부터 …… 스투파는 붓다로 상징되는 것 이상으로 붓다 자체이며, 반열반에 들어간 후 이 세상에 머무는 붓다의 일부'입니다. 따라서 스투파에 대해, 반열반에 들어간 후 '이것이 세존의 업적을 이룰 것이다'라는 서술은 매우 낡은 정서에 딱 들어맞는 것이지, 페샤와르 스투파에 대한 무언가 평범한 것 이상의 것이 서술된 것은 아닙니다.

이상으로 보아 다음과 같이 말할 수 있습니다. 만약 라모뜨가 첫 번째 증거로 거론한 것이 '한 인물이나 한 사건에 대해 갖게 되는 과장된 찬사의 정도가 그 인물이 생존했던 시대나 그 사건이 발생했던 시대로부터 흘러온 시간의 양 사이에 상관관계가 있어서, 찬사가 과장되면 과장될수록 시간의 경과는 길어지게 된다'라고 주장하는 것이라면, 『근본설일체유부율』에 보이는 카니슈카에 대한 예언은

온건하고 억제되었기 때문에, 라모뜨에 이끌려 이런 결론을 지지해 줄 수 없습니다. 라모뜨의 논지를 따라간다 해도, 이 예언은 4~5세기보다는 더 이른 시기에 이루어졌을 것이 틀림없습니다.

3) 『대지도론』 편찬의 흔적

라모뜨가 『인도불교사』에서 자주 인용했고, 그가 『근본설일체유부율』의 연대를 산정하면서 발생시킨 문제는, 연대 산정의 증명을 위해 수용했던 몇 가지 증거들을 지지해 주기 어렵다는 사실에만 있는 것이 아닙니다. 이런 문제는 그가 이 율장과 관련하여 서술한 것이 『인도불교사』에만 있는 것이 아니라는 사실과도 관계가 있고 다른 곳에서 말한 몇 가지 사항들과도 관계가 있는데, 이후에는 그도 연대를 산정하면서 자신이 인정했던 것들을 믿을 수 없게 되었을 정도입니다. 1966년에 간행된 '인도의 바즈라빠니'는 그닥게 내용이 풍부한 논문인데, 여기서는 이 율장을 언급하면서 다수의 사람과 마찬가지로, 그도 여러 율장 가운데 『근본설일체유부율』을 '가장 새로운 것'이라고 서술하고 있습니다. 그러나 이것이 무엇을 의미하는지는 아직 명확하지 않습니다. 레비(S. Lévi)도 그렇습니다만, 특히 왓시리에후(W. Wassilijew)는 훨씬 이전에 현존하는 모든 율장이 후기의 것이라고 제시했는데, 이들의 주장을 지지해 주는 증거는 산더미처럼 많습니다. 그런데 라모뜨는 '인도의 바즈라빠니'에서 이 율장에 대해 더 제한된 시대를 제시하고 있는데, 특히 카니슈카의 예언에 대한 언급에서 그렇습니다. 이 율장의 "편집은 2세기 이전에는 완료되지 않았다"라고 명확하게 서술하고 있기에, "이 율에 4~5세기 이전이라는 위치를 부여하지 않는다"라고 한 이전의 견해에서는 현저히 후퇴했다고 생각합니다. 마찬가지로, 카니슈카의 예언 자체를 언급하며 "가장 일반적 견해에 따르면, 이 최후의 예언은 인도 북서부 지역과 관련 있는 내용이 서기 78년이나 128년이나 144년에 시작되었던 카니슈카왕이 통치하던 시대 이전에 기록되었을 가능성이 없다는 것을 입증하고 있다"라는 서술도 하고 있습니다. 그리고 다음에 "이 율장 덕분에 세 가지 점이 서력 1세기나 2세기에 일어났다는 것을 알 수 있다"라고 덧붙이며, 그가 생각하고 있는 세 가지를 열거하고 있습니다. 이렇듯, 라모뜨는 후버(E. Huber), 레비(S. Lévi), 엘리엇(C. Eliot), 로랜드(B. Rowland), 뇨리(R. Gnoli)의 견해와 가까운 곳으로까지 후퇴했습니다. 이제 1~2세기에 전개되었다는 것을 증명하는 것으로 『근본설일체유부율』을 인용하게 된 것입니다. 이런 움직임을 지지하며 가장 강력한 논쟁을 전개한 사람도 역시 라모뜨입니다. 라모뜨는 1970년에 기념할 만한 『대지도론大智度論』 제3권을 출판할 즈음, '『대지도론』 그 자체, 그 저자, 그 저자가 영향을 받은 자료에 대해 몇 가지 중요한 것을 제공할 것'을 의도하는 새로운 서문을 추가했습니다. 뇨리는 이미 이 율장의 연대에 대한 의론議論의 의미에 주의를 기울이며, "라모뜨가 『대지도론』에서 『근본설일체유부율』에 제기했던 연대 산정은, 그가 『인도불교사』에서 제기했던 것과는 명확히 다르다"라고 서술했습니다. 라모뜨는 『대지도론』의 저자가 대 쿠샨 왕조시대에 생존했던 것이 확실하다는 것과 『근본설일체유부율』에는 카니슈카에 대한 예언이 삽입되어 있으므로 이 율장은 대 쿠샨 왕조의 출현보다는 늦은 시대가 될 것이라는, 이 두 가지 점을 강하게 주장하고 있습니다.

그러나 그는 『대지도론』의 저자가 율과 아바다나에 대해서는 무엇보다도 『근본설일체유부율』의 영향을 받았다는 서술을 하고 있습니다. 그는 "『근본설일체유부율』에서 직접 인용한 목록을 작성하는 것은 불가능하다"라고도 말하고 있습니다. 『대지도론』이 『근본설일체유부율』에 의존하고 있다는 것을 처음 2권에서 이미 명백히 밝혔기 때문에, 데미에빌(P. demiéville)도 제2권에 대한 서평에서, "율에 대한 부분은 그것(『대지도론』)이 『근본설일체유부율』을 따랐다"라고 말한 것입니다.

이런 점을 고려하면, 몇 가지 중요한 것이 분명하게 도출됩니다. 만약 『대지도론』의 저자가 '대 쿠샨 왕조시대에 살았던 것이 확실하고', '율과 관련된 부분에서는' 그가 『근본설일체유부율』을 따랐다면 이 저자보다 더 이전의 것이 되어야 합니다. 그러면 『근본설일체유부율』은 카니슈카(127~163)의 활동 시기보다 더 후기인 쿠샨 왕조시대(45~320년경)에서 말기보다는 이전으로 위치하게 될 것입니다. 『대지도론』이 어떤 분야에서, 어느 정도의 범위를 『근본설일체유부율』에 의존하고 있는지가, 이 율장에 삽입된 카니슈카의 예언보다 더 이전으로 연대를 확정하는 데 도움을 줄 것입니다. 쿠샨 왕조시대에 살았던 저자는 이미 『근본설일체유부율』을 알고 있었고, 잘 알려진 바와 같이 대부분을 인용했습니다. 그가 인용한 대부분은 많은 분야에 걸쳐 이루어져 있습니다. 이것이 가능했던 것은 상당 분량이 4~5세기보다 훨씬 이전의 시대로 위치 매김 되어 있었기 때문입니다.

마지막으로, 현재 알고 있는 한에서는 라모뜨의 『인도불교사』에서 『근본설일체유부율』에로 귀결되는 연대는 너무나도 후기이기 때문에, 라모뜨가 채택했던 대부분이 많은 사실과도 맞지 않으므로 일단 옆으로 제쳐두는 것이 비교적 확실하다고 생각합니다. 그런데 이런 사실들은 한 가지로 집중되어 있습니다. 이 문제에 당면해서는 라모뜨를 포함한 그 누구도 『근본설일체유부율』이 지리적으로는 북서부에 위치하는 점에서 일치하고 있습니다. 이렇다고 해서 이것이 다양한 시대에, 다양한 장소로 유포되지 않았다는 것은 아닙니다. 5세기에는 아잔타에서, 7세기와 9세기에는 인도 동부지역에서 이 율장이 존재했었다는 것을 보여주는 확실한 증거가 있습니다. 초기의 라모뜨를 제외한 모두가 『근본설일체유부율』이 비록 그곳에 위치를 잡고 있었다 해도, '그 장소'가 어디인지를 항상 명확하게 지시해 줄 수 있는 것이 존재하지 않아도, 연대기적으로는 쿠샨 왕조시대로 위치 매김 하는 것에 동의하고 있었습니다. 엄밀히 말하면, 여기서 제기된 논의와 증거 대부분은 레비(S. Lévi)가 '간다라 불교의 영지기(靈地記, māhātmya)'라고 표현했던[59], 붓다의 북서부 지역의 여정旅程에 대한 『근본설일체유부율』의 서술만이 문제 되어 왔습니다. 이 '영지기'는 중요한 증거이기는 합니다만, '대부분은 근본설일체유부의 서사시적인 율律'이기 때문에, 여기서는 작은 부분으로 구성된 것에 불과할 뿐입니다. 그러나 많은 연구자가 지적하고 보여준 것처럼 만약 이것이 쿠샨 왕조시대에 삽입된 것이라면, 이것이 삽입된 텍스트는 이보다 더 이전의 것이 되어야 합니다. 『대지도론』의 저자가 『근본설일체유부

59 S. Lévi, "Les saintes écritures de bouddhisme. Comment s'est constitué le canon sacré", *Memorial Sylvain Lévi* (Paris, 1937), p.80.
cf. *Journal Asiatique* (1914), p.473.

율』에서 '어느 정도 직접' 차용을 한 소재의 분야도 문제의 해명을 도와줄 것이 분명합니다. 이것은 우리에게 '영지기'를 넘어서는 증거를 주는 것입니다. 그러나 이 증거가 분명히 하는 것은 아마도, 후버(E. Huber)의 말을 빌리면, 쿠샨 왕조시대에 '『근본설일체유부율』이 편찬된 것'이라는 사실입니다. 이 편찬에 사용된 자료의 상당 부분은 더 이전의 것이 되겠지만, 이것은 쿠샨 왕조시대에 재처리再處理 되어 우리에게 이른 것입니다. 후버와 다른 연구자들도 카니슈카에 대한 예언을, 이런 편찬이나 재처리의 흔적이라고 생각한 것은 물론이지만, 이런 종류의 문헌에 대한 편집이나 편찬의 과정을 가장 잘 보여주는 것은, 이렇게 하지 않으면 본질本質과 다르게 부유浮遊해 버리는 서사적인 자료에, 외견을 조직적으로 장식한 의식문儀式文이나 상투적 어구나 관용구로 규격화시킨 서술의 틀을 대규모로 배치해 놓았다는 것입니다. 이 모든 부분에서 『근본설일체유부율』에는 이와 같은 의식문이나 관용구의 도장이 뚜렷하게 찍혀 있습니다. 만약 이것들이 중대한 편찬 과정을 보여주는 것이라면, 『근본설일체유부율』은 쿠샨 왕조시대에 적어도 한 번은 이런 편찬 과정을 거쳤을 것으로 생각합니다. 이 율장이 결코 완결된 것은 아니지만, 다시 조직적으로 편집될 일도 없었기에 정형화된 어구나 관용구나 규격화된 서술의 틀을 쿠샨 왕조시대의 것으로 보아야 합니다. 물론 어떤 일이든 한 번 전개되고 나면, 이것들의 의식문과 틀은 다음에 이루어지게 될 모든 서술을 구축해 주는 플롯(plot)이 됩니다. 이런 구축기술의 귀착점은 『아바다나샤따까』에서 먼저 살펴볼 수 있습니다. 미카엘 한(Michael Hahn, 1992)은 이것을, '범어로 남아 있는 아바다나로 알려진 것 중 가장 오래된 텍스트'[60]라고 했지만, 같은 예가 『근본설일체유부율』 자체에도 없는 것은 아닙니다. 『아바다나샤따까』에 이런 관용구와 서술상의 틀이 대량으로 존재한다는 것에서도, 이것이 처음 배치된 시대가 적어도 쿠샨 왕조시대라는 것을 보여주고 있습니다. 이런 관용구나 틀도, 이것이 이미 아주 오래된 것이었을 경우에만 설정될 수 있었거나 규격화될 수 있었다고 생각합니다. 상투적인 어구는 새롭게 만들어진 것이 아니라, 오랫동안 반복적으로 사용되었기에 그렇게 만들어진 것입니다.

2. 『근본설일체유부율』을 편찬한 의도

1) 편찬자의 목소리

우리는 다른 편찬물보다는 『근본설일체유부율』에서 편찬자의 목소리를 분명하고 빈번하게 들을 수 있습니다. 이 율장에는 편찬자의 목소리를 거의 감추려 하지 않는 인상적인 문맥이 존재하고 있습니다. 이런 문맥은 생각지도 못한 방식으로 이 율장의 시대와 거듭 관계하고 있기에, 우리는 이 율장의 편찬자들이 그들 스스로가 편찬한 것과 관련해 어떤 생각을 가졌는지에 대한 의외의 지식을 얻을 수 있습니다. 이것은 적어도 편찬자가 역사상의 시간과 서술상의 시간과 현실상의 시간을 완전히 구별하고 있다는 것을 보여준 것입니다.

---

60 M. Hahn, "The Avadānaśataka and Its Affiliation", *Proceedings of the XXXII International Congress for Asian and North African Studies*, ed. A. Wezler & E. Hammerschmidt (Stuttgart, 1992), p.170.

이렇게 시간의 구별이 이루어진 특별한 문맥을 식별하기 위해서는, 이런 시간의 구별이 이 중 일부로 구성된, 더 일반적인 편찬(redaction)이나 편집(edition) 방법에 대해 알아두면 편리할 것입니다. 이 율장에서는 사건 직전에 발생한 특정 행위나, 사건 직후에 발생한 특정 행위를 설명하려 하거나 정당화하려거나 판정을 내리기 위해, 이미 서술된 이야기에 속에 편찬자와 편집자의 목소리로 빈번하게 삽입해 놓고 있습니다. 이런 목소리가 "이하의 것은 사물이 가진 이치이다", "이하의 것은 세간에서 흔히 믿는 것이다"라는 관용구로 도입된 것입니다. 때로는 이런 도입구導入句도 없이 삽입되어 있습니다. 이런 목소리는 문장 구성상이나 서술상의 흐름에서 고립되어 있습니다. 「약사藥事」를 예로 들면, 대가섭이 제석의 변장에 잠시 속았을 때, 대가섭은 아라한이었기 때문에 아라한이 속은 것을 변명할 필요가 있었습니다. 그래서 "이하는 사물의 이치이다. 마음을 집중하지 않으면 아라한이라도 생각이나 통찰력이 생기지 않는다"라는 목소리로 삽입해 놓고 있습니다. 「잡사雜事」에도 이런 도입구는 아니지만, 기본적으로는 이와 같은 설명을 아라한이 범한 또 다른 실수 앞에 배치해 놓고 있습니다. 사위성의 비구니 교단은 어떤 비구의 유물로 스투파를 세워 예배의 대상으로 삼고 있었습니다. 한 비구가 사위성에 도착하였습니다. '아라한들은 마음을 집중시키면서도 생각에도 통찰에도 이르지 못한다'라는 목소리가 있습니다. 이런 결과, 그가 멀리서 이 스투파를 보고 '저것은 세존의 머리카락과 손톱을 모신 새 스투파이므로 가서 예배하자'라고 생각한 것이 당연합니다. 그가 자신의 실수를 알아차린 후 격노한 것은 말할 것도 없습니다. 「출가사出家事」에도 편집자의 목소리가 들어 있는 아주 인상 깊은 내용이 있습니다. 어머니를 살해한 사람을 비구로 득도시키는 것을 금하는 항목과 관련되어 있는데, 다섯 개의 각기 다른 장면을 설명하면서 편집자의 목소리를 삽입해 놓고 있습니다. 이 설명을 시작하는 처음 부분에서 주인공인 등장인물의 어머니는 아들과 싸우는 것을 피하려고 그를 방에 가두었습니다. 아들은 계속해서 문을 열어달라고 사정합니다. 아들이 마지막으로 사정하는 것에 대한 어머니의 대답부터 살펴보면 다음과 같습니다.

> "아들아, 네가 가고 싶어 하는 곳을 내가 모른다고 말할까? 문을 열어 줄 수 없다." "어머니를 죽일 거예요." "아들아, 내 아들이 몸을 망치는 것을 보는 것보다는 내가 죽는 게 낫다"라고 그녀는 말했다.
>
> ── 정열에 몸을 맡긴 자식에게 해서는 안 될 악행 따위는 아무것도 존재하지 않는다. ──
>
> 가차 없이, 자신의 내세來世까지도 모르게 칼집에서 칼을 뽑아 어머니의 목을 벴고 머리는 땅에 떨어졌다. 어머니를 죽이고는 〔연인의 집으로〕 갔다.
>
> ── 악행을 한 자는 동요한다. ──
>
> 연인은 그에게 "여기에는 다른 누구도 없으니 당신은 두려워할 필요가 없어요"라고 말했다.

여기서 조금 후에 텍스트는 다음과 같이 계속됩니다.

그리고 그는 어머니의 장례를 치른 후 〔-떠나〕갔다.
—— 악행을 행한 자는 어떤 만족도 얻지 못한다. ——
그는 비불교도들이 고행하고 있는 성지와 숲으로 갔다. "스승님, 악행의 과보에 종지부를 찍고 싶을 때는 어떤 행을 하면 좋습니까?" 라고 그는 물었다.

또 다른 두 장면에서도 이와 유사한 것이 있습니다. 줄로 나타낸 문장은 이 내용에서 삭제해도 이야기의 흐름이 손상되지 않는 것에 주의해야 합니다. 오히려 이런 문장이 이야기의 흐름을 방해하고 있습니다. 이런 문장들은 구문적으로도, 문법적으로도 이야기 속에 통합되지 못하고 있습니다. 이런 문장들은 단지 삽입된 것에 지나지 않습니다. 이것은 일반적인 설명이며 어디든 적합한 설명으로, 마치 상식적인 것처럼 설명할 수 있는 도덕적인 격언이라는 것에 주의를 기울여야 합니다. 이것은 독자에게 이 이야기를 읽는 방법에 대한 지도指導의 역할을 한다고 생각합니다. 이것은 이야기 속에 등장하는 어떤 인물이 언급한 것도 아니고, 우빨리(Upāli)와 같이 율장에서 전통적으로 말하는 사람이 언급한 것도 아닙니다. 전통적인 화자는 '그리고 그는 어머니의 장례식을 치른 후 〔-떠나〕갔다'라는 설명을 한 인물입니다. 이것과는 다른 누군가가 '악행을 행한 자는 어떤 만족도 얻지 못한다'라는 말을 하는 것 같다는 생각이 듭니다. 실제로 신빙성을 약속하는 보증인의 역할을 하는 우빨리에게는, 일어난 사실에 대한 묘사와 그저 말해진 사항에 대한 반복만이 허용되어 있습니다. 그는 해설하거나 판단할 수 없습니다. 이것은 아난다의 경우도 마찬가지입니다. 아난다의 행동을 편집자가 설명하는 흥미로운 장면이 「잡사」에 있습니다.

샤리뿌뜨라의 사망과 그의 유골을 분배하는 것과 관련된 텍스트인데, 여기서 초심자인 쭌다(Cunda)는 샤리뿌뜨라의 유골을 사위성으로 가져와 아난다에게 전달합니다. 재가자인 아나타삔다다(Anāthapiṇḍada)는 소식을 듣고 아난다를 방문해 유골을 받고 싶다고 청합니다. 그러나 아난다는 거절합니다. 붓다는 둘 사이를 중재하며 다음과 같이 말합니다.

"아난다여, 너는 샤리뿌뜨라 비구의 유골을 재가자인 아나타삔다다에게 주어야 한다. 그가 유골을 공양하게 하여야 한다. 이런 이익으로 재가자들과 브라만은 신앙을 갖게 된다. 그러므로 아난다여, 네가 이런 것들(유골을 공양하는 것)을 하게 되면 나의 가르침에도 유익하지 않고, 너 자신에게도 유익하지 않다. 그러니 너는 다른 사람들이 교단으로 들어오게 하고, 득도得度 시키고, 사원의 것을 주며, 비구의 일에 관심을 가져야 한다. 너는 그들이 암송하게 될 때 그들이 암송하게 해주어야 한다. 너는 그들이 그들의 신체를 지키도록 훈련해 주어야 한다. 네가 이런 것을 해야 나의 가르침에도 유익하고, 너 자신에게도 유익하다." 존자 아난다는 스승의 말씀에 따라 샤리뿌뜨라의 유골을 재가자인 아나타삔다다에게 주었다. —— 이것은 이와 같다. 세존이 이전에 보살이었을 때, 그의 부모, 또는 그의 지도자, 또는 스승, 또는 그런 공경할 만한 사람의 말을 결코 멀리하려 하지 않았다. ——

재가자인 아나타삔다다는 존자 샤리뿌뜨라의 유골을 받아 자신의 집으로 갔다. 그가 그곳에 도착했을 때…….

여기서 살펴본 형식도 앞에서 살펴본 형식과 매우 비슷합니다. 붓다가 전생에 했다는 일에 대한 설명은 앞뒤의 이야기와는 본질상으로도 문장의 구성상으로도 어떤 관계가 없습니다. 이것은 어디에나 적합한 설명인데, 이야기의 등장인물 중 누군가가 이야기하는 것도 아니며 우빨리에게로 돌아가는 것도 아닙니다. 우빨리는 설명하지 못합니다. 그는 일어난 것, 이야기된 것만을 단지 복창復唱만 할 뿐입니다. 이것을 제외하면 잘 정리된 완전한 이야기의 텍스트만 남게 됩니다. 여기서도 목소리의 역할은 독자들이 텍스트를 특정 방향으로 해석하도록 강요하거나 억지로 특정한 의미를 지니도록 설명하는 것에 있습니다. 이 텍스트는 특히 미묘한 문제인 '비구의 업무'에 대해 규정規定하며, 성스러운 것을 관리하는 사람은 누구인가? 라는 특수한 문제까지도 다루고 있는 것은 말할 필요가 없습니다. 어떤 누군가는 비구들 사이에서 인기 없는 업무를 비구들에게 설명하기 위해 붓다를 인용해, 그가 직접 명령을 내렸어도 불충분하게 느꼈겠지요. 그러면 그는 누구일까요? 여기서 들은 사람은 누구일까요? 역사상의 시간과 서술상의 시간과 현실상의 시간을 구별하며 기록한, 이런 특이한 문장에 눈을 돌린다면 누구라고 설명되어 있지 않은 이 해설자를 조금은 명확하게 이해할 수 있을지도 모르겠습니다.

현재 입수할 수 있는 『근본설일체유부율』 중에는 붓다 재세시在世時 일어난 사건을 다룬 텍스트가 많습니다. 여기에는 기묘한 관용구를 누군가가 덧붙여 놓은 것이 있습니다. 「의사衣事」를 보면, 사위성의 동부 동산에 있는 유명한 누각이나 왕궁이 교단에 기부되는 과정이 설명되어 있습니다. 이 기부자는 비샤카·므리가라마따(Viśākhā·Mṛgāramāta, 鹿子母)입니다. 이 설명은 엄밀하게 말하면, "사원이 동부의 동산에 세워졌을 때, 그녀는 이것을 사방 승가에 기부했다"라고 간단하게 서술하며 끝나고 있습니다. 그러나 여기에는 다음과 같은 문장이 있는 단계에서 덧붙여 첨가된 것이 있습니다.

> tathā sthavirair api sūtrānta upanibaddham / bhagavān śrāvastyāṃ viharati pūrvārāme mṛgāramātuḥ prāsāda iti.
> (de bzhin du gnan brtan rnams kyis kyang mdo sde'i nang du / sangs rgyas bcom ldan 'das mnyan yod na ri dags 'dzin gyi ma sa ga ma'i sngon gyi kun dga' ra ba'i khang bzangs na bzhugs so zhes gdags pa byas so/)

쉬프너(A. Schiefner)는 지금도 주목해야 할 『티베트 이야기(*Tibetan Tales*)』에서, 티베트어 번역을 다음과 같이 하고 있습니다.

> 그러므로 장로는 경經 중에 "붓다 세존은 사위성에서 이전에는 동산이었던 곳인 므리가라(Mṛgāra)의 어머니 비샤카(Viśākhā)의 왕궁에 머물렀다"라고 서술했다.

여기서는 몇몇 고유명사의 복원을 위해 약간의 조정이 필요한 것을 제외하면, 쉬프너의 번역에는 중요한 문제가 하나 있습니다. gdags pa byas so를 '서술했다/언급했다(stated)'로 번역해야 하는가의 여부 문제입니다. 그가 범어를 볼 기회가 없었던 것은 말할 것도 없겠습니다만, 범어를 한번 보게 되면 이렇게 번역한 것에 더 많은 의문이 생깁니다. 티베트어 gdags pa byas so는 명확하게 upanibaddha를 번역한 것입니다만, 이것의 정확한 의미는 뒤로하더라도 upanibaddha는 '서술했다/언급했다'라는 것 이상의 무언가를 의미하고 있습니다. 이 단어가 이런 종류의 문헌에는 많이 나오지 않는 것도 확실합니다. 『디뱌바다나』에 한 번 나오는데, 지금과 같은 관용구에서 일부 나오고 있습니다. 여기에도 thatā sthavirair api sūtrānta upanibaddham이라고 기록되어 있습니다. 코웰(E. B. Cowell, 1886)과 네일(R. A. Neil, 1886)은 그들의 색인에서도 역시 이 upanibaddha를 upanibaddham으로 나타내고, 의미는 '배웠다(studied)'로 기록하고 있습니다.[61] 에저튼(F. Edgerton)은 upanibaddham이 '틀림없이 upanibaddha의 오기誤記'라는 것을 이미 눈치채고 있었습니다만, 이 이외의 것에 대해서는 기록하고 있지 않습니다.

upanibaddha의 의미는 이 관용구의 형식적인 측면과 관련 있는 것으로 생각됩니다만, 이것이 쉬프너의 번역에서는 명확하게 드러나지 않고 있습니다. 그의 번역에서는 이 관용구가, 텍스트 자체의 일부가 아닌 것으로 명확하게 드러나지 않고 있습니다. 두트(N. Dutt)는 이것

61 ed. E. B. Cowell & R. A. Neil, *The Divyāvadāna. A Collection of Early Buddhist Legends* (Cambridge, 1886), p.676.

을 분명 눈치채고 있었던 것 같습니다. 그는 이것을 명확하게 구별해야 한다고 생각했던 것 같습니다. 그는 편찬자나 편집자의 삽입이라고 생각되는 것에, 제가 했던 것과 같이 교정본의 구절(phrase)에 길게 굵은 줄을 긋고, 문장으로부터 별개의 것으로 분리해 냈습니다. 이 관용구의 삽입은 위치에서도 알 수 있습니다. 이 목소리들은 설명의 마지막에 첨가되어 있거나 서술 중에 샌드위치 모양으로 그저 끼워져 있습니다. 「파승사破僧事」에서 니그로다(Nigrodha) 사원이 승가에 기부되는 것을 설명하는 텍스트는 후자를 보여주는 좋은 예입니다.

> 슛도다나(Śuddhodana)왕은 붓다를 주主로 하는 승가가 기분 좋게 앉아 있다는 것을 알고 손을 씻은 후에, 그들에게 고형固形과 유동流動으로 만든 깨끗하고 좋은 음식을 대접했다. 직접 손으로 여러 가지를, 그들에게 고형과 유동으로 만든 깨끗하고 좋은 음식으로 원기를 회복할 수 있게 대접했고, 세존이 식사를 마친 것을 보고 손을 씻고 철발鐵鉢을 치운 후에, 슛도다나왕은 금 물병을 들고 세존에게 니그로다 동산을 기부했다. 세존은 다섯 가지 덕을 갖춘 음성을 가지고 복덕을 선언했다. "이 기부의 공덕이 샤캬(Śākya)족에게 이르기를. 그들이 항상 기원하는 곳에 도달하기를." 세존은 까삘라바스뚜의 니그로다 동산에 머물게 되었다.
> —— 이렇게 장로들은 경經에서 "세존은 까삘라바스뚜의 니그로다 동산에 머물게 되었다"고 설명했다. ——
> 세존이 까삘라바스뚜에 머물게 되었을 때 어떤 날은 왕이 거주하는 곳에서, 어떤 날은 여자들이 거주하는 곳에서 식사하게 되었다.

이렇게 편집상의 사건들이 삽입된 것을 보여주는 텍스트들과 같이, 이 텍스트에서도 장로들과 관련된 기술은 이야기의 전개에서도 문장의 구성에서도 어떤 영향을 미치지 못하고 있는데, 이 부분은 간단히 삭제할 수도 있습니다. 이렇게 삽입된 목소리는 오히려 텍스트를 아주 볼품없게 만들고 있습니다. 전통적인 화자인 우빨리 때문에, 우빨리와 같은 장로들을 이야기하는 누군가로 바꾸고 이것이 다시 우빨리가 말하는 것처럼 바꾸어, 화자와 시간이 갑자기 두 번 바뀌는 것 같은 인상을 받게 되는 것에도 주의해야 합니다. "세존은 까삘라바스뚜의 니그로다 동산에 머물게 되었다(bhagavān kapilavastuni 〔viharati〕 nyagrodhārāme iti)"라는 관용구는 엄밀하게 말해 앞에서 살펴본 예문 중 "붓다 세존은 사위성에서 이전에는 동산이었던 곳인 므리가라(Mṛgāra) 어머니의 왕궁에 머무르게 되었다(bhagavān śrāvastyāṃ viharati pūrvārāme mṛgāramātuḥ prāsāda iti)"라는 관용구와 마찬가지로 인용문이며, 이 둘은 모두 '～과, ～라고/와(iti)'라는 단어로, 다른 문장과 구별되고 있다는 것에도 주의해야 합니다. 어떤 단계에서 불교 경전에 적용할 수 있었던, 형식적으로 규격화된 구문句文에서, 이야기의 제목으로 자주 쓰이는 필수 관용구인 '여시아문, 일시' 다음에도 이와 같은 필수문장이 상황에 대한 설명으로 나와야 합니다. 이 문장의 구성에도 세존(bhagavān)＋마을이나 장소의 이름(於格)＋동사 '머무르셨다(viharati)'＋만약 있다면, 마을이나 장소 중에서 특정의 장소(於格)라는 정형구로 되어 있습니다. 따라서 "세존은 까삘라바스뚜의 니그로다 동산에 머무르셨다(bhagavān kapilavastuni 〔viharati〕 nyagrodhārāme)"라는 관용구는, 어떤 경전에서든 정형화되어 있는 제2의 필수요소입니다. 이 관용구는 그때 붓다의 말씀을 이렇게 형식적인 구문으로 받들어 적용한 것이며, 이것은 전통적으로 간주한 단계나 사건에 대해 말해주고 있는 것이 틀림없습니다. upanibaddha에도 그때 이 구문이 적용되던 과정에서이거나 사건을 표현하기 위해 사용되던 어형語形의 의미가 들어 있다고 생각합니다. 이 관용구는 이러한 과정을 '장로들'이 만든 것임을 보여주고 있는 것입니다. '장로들'이 어떤 사람들이었는지, 어떤 일이 있었는지를 언급한 것은 이 관용구를 사용한 다른 경우에서 더 잘 파악해 볼 수 있습니다.

제따바나(Jetavana, 祇園精舍) 사원에 대한 형식적인 설명과 명명命名에 대한 기술은 이 관용구의 변형에서 끝나고 있습니다만, 여기에는 중요한 의미가 있습니다. 이것은 이 율장의 「와구사臥具事」와 「파승사破僧事」에서 볼 수 있는, 대부분은 같은 문장이라고 생각되는 두 개의 문장입니다. 첫 번째는 다음과 같습니다.

tathā saṅgītakārair api sthaviraiḥ **sūtra**-upanibaddham
(de bzhin du sdud pa byed pa rnams kyis kyang / mdo sde'i nang du …… zhes gdags pa byas so/)

두 번째는 다음과 같습니다.

tathā saṅgītakārair api sthavirais **sūtrānta**-upanibaddham
(de bzhin du gnas pa brtan sdud pa byed pa rnams kyis kyang mdo sde'i nang du …… zhes gdags pa byas so/)

여기에 열거되고 있는 것 중 정도의 차이는 있지만, 이것은 율에서 볼 수 있는 관용구의 특징입니다. 이들 대부분이 완전하게 일치하지는 않습니다. 지금의 경우 가장 큰 차이점은 「와구사」에서는 sūtra를 사용하고 있는데, 「파승사」에서는 sūtrānta를 사용하고 있는 것입니다. 다른 곳에서도 이런 변화를 볼 수 있지만, sūtrānta 형태는 이 율장 전체를 통해 많이 볼 수 있습니다. 유감이지만, 이 두 단어의 형태가 연대나 기타의 것에 대해서, Veda와 Vedānta의 차이처럼 중대한 차이가 있는지는 잘 모르겠습니다. 리처드 곰브리치(Richard Gombrich, 1988)는 망설이면서, 팔리어의 sutta는 범어의 veda와 대응하고, 팔리어의 suttānta는 범어의 vedānta와 대응하는 것이라고 설명합니다.[62] 그렇다면 붓다의 설교라는 산문 텍스트(suttānta)는 불교성전이라는 결론이며, 문자 그대로 suttānta / sūtrānta는 경(經, sūtra)의 종국적終局的 결론이거나 최종적 형태가 되는 것입니다. 여기서 이 관용구의 또 다른 변형과 관련해서도 설명하겠습니다. 그러나 이것은, 여기서 인용한 예에서는 명확하게 드러나지 않았습니다. 이들 후자는 대부분 sūtrānta나 sūtra를 단수형으로 보면 읽을 수 있습니다. 그러나 소수이지만 몇몇 경우에는 sūtrānta와 sūtra가 복수형으로 나타나 있습니다.

「와구사」와 「파승사」의 관용구에서 볼 수 있는 가장 흥미로운 변형은, 이 안에 포함되었거나 장로들에 대해 중요한 특징을 부여한 것입니

62 R. Gombrich, "How the Mahāyāna began", *Journal of Pāli and Buddhist Studies* 1 (1988), p.32.

다. 이런 경우는, 장로들이 특히 saṅgītikāras, sdud pa byed pas로 형용하고 있습니다. 라모뜨는 복수형의 saṅgītikāras를 '편집자들'이라고 번역했습니다. 이것은 바로(A. Bareau)의 티베트어 번역과도 일치합니다. 그러나 범어는 좀 더 암송하는 사람·가수로 기울어 있습니다. 어쨌든 saṅgītikāra는 전통적 결집이나 이와 유사한 사건이 일어났을 때, 붓다의 말씀을 받아 텍스트를 편집했거나 암송했거나 노래한 장로들입니다. 어떤 결집이나 사건에 대해 말하는 것과는 물론 또 다른 것입니다. 여기서 주의해야 할 중요한 것은 '편집자들'이거나 암송하는 사람들이 '경(經, sūtrānta)에서' 특별한 어떤 일을 했음이 설명되어 있습니다. 여기서는 upanibaddha의 의미가 다시 문제시되고 있습니다.

지금까지의 인용에 나온 관용구의 티베트어 번역에서는 upanibaddha를 항상 gdags pa byas로 번역하고 있었습니다. 그리고 쟈스케(H. A. Jäschke)는 gdags pa byas를 '매다, 고정하다, 묶다, 자리 잡아놓다, 붙이다'라고 정의하면서, 문법서의 용법으로 '매어두다, 덧붙여 쓰다, 첨부하다'라는 의미까지 특별히 기록하고 있습니다만, 이것은 보통 범어의 prajñāpayati〔알리다, 고하다, 지적하다, 조정하다, 준비하다〕의 특정 형태를 번역한 것입니다. 번역에서 지금까지 자주 간과하여 왔습니다만, 여기서는 『근본설일체유부율』을 티베트어로 번역할 때의 특징에서 도움을 받을 수 있습니다. 이는 적어도 의미가 가능한 영역英譯을 제시해 주고 있기 때문입니다. 범어에 대한 티베트어 번역에는 일관성이 있다고 잘 알려져 있는데, 율장의 티베트어 번역의 경우에는 반드시 그렇지도 않습니다. 같은 범어 단어가 특수용어일 경우에는 여러 가지 티베트어로 번역되어 있습니다. 관용구일 경우에도 마찬가지입니다. 특히 「잡사」의 2권에서 이루어진 번역어를 다른 「사事」나 「율분별律分別」의 번역어와 비교해 보면 명확해집니다. 이 차이는 「잡사」가 율의 다른 부분처럼 계속 교정되거나 조직화 되지 못했기 때문이라고 생각합니다. 이것만으로도 「잡사」 텍스트에는 언어적인 가치에, 심지어는 역사적인 가치까지 들어 있다고 생각합니다.

upanibaddha의 티베트어 번역에서, 제일 눈에 띄는 것으로 「의사」 텍스트를 예로 들어 보겠습니다. 이 관용구는 「의사」에 적어도 두 번 나옵니다. 한 번은 이미 본 것처럼, 비샤카(Viśākhā)가 사위성 동부 동산의 왕궁을 기부한 것과 관련해 나오고, 또 한 번은 고빠(Gopa)와 싱하(Siṃha) 형제가 세존의 동상과 사원을 바이샬리(Vaiśālī)의 구동산(舊苑, jirṇodyāna)에 조성하는 설명에서 나오고 있습니다. 후자는 말할 필요도 없이 '고빠싱하바다나(Gopasiṃhāvadana)'의 토대가 되는 이야기입니다. 전자는 관용구의 upanibaddha라는 단어로, 이미 본 것처럼 gdags pa byas so(편집하다)로 번역되어 있습니다. 그러나 같은 단어가, 같은 「사事」에서 후자는 brjod do(말하다, 시작하다, 공표하다, 서술하다)로 번역되어 있습니다. 아마 후자의 번역은 쉬프너(A. Schiefner)의 번역에 영향을 주었을 것입니다. 이 관용구를 모두 '서술하다', '언급하다'로 번역하고 있기 때문입니다. 그러나 「잡사」의 변형(variant)에는 이렇게 되어 있지 않습니다.

저는 이 관용구가 지금까지 「잡사」에 두 번 나온 것으로 알고 있습니다. 이것에 대응하는 하나의 범어 텍스트가 『디뱌바다나』에 남아 있습니다. 이 텍스트는 조띠쉬까(Jyotiṣka)가 어떻게 해서 사원을 세우게 되었는지, 왕사성의 므리디따꾹쉬까(Mṛditakukṣika) 숲의 교단을 어떻게 정비해야 하는지에 대해 설명하고 있습니다. 이 텍스트의 마지막에서 관용구를 볼 수 있습니다. 이 범어 텍스트에서 단수인 sūtrānta가, 티베트어 텍스트에서는 명확하게 복수(mdosde dag la)로 되어 있습니다. 또 중요한 것은, 이 텍스트에서 upanibaddha가 gdags pa byas so도 아니고, brjod do도 아니고, nye bar sbyar ro라고 번역되어 있습니다. 이것은 거의 틀림없이 '책을 편집하다' 또는 '쓰다'라는 의미로 사용된 것입니다. 「잡사」에서 처음 변형(variant)된 것도 이 방향을 지시하고 있습니다. 이것은 비루다까(Virūḍhaka)의 샤캬족을 살육하는 이야기와 관련돼 나오고 있습니다. 이 한 장면에서 비루다까는 대신大臣들에게, 그를 조롱하던 5백 명의 샤캬족 여인들의 수족을 절단하라는 명령을 내리고 있습니다. 이 문제의 관용구는 텍스트 안에 다소 부드럽게(smooth) 삽입되어 있습니다. 적어도 티베트어 번역에서는 그렇게 보입니다. 여기서 upanibaddha는 '쓰다'라는 것만을 의미한다고 생각되는 bris so로 번역되어 있습니다. 이 텍스트는 비루다까의 대신들이 연못의 제방 위에서 여인들의 수족을 자른 것을 서술한 후, 다음과 같이 말합니다.

> 그곳(연못)을 '손의 절단, 손의 절단'이라고 이름 붙였을 때, 장로들은 경經의 첫머리를 다음과 같이 기록했다. "세존은 사위성의 '손의 절단' 연못의 제방에 머물고 계셨다"라고.

앞에서 말했듯 「잡사」의 티베트어 역은 율장의 다른 부분과는 달리, 지속적인 수정이나 조직화의 손길을 거치지 않았기 때문에 특수한 가치가 있습니다. 여기서는 티베트어 번역이 이루어진 초기 층層과 시기를 보여주고 있습니다. 여기서는 upanibaddha가 '편집되었다·썼다', '기록되었다'라고 번역되어 있지만, 본래 이 단어를 어떻게 이해하고 있었는지를 잘 보여주고 있는 것이며, 번역의 중요성도 잘 보여주고 있는 것입니다.

2) 4가지 연대층

지금까지 설명한 것들을 모두 고려하면 다음과 같습니다. 현재 우리가 보고 있는 『근본설일체유부율』 텍스트는 적어도 독자에게 4가지 연대층年代層을 보여주고 있습니다. ①이야기의 시기로 붓다가 활동하던 시時에 ②장로들이 편집했거나 기록했던 역사상의 시時를 이 사이에 삽입함으로써 ④현재 독자의 시時와 분리하고 있습니다. 그러나 관용구를 삽입한 역사상의 사건에 대해 언급한 이 자체는 역사상 과거의 사건이며, ③편찬의 시時를 나타내고 있는 것입니다. 따라서 독자는 그들이 추구하는 서술에서 두 번 분리되어 있습니다. 편집(compilation) 시기에 따라 한 번, 이런 일을 서술하고 있는 편찬(redaction) 시기에 따라 두 번 분리된 것입니다. 편집編輯된 부분에 관용구가 삽입되어 있으므로, 텍스트의 편찬編纂 부분에서 어쩔 수 없이 분리되는 것입니다. 편집에서 언급한 부분이 편집 자체의 일부일 수 없습니다. 이것이 편집되고 난 뒤이기는 하지만, 독자가 텍스트를 입수하기 전 첨가되었을 것이 틀림없습니다. 관용구에서 말하는 목소리는 경을 편집했거나 글을 썼던 장로들의 목소리가 아니기 때문입니다. 제1 결집에 관한 전승에 비추어 보아도 항상 복수형으로 취급되고 있는 '장로들'의 편집에서 설명하고 있는 것이, 경經이 최초로 편집된 것을 서술하고 해석하는 것으로 보이지 않는 것에도 주의해야 합니다. 처음부터 복수의 장로들이 경을 편집한 것이 아니라, 아난다라는 한 비구가 경을 암송한 것입니다. 『근본설일체유부율』의 편찬자들, 즉 관용구를 덧붙인 개개의 사람들은 자신도, 텍스트도 자신이나 자신의 텍스트가 묘사하고 있는 사건으로부터 거의 확정 가능한 특정 기간과 서로 동떨어져 있다고 보았던 것 같습니다. 그러면서도 편찬자들은 어떤 것을 감싸고 숨기려 하지는 않았습니다. 편찬자들은 무언가 중요한 방법으로 자신들이 소유한 텍스트가 원본이 아니라는 것을 알고 있었던 것도 틀림없습니다. 이 율장을 읽은 사람들이 그렇게 생각하지 않은 것이 거의 확실합니다.

편찬자들은 하나의 사건을 이해하기 위해, 자신의 텍스트를 이용해 이 사건을 논의하고 증명하려고 장로들에 의한 편집이라는 권위를 이용했던 것입니다. 그러나 지금 우리가 우위를 차지한 입장에서는, 이들의 삽입은 의미가 없습니다. 왜 이것을 삽입해야 한다고 생각했을까요? 그것은 모르겠습니다. 도대체 어떤 사람들이 붓다가 제따바나 사원이나 동부 동산의 왕궁이나 베누바나(Venuvana, 竹林精舍)에서 거주했던 것을 의심했을까요? 이런 것들은 경전 문헌으로 확정되기 위한 주요 구성요소들입니다. 그러나 적어도 이 율장과 이것이 기초로 삼고 있는 붓다의 전기傳記가 외부의 공격에 노출되었을 가능성도 고려해 볼 수 있습니다.

3) 역사적 붓다의 실재성이 의심받고 있는 것에 대한 반론으로서의 관용구

인도불교에서는 연대를 유동적으로 확정할 수밖에 없는데, 역사상 붓다의 궁극적 가치와 권위를 위협하는 하나의 맥락(strand)이 존재하고 있습니다. 이 맥락은 기독교의 그리스도 가현론假現論인 이단설과 자주 비교되는 출세간부出世間部로, 이미 알려진 바와 같이 교의는 오랫동안 『마하방사(*Mahāvaṃsa*)』와 관련되어 있었습니다. 그러나 오늘날에는 폴 해리슨(P. Harison, 1995) 덕분에 이 교의를 『불설내장백보경』의 몇몇 판본(版)과 관련지을 수 있게 되었습니다.[63] 이런 맥락도 오랜 역사를 지니고 있습니다. 이것은 『법화경法華經』 같이 널리 알려진 경전에서도 볼 수 있지만, 『선교방편경(善巧方便經, *Upāyakauśalya-Sūtra*)』과 『불설신통경〔*Buddhabalādhānaprātihārya-vikurvaṇa-nirdeśa-Sūtra*(Gilgit Manuscripts)〕』과 같이 널리 알려지지 않은 경전에서도 분명히 볼 수 있습니다. 전부는 아니지만 이런 경전 대부분이 시대적으로는 인도불교 중기에 위치하지만, 아마도 형성 시기는 중기 전반으로 위치한다고 볼 수 있습니다. 여기서 우리도 해리슨을 모방해 『불설내장백보경』에 초점을 맞춰 보는 것이 상책이라고 생각합니다.

『불설내장백보경』이 출세간부出世間部의 초기 계통임은 거의 틀림없습니다. 이 경은 2세기 후반 인도·스키타이의 비구 지루가참(支婁迦讖, Lokakṣema, 147~189)이 한역했습니다. 해리슨은 "쿠샨 왕조의 비구 지루가참이 중국으로 사막 여정을 떠나기 전, 이 지역 바미얀/와닥(Bāmiyan/Wardak)에서 『불설내장백보경』을 입수했거나 암기했을

63 P. Harrison, "Some Reflections on the Personality of the Buddha", *Otani Gakuho* 74. 4 (1995), pp.1~28.

가능성이 있다"라고 말했는데, 이 점을 고려해 볼 수 있습니다. 이 경전에는 출세간부의 불신설佛身說과 『근본설일체유부율』의 중요한 개정이나 편찬으로 보이는 것이 연대적으로도 지리적으로도 매우 밀접하게 관련되어 강조되고 있습니다. 이 경전과 이 율장이 연대적으로도 지리적으로도 접근해 있는 것이 중요한 의미라고 말할 수 있습니다.

『근본설일체유부율』에는 거창하게 말해서 원초적 형태의 이신설二身說이라고 볼 수 있는 내용이 실려 있기는 하지만, 그리스도의 가현설假現說과 유사한 불신설佛身說은 흔적도 찾아볼 수 없다고 이미 지적했습니다. 여기서는 붓다를 꽤 찬미하고 있습니다만, 단연코 역사상의 붓다만을 기록하고 있는 것으로 시종일관하고 있습니다. 이것과 마찬가지로, 쿠샨 왕조의 간다라 미술 자료에서도 중앙인도의 전통과는 대조적으로, 역사상의 붓다에 대한 모습만을 단호하게 묘사하고 있습니다. 장로들의 권위로 호소하는, '장로들이 이러하고 저러하다고 말했다'라는 목소리가 왜 역사상의 붓다가 역사상의 장소에서 실제로 머물며 활동한 것을 증언하는 사건에만 삽입되어 있을까? 라는 의문은, 쿠샨 왕조의 『불설내장백보경』에서 볼 수 있듯, 간다라 미술 자료가 불신설의 출현과 경쟁해야 하는 상황에 직면했기 때문에 오로지 역사상의 붓다에게만 매달려야 했다고 이해하면 가장 잘 설명될 것입니다. 이 율장에서 볼 수 있는 또 다른 관용구의 배후에도 이와 같은 관심을 보인 것이 있습니다. 대부분 역사상의 붓다가 특정 장소에서 활동했던 것을 언급한 것과 관련되어 있습니다.

이 율장에는 짜이땨방다까스(Caityavaṃdakas)나 짜이땨비반다까스

(Caityābhivandakas)라고 불린 비구를 언급한 부분이 많습니다. 이런 비구들은 다른 비구들과 구별되는 비구의 범주나 형태를 형성하고 있었던 것 같습니다. 이 말의 글자 그대로는 '묘廟를 공경하는 사람, 묘를 숭배하는 사람'이라는 의미입니다만, 오히려 영어의 pilgrim(순례)이 이런 비구들의 특징을 잘 보여주고 있습니다. 이들 대부분은 지방에서 온 내방자, 방문자, 걸식자로 불렸습니다. 이들은 '세존의 발에 엎드려 절하고 예배하는 사람'과 연결되거나 혼동되고, 때로는 남방에서 온 사람이라고도 말해졌습니다. 적어도 안드라프라데시(Andhrapradesh)에서 출토된 두 개의 비문에는 짜이땨방다까(Caitya-vaṃdaka)나 쩨띠아바다까(Cetiavadaka)라고 불린 비구의 기부 내용이 새겨져 있습니다.

이런 순례승巡禮僧의 예는, 「파승사」에서 설하는 붓다의 전기에서 최소 4회 정도 언급되고 있습니다. 순례승에 대해서는 모두 같은 관용구로 서술되어 있으며, 연대에 대해서도 중요한 기록이 담겨 있습니다. 코끼리를 죽인 후 엄청난 힘으로 던져 일곱 개의 벽을 넘겨 땅에 떨어뜨려 구멍이 크게 뚫렸다는 것이 기록되어 있는, 붓다의 청년 시대에 대한 이상한 이야기의 마지막에, 어떤 사람이 "'코끼리의 구멍, 코끼리의 구멍'이라고 한 이름이 생겨났다. 여기에 신심 깊은 재가자들과 브라만이 묘를 세웠다. 지금도 사원을 공경하는 비구들이 이것을 숭배하고 있다"라고 말했다는 것이 덧붙여져 있습니다. 같은 쪽에, 보살이 쏜 화살이 땅에 떨어져 땅속에 아주 깊게 꽂혔는데, 그 자리에 우물이 생겼다는 장소에 대해서도 이것과 거의 같은 말이 있습니다. 또 뒤에는 보살이 재가 생활의 방기나 다름없는 것의 일부로 상투를 자르게 된 장소와 관련된 이야기에서, 또 조금 뒤에, 그가 황의黃衣를 입게 된 장소에 대해서도 거의 같은 말이 있습니다. 마찬가지로 현재는 이 범어 텍스트가 『디뱌바다나』에도 있는 「약사藥事」 텍스트로, 붓다가 그에 의해 예류과預流果에 들어간 우바새優婆塞로 받아들여지기를 요구하는, 오백 명의 과부 집단인 수르빠라까(Sūrpāraka)를 만나는 내용이 있습니다. 여기서는 다음과 같이 설명하고 있습니다.

> 그들은 자리에서 일어나 세존에게 합장하고 예배하며 말했다. "세존이시여, 저희가 예배해야 할 무언가를 주시기 바랍니다." 세존은 신통력으로 털과 손톱을 주었다. 그들은 세존의 털과 손톱을 위해 스투파를 세웠다. 그때 사실은 제따바나에 사는 신이 나뭇가지에 몸을 숨기고 세존의 여정을 계속 수행하고 있었지만, 바크라(Bhakhra) 나무가 있는 곳에서 나뭇가지를 들어 스투파의 중앙 기둥 위에 올리며 말했다. "세존이시여, 저는 이 스투파를 예배하면서 여기에 머무르겠습니다." 그는 여기에 머물렀다.
> —— 당시 어떤 사람은 이것을 과부의 스투파라고 이해했다. 어떤 사람은 바크라(Bhakhra)의 기둥이라고 이해했다. 지금도 사원을 공경하는 비구들이 이것을 숭배하고 있다. ——

이 이야기는 짧습니다만, 아주 많은 내용이 들어 있는 텍스트입니다. 누군가가 예배할 무언가를 요구했을 때 붓다는 자신의 육체에서 무언가를 '내놓고' 있습니다. 다른 곳에서는 이와 같은 요구를 받았을 때

머리카락과 손톱뿐 아니라 치아도 내놓고 있습니다만, 어쨌든 붓다는 이와 같은 것을 하고 있습니다. '내놓다'와 같은 동사로 표현되고 언급되는 일을 한 것입니다. 또 다른 텍스트에는 붓다가 그의 그림자나 빛을 옷감에 '내놓고' 이것을 물들일 수 있었다는 서술이 있습니다. 이렇게 '내놓아진 것'은 모두 동일 범주에 속한 것입니다. 이것은 '사후의 유품'을 의미하는 '유골'이 아니라, 붓다의 살아 있는 신체를 투영하거나 확대한 것입니다. 이것은 사람들의 흥미를 불러일으키게 되는 후광에 붓다의 초상을 두게 되는 기능을 한 것입니다. 이것은 육체 중 일부를 내놓은 붓다와 관련해 세상을 두루 돌아다니는 붓다와 움직이지 않는 스투파가 같은 것이라고 아주 명확하게 서술된 내용입니다. 제따바나에 살고 있던 신은 붓다와 스투파에 똑같은 태도를 유지하다가 이야기의 마지막에 스투파를 선택합니다. 새로운 스투파와 옛 도읍인 제따바나를 연결한 점도 흥미롭습니다. 결과적으로 제따바나에 살고 있던 신이 새로운 스투파의 수호자가 된 것입니다. 이것은 옛 도읍인 제따바나의 영향력을 새로운 스투파에까지 미치게 하려던 계획이었던 것 같습니다만, 어떤 역사적 상황이 배후에 숨어 있는지는 잘 모르겠습니다. 여기서 가장 흥미로운 것은 텍스트에 '당시'라고 서술한 시점인 붓다의 시대와, '지금'이나 현재를 명확하게 구별할 수 있는 시점에 문제의 이 관용구가 다시 등장한다는 것입니다.

장로들이 편집이나 편찬을 하면서 언급했던 관용구의 경우와 마찬가지로, 지금 거론하고 있는 제2의 관용구는 어떤 특정 장소에 역사상의 붓다나 보살과 관련된 텍스트에 압도적으로 많이 삽입할 수 있었기에 신빙성을 증명하기 위해 사용되었다고 생각합니다. 그러나 이런 사건을 증명하는 것은 장로들이 그렇게 말했다고 해서 그렇게 되는 것이 아닙니다. 이런 경우 증거가 되는 것은 '지금도' 그런 사건이 일어났던 장소를, 사원을 공경하는 비구들이 추앙推仰하고 있다는 사실입니다. 실제로 동시대에 이런 일이 일어났다는 것으로 역사상의 진실성이 증명된 것입니다. 관용구를 삽입했던 것도 역사상의 진실성이 실제로 위협받고 있었다거나, 누군가가 '이 사건은 전혀 진실이 아니다'라는 주장을 했었다고 해석해야만 비로소 처음으로 의미가 있겠지요. 만약 이런 주장이 인도 북부의 쿠샨 왕조시대에 『불설내장백보경』에서 설한 것과 같은 방법으로 유포되고 있었다면, 먼저 거론한 관용구와 마찬가지로 지금 문제시되는 이 관용구도, 붓다의 간다라 여정에 대한 기록이 이 율장에 삽입된 것처럼, 상당히 대규모로 편찬된 것의 일부로 이 율장의 여기저기에 삽입될 수 있었던 것이라고 말할 수 있습니다.

정토의 붓다에 대한 최초기로, 거의 유일한 비문의 기록이 이와 같은 시대에 인도 북부에서 이루어진 것인지에 대해서도 염두에 두어야 합니다. 여기에는 말할 필요도 없이 '세존, 아미타불'이 새겨진 마투라 출토의 쿠샨 왕조시대의 조상彫像 비문이 있습니다. 여기에는 이와 같은 시기에 대해 많은 것이 새겨져 있습니다. 이 율장에 기록되어 있는 것과 같은 사항이 이 비문에도 새겨져 있습니다. 이 율장과 비문은 정말 중요합니다.

3. 『근본설일체유부율』과 사원을 둘러싼 물적 예증

1) 간다라 미술과의 일치

① 역사와 미술의 접점

인도 불교사를 공부하려는 불전 연구자가 '백문이 불여일견'이라는 옛 격언에 거의 주의를 기울이지 않고, 미술사가와 역사가가 서로 교류할 뻔했거나 전혀 교류하지 않은 것은 매우 유감입니다. 이런 결과 사람들은 불필요하게 불이익을 당해 왔습니다. 하지만 불교사원에서 불전佛典을 제작함과 동시에 불교미술 작품도 제작한 것이 거의 틀림없다고 생각하면 그렇게 이해하기 어려운 것도 아닙니다. 우리가 알고 있는 불전의 압도적 다수를 승가에서 만든 것이 아니라고 부인할 사람은 거의 없습니다. 불전들은 비구들이 만들어서 유포하고, 소장하고, 읽고, 주석을 붙여 암송해 왔습니다. 현재 남아 있는 인도의 모든 불교미술 작품도 사원에서 만들었다는 것은 전혀 의심할 여지가 없습니다. 출처가 확실한 인도 불교미술 작품은 모두 사원에서 발견되었습니다. 이런 작품들은 사원의 감독 아래 만들어져 사원에 설치된 것 같습니다. 초기 사원의 관리자는 건축지도감독관(navakarmika)의 지위에 있었습니다. 이런 사실을 보여주는 비문 증거가 있습니다. 이 율장에는 사원의 어디에 회화를 설치해야 하는지를 상세히 기록해 놓은 규정이 있습니다. 비구와 비구니들이 사원에 회화를 설치하기 위해 어울리지 않을 정도로 많은 금액을 지출하거나 원조를 한 것 같습니다. 틀림없이 이들은 초기의 스투파 난간이나 예배상禮拜像에도 분명 많이 기부했습니다. 무엇보다도 필연적으로 불교미술과 함께 가장 친밀하게 생활해야 했던 이들이 비구와 비구니들이었기 때문입니다. 팔리율의 한 항목에는 이런 친밀함이 때로는 지나쳤던 모습까지도 나와 있습니다.

만약 불교 경전과 불교미술이 승가의 것이라면, 불교사원에서 불전佛典을 제작함과 동시에 불교미술 작품도 제작한 것이라면, 『근본설일체유부율』이 쿠샨 왕조시대에 인도 북서부 지역에서 만들어졌거나 개정된 것이라면 적어도 두 가지 가능성이 있을 수 있습니다. 불전에서 볼 수 있는 사물을, 같은 시대와 같은 장소에서 발굴된 미술 작품에서 찾아낸다면 미술 작품의 시대로부터 불전의 시대를 증명할 수 있게 됩니다. 이렇게 하면 불전에서 설명하는 내용으로 미술 작품에 그려진 내용을 더 잘 이해할 수 있게 됩니다. 이렇게 해도 무언가 다람쥐 쳇바퀴 돌듯 진전이 없는 것 같다면, 그것은 그런 것입니다. 그렇다면 그것은 그럴 수밖에 없습니다. 그렇다고 해서 동시에 일어난 일들을 직선 상태로 결합할 수는 없습니다. 지금 필요한 것은 이것을 직선 상태로 결합하는 것이 아니라, 이와 관련된 몇 가지 예를 구체적으로 살펴보는 것입니다.

『근본설일체유부율』은 쿠샨 왕조시대의 인도 북서부 지역에 위치하기 때문에, 우리는 간다라 미술의 복잡함에 필연적으로 직면하게 됩니다. 이 복잡함 때문에 앞으로의 연구가 모범이 될 수 없을지도 모르겠습니다만, 그렇다고 우리는 예증하는 방법을 선택하는 것도 피할 수 없습니다. 지금부터는 특정 개인이나 장면을 그린 몇 가지 실례를 보여드리도록 하지요. 간다라 자료 중 간다라 미술과도 공통점이 있으며, 어떤 특정 심리 상태를 표현한 것으로 생각되는 조각상을 다루도록 하겠습니다.

인도 미술사가美術史家에서 도상圖像을 연구하고 감정할 때 강박관념까지는 아니더라도 특수한 기능이 있었습니다. 인도 미술에는 개인이나 사건을 묘사하는 것과 비교해 사상을 표현하는 것이 꽤 등한시되어 온 내력이 있습니다. 도상학적인 방법은 중요한 성과를 만들어내기도 했지만, 일종의 사이비 정밀과학으로 전락하기도 했습니다. 문헌의 내용을 그린 모습이 연구자에 따라서는 같은 시대가 되기도 하고 다른 시대가 되기도 하고, 매우 다른 개인으로 표현되기도 한 것으로 받아들여진 장면이 많았기 때문입니다. 여기에는 시대의 유행에서도 영향을 받은 것이 있습니다. 여러 곳의 바위에서 미륵 조각상이라고 볼 수 있었던 것이, 다음에는 관음상이 되기도 하고, 바로 다음에는 문수상이 되기도 했는데, 이렇게 이동하며 바뀌는 일은 항상 있는 일이었습니다. 탓데이(M. Taddei)의 간결한 문장이 이런 문제의 곤란함을 잘 표현해 주고 있습니다. 그는 「간다라에서 새롭게 발굴된 초기의 시바신상」에 대한 논문의 마지막에서 다음과 같이 말하고 있습니다.

> 다음 사항을 지적하니 염두에 두자. 필자는 여기서 시바의 초기 형상이 미륵과 얼마나 깊은 관계에 있는지를 보여주려 했는데, 아그라왈라(V. S. Agrawala)는 비슈누(Viṣṇu)의 초기 형상이 미륵보살과 아주 비슷하기에, 이 둘이 같은 의식문을 바탕으로 만들어진 것이라고 보아야 한다고 말할 것이다. 그리고 다른 학자는 시바신과 가장 밀접한 유사성을 보이는 것이 관음보살이라고 말할 것이다.

이처럼 무엇이든 관계없이 다른 무엇이든 될 수 있다는 것은, 방법적인 면에서 무언가 실수가 있었던 것이 틀림없습니다. 이런 것을 고려해 제일 먼저 취급할 예로는, 어떤 점에서는 서로 동의同意한 모습을 그린 초상을 거론해야 할 것 같습니다. 간다라 자료군資料群 중에는 이런 요구에 부응하는 초상이 몇 개 있습니다만, 이들 중 하나가 『근본설일체유부율』의 주요한 등장인물이라면, 이것은 우리의 연구에서 행운의 조건이 일치하는 증거물이 될 것입니다. 여기서도 필요한 자료는 라모뜨가 많이 제공해 주고 있습니다.

> 만약 바즈라빠니(Vajrapāṇi, 執金剛菩薩)가 민화나 이야기나 설화라는 성전聖典 이후의 문학작품 속에 인용되는 힘을 갖고 있었다면, 간다라파의 조각에서 붓다를 그림자처럼 따르고 있는 사람으로 묘사된 바즈라빠니는 더 중요한 위치를 차지하고 있었을 것이다. 『그리스의 영향을 받은 불교미술(*Art gréco-bouddhique*)』의 상권에서 푸쉐(A. Foucher)가 재현한 붓다의 생애 중 많은 정경情景 속에서, 붓다는 이 시자侍者를 항상 곁에 세우고 따르게 했기 때문에 그렇지 않은 세존을 그린 그림은 거의 존재하지 않는다.

라모뜨는 '간다라 미술의 연대에 대한 최근의 업적에서도 바즈라빠니는 간다라파의 모든 국면에서 계속 이어져 나타난다고 말할 수 있다'라며, 처음부터 끝까지 어디에서나 나타날 리 없는 곳에서까지도 바즈라빠니가 등장한다고 말했습니다.

간다라 미술의 모든 작품에는 바즈라빠니가 등장하는데, 마투라 미술에서 존재감이 희박한 것과도 좋은 대조를 이루며, 불전佛典에 존재하는 특이성에서도 대조적입니다. 라모뜨는 "팔리율은 바즈라빠니에 대해 한마디도 하고 있지 않다. 『근본설일체유부율』을 제외하면, 다른 율에서는 거의 침묵하고 있는 것으로 판명된다"라고 말했습니다. 라모뜨가 『근본설일체유부율』이 예例라고 말한 것은 그가 생각했던 것 이상으로 중요합니다. 라모뜨는 "팔리 니까야와 범어 아함에서도 자취를 더듬어 확인할 수 있는데, 이 두 경만이 바즈라빠니를 서술하고 있다"라고 말했습니다. 그러나 이들 중 하나인 『아마주경(阿摩晝經, *Ambaṭṭhasutta*)』은 『근본설일체유부율』에 두 번 나오고 있습니다. 하르트만(J. U. Hartmann, 1989)이 이미 지적한 것처럼,[64] 몇몇 판본에서는 『아마주경』이 「약사」나 「잡사」에 삽입된 것으로 인정하고 있습니다. 라모뜨도 바즈라빠니가 『근본설일체유부율』의 '사위성의 대기적大奇跡' 이야기나 데바닷따(Devadatta)의 악행 이야기 등 다양한 사건의 이야기 속에 삽입되어 있음을 보여주고 있습니다. 그는 결론 부분에서 "바즈라빠니의 본국은 인도 북서부 지역이다. 이것은 『불설관불삼매해경(佛說觀佛三昧海經, *Buddhānusmṛtisamādhi-Sūtra*)』이나 그의 선행을 서술하고 있는 『근본설일체유부율』과 마찬가지로 북방에서 기원한 불전이다"라고 말했습니다. 그러나 『불설관불삼매해경』은 5세기 초 중앙아시아나 중국의 위경僞經으로 보고 있습니다. 그렇다면 『근본설

64 J. U. Hartmann, "Fragments aus dem Dīrghāgama der Sarvāstivādins", *Sanskrit-Texte aus dem buddhistischen Kanon: Neuentdeckungen und Neueditionen*(Sanskrit-Wörterbuch der buddhistischen Texte aus den Turfan-funden. 2) ed. F. Enomoto et alii (Göttingen, 1989), pp.65~670.

일체유부율』은 이미 이 시기의 쿠샨 왕조의 간다라 미술에서 중요한 조각상이며, '북서부 지역의 영웅'이었던 바즈라빠니에게는 가장 유일하게 남아 있는 중요한 문헌 자료가 되는 것입니다.

이렇게 해서 우리가 손에 넣은 것은 간다라 자료군과 『근본설일체유부율』인데, 이는 공통된 양식을 가진 두 개의 큰 자료군입니다. 두 자료에서도 바즈라빠니상像은 주요한 역할을 달성하면서도 동일 양식을 취하고 있습니다. 바즈라빠니는 붓다의 생애와 관련된 일련의 사건들과 관련해서 이들 이외의 미술 작품이나 불전 기록에서는 전부라고 해도 좋을 정도로 등장하지 않고 있습니다만, 이 두 자료에는 그의 전 생애에 걸친 것이 삽입되어 있습니다. 바즈라빠니상도, 바즈라빠니가 등장하고 있는 서술도 간다라 이외의 장소에서는 보이지 않고 있습니다. 간다라 자료군 중 초기의 것은 쿠샨 왕조시대에 속해 있습니다. 이것은 현존하는 『근본설일체유부율』을 동시대라고 보는 것에 논의의 무게를 더해 주는 것입니다. 그러나 다음의 것을 덧붙여 두는 것이 중요하다고 생각합니다. 이렇다고 해서 한쪽의 자료가 다른 쪽에 예속되거나 직접 의존하는 것은 아닙니다. 여기에는 두 자료가 각자의 방법으로 쿠샨 왕조의 간다라 지역에서 영위營爲하며 광범위한 활동에 참여했던 것이 반영되어 있습니다. 이렇게 공통된 활동에 참여했던 것이 특수한 사례에서 인정되고 있습니다. 두 자료가 종종 같은 말을 하는 경우가 인정된 것입니다.

② 붓다와 두개골 두드리기

간다라 미술과 『근본설일체유부율』이 같은 내용을 말하고 있는 좋은 예는 탓데이(M. Taddei, 1979)가 '붓다와 두개골을 두드리는 이야기'라고 부른 것입니다. 이 이야기는 이 율장이 5세기 팔리어 주석 문헌에도 미친 영향을 보여주는 한 예이기도 합니다만, 미술사가와 문헌학자의 교류가 희박했음도 보여주는 한 예이기도 합니다.

탓데이는 1979년의 논문에서 10개의 부조浮彫거나 부조의 단편斷片을 제시했습니다.[65] 하나는 탁실라(Taxila)의 다르마라지까(dharma-rajika) 스투파에서, 두 개는 북서쪽의 변경지역에서, 세 개는 사로바르(Sarovar)에서, 두 개는 핫다(Hadda)에서, 나머지 두 개도 아마 핫다(Hadda)에서 출토되었을 것입니다. 그는 이것들을 '붓다와 두개골을 두드리는 이야기'라는 그림으로 감정했습니다. 탓데이는 이 이야기를 『증지부增支部』, 『담마빠다(*Dhammapada*)』, 『테라가타(*Theragatha*)』에서 가져왔습니다. 그는 팔리어 주석의 몇몇 판본으로 이 이야기를 알고 있었습니다. 그는 『담마빠다』에 근거해서 다음과 같이 요약하고 있습니다.

> 왕사성에 살면서 손가락으로 두개골을 두드려 죽은 두개골 주인의 부활을 예언한다는, 반기사숫따(Vangīsasutta)라는 이름의 브라만(Brahmin, 婆羅門)이 붓다에게 신통력을 보여주기 위해 당시 붓다가 머무르고 계시던 제따바나 사원으로 왔다. 붓다는 4개의 두개골을

65 M. Taddei, "The Story of the Buddha and the Skull-Tapper. A Note in Gandharan Iconography", *Annali Instituto Orientale di Napoli* 39 (1979), pp.395~420. cf. do. "Addenda to the Story of the Buddha and the Skull-Tapper", *ibid.* 43 (1983), pp.333~339.

가져오게 했다. 이것들은 각각 네 개의 생(인간, 신, 축생, 지옥)에 다시 태어난 사람들의 두개골이었다. 반기사(Vangīsa)는 네 개의 두개골에서 각각의 주인이 환생한 방법을 맞추는 데 성공했다. 그러나 붓다가 죽은 아라한의 두개골에 신통력을 사용할 것을 요구했을 때, 그는 정답을 말하지 못했다. 오히려 반기사에게 다섯 번째 두개골의 주인이 어떻게 환생했는지, 어떻게 환생하지 못했는지를 가르쳐 준다는 조건으로 교단에 들어오라는 권유를 하게 되었다. 그는 그렇게 했다. 그리고 마침내 반기사 장로라고 불리게 되었다.

탓데이가 설명한 부조와 불전의 관련성에는 두 가지 문제가 있습니다. 하나는 탓데이 자신이 명확히 하고 있습니다. 그는 팔리어 주석의 시대를 고려하면서, "초기의 부조와 문헌과의 사이에는 넓은 간격(gap)이 묻히지 않고 남아 있게 된다"라고 말했습니다. 이렇게 된 것은, 그가 이런 부조가 만들어진 시대를 기원 1~2세기라고 보았기 때문에 팔리어 주석과의 사이에서 2~3세기의 간격이 생긴 것입니다. 그는 지리적인 간격에 대해서는 아무 말도 하지 않았습니다. 여기서는 오히려 두 번째 문제인 지리적 간격이 중요합니다. 더 완전한 형태의 부조에는 왼쪽에 있는 붓다 외에, 두 명의 주요한 등장인물이 더 있습니다. 탓데이가 반기사(Vangīsa)라고 생각한 조각상彫刻像과 또 한 명의 비구입니다. 두 명 모두 두개골과 관련 있습니다. 『담마빠다』의 주석에는 이 비구를 특정할 수 있는 설명이 없습니다.

지금 우리가 알고 있는 것은 기원 5세기까지 거슬러 올라가지 않는 문헌에 설명된 붓다와 두개골을 두드리는 이야기가 실제로는 적어도 이미 2세기에는 회자가 되고 있었으며, 2세기의 이 이야기는 두 명의 비구에게 중요한 위치를 부여하고 있었습니다. 이제 조금 더 다른 이야기를 살펴볼 필요가 있습니다.

라모뜨(É. Lamotte)가 『대지도론』 제2권을 1949년에 출판하기 전, 탓데이의 간다라 자료 중 적어도 몇 권은 이미 출판되어 있었습니다. 라모뜨는 이런 자료에서 묘사하고 있는 이야기를 번역해 활용하면서도 새삼 놀랄 일은 아니지만, 탓데이의 자료에 근거하지 않았거나 중요성을 인식하지 못했던 것 같습니다. 여기에는 반기사라는 브라만의 이야기가 없는 대신, 므리가쉬라스(Mṛgaśiras: 사슴의 머리)라는 이름을 가진 선인의 아들과 사슴 이야기가 있습니다. 이 아들도 선인이라고 불리며, 두개골을 두드리는 신통력을 배웠다고 나와 있습니다. 그러나 라모뜨는 이 부조를 간과했고 탓데이는 이 이야기를 간과하고 말았습니다.

라모뜨가 번역한 므리가쉬라스 이야기는 앞에서 지적한 문제를 해결해 줄 것입니다. 우선 첫 번째로, 이 이야기는 쿠샨 왕조시대의 인도 북서부 지역에서 대규모로 편찬된 경經으로 생각되는 『근본설일체유부율』 속에서 찾아볼 수 있습니다. 그러므로 탓데이가 주기注記한 부조와 불전과의 간격은 소멸합니다. 우리는 쿠샨 왕조시대 북서부 지역의 미술 작품과 불전이 동일 자료를 공유했다고 볼 수 있는 또 하나의 예로, 연대를 확정했거나 확정 가능한 미술사상의 병행 자료로 율의 시대까지도 확정할 수 있는 또 하나의 예를 손에 넣었습니다. 게다가 『근본설일체유부율』의 므리가쉬라스의 이야기에서도 볼 수 있으며, 간다라 부조에서도 묘사가 되어 있는 또 다른 한 비구의 존재까지도 설명할 수 있습니다. 이 율장에 의하면, 이 비구는 붓다의 명으로 므리가쉬라스 선인에게 해골을 건네 그를 시험하는 역할을 맡은 아난다입니다. 거의 모든 부조에는 왜 그런지 기묘하게 보이는 착의着衣나 발형髮形을 하고 있습니다. 이유는 므리가쉬라스가 예언을 전문으로 하는 선인이라고 설명된 사실에서 해명을 찾을 수 있습니다. 마지막으로, 부조 대부분에는 붓다가 '풀을 흩어 놓은 육중한 좌석'에 앉아 있는 것처럼 보이는 이해할 수 없는 장면을 이 율장에서 설명하고 있는 등 모든 것으로 보아, 선인의 암자에서 일어난 일이기에 그렇다고 이해하면 수긍할 수 있습니다. 여기서 저는, 이런 것이 한쪽의 자료군이 다른 한쪽에 종속된 것이기에 그런 것이라거나 의존된 결과이기에 그런 것이라고 주장한다면, 이는 가장 무익한 견해라는 말도 덧붙이고 싶습니다. 오히려 공통의 두 자료는 동시대에 표현되었던 것의 결과라는 것이 고려되어야 합니다.

이렇게 공통된 자료가 동시대의 미술 작품과 문헌에서 표현되고 있었던 것이 거의 확실한 것임에도 불구하고 앞에서 예로든 이야기보다 더 오해를 받는, 더 광범위하고 더 중요한 자료도 있습니다. 여기에는 작품의 성질상 묘사된 인물의 감정과 심리적 상태를 명확하게 해주어야 할 필요가 있는 매우 미묘한 성질이 포함되어 있습니다. 이 경우는 특히 대승적으로 '이 세상의 사람이라고는 생각되지 않는 보살'이라고 편의적으로 불리는 보살이, 쿠샨 왕조시대의 간다라나 간다라 전반에 존재하고 있었는지 아니었는지라는 문제까지도 내포하고 있으므로 특히 중요합니다.

③ 연화수蓮華手 자세?

1994년에 40년 이상 대출된 간다라의 작은 조각상(22×11×6·25인치)이 로스앤젤레스 카운티박물관에 최종적으로 기증되었습니다. 이를 기념하기 위해 인도·동남아시아 미술 부관장 스테판 마르켈(S. Markel, 1994)이 적어도 두 개의 소논문을 썼습니다. 그의 해설은 이 조각상의 종류를, 일반적으로 유포되고 있던 미술사상美術史上의 견해로 명료하고 훌륭하게 표현했다는 점에서 아주 중요합니다. 마르켈은 먼저 처음으로 이 '3세기의' 조각상이 '불교의 연화수보살'인 것으로 보이며, 이 연화수蓮華手는 "불교의 모든 신 중 가장 오래되었고 가장 널리 존경받았던, 자비의 보살인 관세음의 특수한 한 가지 형태"라고 말했습니다. 그는 이 조각상에 대해 다음과 같이 설명하고 있습니다.

> 빠드마빠니(Padmapāṇi, 연화수)는 이름 그대로 손에 연꽃을 들고, 오른쪽 다리를 왼쪽 다리 무릎 위에 놓은 특유의 자세로 앉아 있다. 오른손을 들고 집게손가락을 뻗어 얼굴에 대고, 곤혹스러워하거나 사유하는 모습을 보여주는 동작을 하고 있다. 보살의 내관적內觀的 표정은 존재의 본질과 관련한 생각에 전념하고 있음이 표현된 것이다.[66]

그의 설명은 미술사의 일반적 견해를 명료하게 보여주고 있습니다만, 역사가에게는 상당히 당황스러운 것입니다. 우선 첫 번째로, 이미

66 S. Markel, "Bodhisattva", *At the* [*Los Angeles County*] *Museum* [*of Art*] 32. 9 (1994), p.12.

여러 미술사가美術史家들은 이렇게 풍부하게 장식된 보석을 몸에 걸치고 있거나, 종종 로스앤젤레스의 것처럼 '부적 상자'를 몸에 붙이고 있는 조각상은 절대로 보살이 아니고, 돈 많은 기부자나 후원자를 이상화한 '초상'이라는 것을 논증하고 있습니다. 이들 가운데 설득력 면에서 본다면 로랜드(B. Rowland)의 설이 지금도 이 분야에서는 유력합니다. 그에 따르면 '빠드마빠니'라는 이름이 문제입니다. 일반적으로 미술사가들은 고유명사인 것처럼 사용하고 있습니다만, '안타깝게도 연화수라는 이름은 고유명사가 아닙니다.' 엄밀히 말하면 이런 인물은 존재하지 않습니다. 비록 형용사라 해도 에저튼(F. Edgerton)의 사전(*Buddhist Hybrid Sanskrit dictionary*)에는 기록되어 있지 않습니다. 모니에르 윌리엄스(Monier Williams)는 그의 사전(*Sanskrit-English Dictionary*) 편집(lexicography)에서 브라만의 이름이라고 선정한 후, 목록에서는 비슈누(Viṣṇu)신의 이름이라고 했을 뿐입니다. 관세음의 이름이라고 적용된 경우는 그가 자기 자신을 속인 많은 불교 서적에서 들고 있을 뿐입니다. 제가 알기로는 확실하지 않지만, 올덴베르그(S. F. Oldenburg)가 간다라 미술과 관련해 처음으로 이 이름을 사용했습니다. 이것이 실수의 근원이었습니다. 그리고 이 자세도 문제였습니다.

물론 로스앤젤레스의 조각상이 취하고 있는 이 자세는 다른 곳에서도 볼 수 있습니다. 망갈라 사우(Mangala Sawoo, 1983)는 인도박물관에서 발견된 하나의 단편을 발간했는데, 붓다는 법륜인法輪印을 맺고 있고, 옆에는 기본적으로 이 로스앤젤레스의 조각상과 같은 자세를 취한, 화려하게 장식한 '보살'이 대기하고 있는 것입니다.[67] 오른손의 조각상은 문수보살이라고 되어 있습니다. 안나 마리아 쿠글리오티(A.

M. Quagliotti)는 다른 장소에서 출토된 유사한 조각상을 마찬가지로 감정했습니다.[68] 한편, 그녀는 일련의 개별 인물들이 동일 자세를 취하고 있는 예도 수집했습니다. 싯다르타가 붓다가 될 때까지는 이 세상에 머물러도 얻을 수 있는 이익이 없다는 것을 깨달았을 때의 아시타, 농사를 지을 때 발생하게 되는 살생을 염부수閻浮樹 아래에서 관찰하고 있는 싯다르타, 세상을 떠날 시점의 싯다르타, 사랑스러운 아내를 두고 출가할 수밖에 없게 된 난다(Nanda) 등입니다. 이렇게 아주 인상 깊은 조각상이, 프리어(Freer)화랑에 있는 2세기의 간다라 부조浮彫 중에 들어 있습니다. 혹필드 마란드라(G. Hockfield Malandra, 1981)는 마라惡魔를 물리치는 것을 묘사한 것이라고 말했습니다.[69] 그렇다면 로스앤젤레스 조각상과 같은 자세를 취하고 있는 이것은 사실 마라가 되는 것입니다. 이렇게 기존의 미술사적 견해에 따라 로스앤젤레스의 조각상을 프리어화랑의 유사품에 근거하여 격퇴당한 마라를 표현한 것으로 분류하면 카운티박물관의 이사理事는 별로 반가워하지 않겠지만, 강하게 반대하는 사람도 없을 것입니다. 사실 이 두 조각상은 거의 같은 것이기 때문입니다.

하지만 무언가 아주 이상한 생각이 드는 것은 확실합니다. 그러니 마르켈(S. Markel)이 이 자세에 부여한 '의미'에 대해 다시 주목해 봅시

---

67 M. Sawoo, "An Interesting Buddha Image in the Indian Museum, Calcutta", *Indian Museum Bulletin* 18 (1983), pp.58~60.

68 A. M. Quagliotti, "Mañjuśrī in Gandharan Art. A New Interpretation of a Relief in the Victorian and Albert Museum" *East and West* 40 (1990), pp.99~113.

69 G. H. Malandra, "Māra's Army: Text and Image in Early Indian Art", *East and West* 31 (1981), pp.121~130.

다. 그는 이것이 '당황하거나 사유하는' 것을 보여주고 있다고 말합니다. 그러나 '사유'라는 단어가 불교 본래의 전문용어로 사용되던 맥락에서 '당황하거나 사유하는' 것이라면, 적어도 후자는 이상적으로 단련된 명석함과 정신적으로 통일된 상태를 가리키는 것이기 때문에, 거의 양극단의 사항이 병기된 것입니다. 이 부분을 마르켈만 이렇게 해석한 것은 아닙니다. 쿠글리오티가 이 자세에 대해 최근 가장 많이 발표한 한 사람입니다만, 그녀도 이 자세에 대해 당황할 정도로 많은 의미를 부여했습니다.[70] 다른 사람들과 마찬가지로 그녀도 이것을 '어떤 생각에 잠긴 모습'이라고 말했습니다만, 이것이 '고통스러운', '한탄하는', '슬픔의', '결정하지 못하는', '중대한 결정에 직면해 있는', '깊은 생각에 잠겨 있는', '명상하고 있는', '자비로운' 등의 상태까지를 이 자세에서 연상하고 있습니다. 사람들은 시간이 지나면 일이 좋은 방향으로 해결된다고 생각하기 쉽지만, 실제로는 그렇지도 않습니다. 그녀는 이 자세를 가장 먼저 묘사한 지역이 바르후트(Bhārhut)라고 인정했습니다만, 이 자세를 취하고 있는 유형(type)에 대해서는 "아마 간다라에서 태어난 고전적 양치기 철학자를 원형으로 하고 있다"라고 주장하기에 이르렀습니다. 바르후트의 자세를 취하고 있는, 카운티박물관과 프리어화랑의 조각상은 매우 낙담한 마라입니다.

여기서 대략, 이 세상 사람이라고는 생각되지 않을 정도로 훌륭한 관음과 문수 같은 보살들이, 왜 결정적으로 격퇴당해서 몹시 낙담한 마라와 같은 자세를, 마라와 같은 정신 상태에 있는 사람으로 거듭

---

70 A. M. Quagliotti, "Mahākāruṇika(Part I)", *Annali Instituto Orientale di Napoli* 49 (1989), pp.337~370.

묘사된 것일까? 라는 의문이 듭니다. 가장 솔직히 생각하면 답은 간단합니다. 간다라에서 이런 자세를 넘치도록 많이 묘사했던 미확인 조각상은 보살이 아닙니다. 이들은 격렬하게 고뇌하면서 세존에게 가르침을 들으러 온, 대개는 부자이면서 신분이 높은 사람들입니다.

지금 문제 삼고 있는 바르후트의 예와 같은 자세는, 사례는 적지만 인도 미술의 다른 지역에서, 그것도 훨씬 이른 시기에 출현했습니다. 이것은 더 후기에 출현할 수도 있습니다. 때로는 개인의 입상立像이 이런 자세를 취하고 있는 것도 있습니다. 나가르주나콘다(Nagarjuna-konda) 출토의 부조浮彫에서는 출가할 수밖에 없었던 난다를 향해서 있는 세 명의 인물이 이 자세를 취하고 있습니다. 아잔타(Ajanta)에서는 메가(Mega)와 디빤까라(Dipankara)가 만나는 장면에서 쁘라끄리띠(Prakriti)가 이 자세를 취하고 있습니다. 보드가야(Bodhgayā)에서는 대 기적으로 격파된 이단자 중 한 명이 이 자세를 취하고 있으며, 팔라 왕조시대의 몇 개의 명판名板 기부基部에 조각된 것으로, 슬퍼하며 한탄하는 불특정의 사람들이 이 자세를 취하고 있습니다. 이들의 이런 자세에는 의기소침, 한탄, 상실감, 패배감 등이 들어 있다고 생각합니다. 그러나 이런 문제의 자세를 다른 곳에서 볼 수 있는 예로는, 이것을 포함한 자료군에서는 매우 산발적이며 전형적이지도 않습니다. 한편, 간다라의 상황은 이것과는 다릅니다. 간다라에서 이 자세는 매우 일반적이어서 수많은 예를 들 수 있습니다. 그러므로 이 자세는 본디 쿠샨 왕조시대의 간다라 자세입니다. 이 자세는 『근본설일체유부율』의 연대를 결정하는 데 매우 중요합니다. 이런 자세를 서술하고 있는 것이 이 율장만의 특징인 것이 거의 확실하기 때문입니다. 이 자세에 대한 기록은 『율사(*Vinayavastu*)』의 「와구사臥具事」, 「멸쟁사滅諍事」, 「파승사破僧事」, 「약사藥事」, 「의사衣事」, 「율분별律分別」, 「비구니율분별比丘尼律分別」, 「잡사雜事」 등 사실상 이 율장의 모든 부분에 존재한다고 말할 수 있습니다. 구나쁘라바(Guṇaprabha, 光德, 6세기경)의 『율경(律經, *Vinayasūtra*)』에도 있으며, 『아바다나샤따까』, 『디뱌바다나』와 같은 『근본설일체유부율』 관련 불전에도 있습니다. 이런 예들을 수집하기 시작했지만, 이미 36개를 넘어섰기에 그만두었을 정도입니다. 마찬가지로 빠드마빠니(Padmapāṇi)도 간다라와 『근본설일체유부율』이 같은 이야기를 공유하고 있는 것입니다. 이 경우는 미술 작품과 문헌에서, 같은 자세로 특정 감정이나 정서의 영역을 통일해서 표현한 것입니다. 여기서는 이 영역이 특별히 흥미를 끌고 있습니다.

간다라에서 가장 일반적인 조각상의 자세로 머리와 얼굴을 손이나 손가락 위에 기울이며 앉아 있는 사람들의 모습을 볼 수 있습니다. 이것은 범어로 정확하게 kare kapolaṃ dattvā vyavasthitaḥ〔그는 얼굴에 손을 두고 잠시 멈춰 서 있다, 거기에 앉아 있다〕라는 말입니다. 이 말은 이 율장에서 대부분 이 형태 그대로 자주 등장하는 관용구입니다. 덧붙이면, kare kapolaṃ dattvā cintāparo vyavasthita입니다. 티베트어 번역은 'gram pa la lag pa gtad de sems khangs su chud cing 'dug pa입니다. 여기서 추가된 cintāpara는 여러 가지 의미로 가장 중요하며 가장 미묘한 요소인데, 이 의미는 문맥에 따라 변하고 있습니다. 물론 이 관용구의 모든 요소에는 적절한 해석의 여지가 남아 있습니다.

kara는 기본적으로 '손'을 의미합니다. 그러나 합성어의 kara-kacchapika는 '특정 손가락의 위치'라는 뜻입니다. kara-kaṇṭaka(손끝)과 kara-ja(손에서 생긴 것)은 모두 '손톱'을 의미하고, kara-bhūṣaṇa(손장식)는 팔찌(bracelet)입니다. 그러므로 kara는 손가락에서 손목까지 손의 모든 부분을 포함합니다. 마찬가지로, kapola는 기본적으로 뺨을 의미하지만, 이마와 턱도 의미합니다. 그렇다면 이 관용구의 처음 부분은 '뺨에 손을 대고', '이마에 손가락을 대고', '턱에 손을 괴고'도 의미하는 것입니다. 이 가운데 하나이거나 전체가 동일 관용구로 표현된 것입니다. 이것은 흥미로운 것입니다. 쿠글리오티(A. M. Quagliotti)는 여기서 적어도 일부 모습에서 '그들이 보살이다'라고 한 그녀의 예상에 들어맞도록, 간다라에서 서로 다른 두 개의 자세를 찾으려고 했습니다. 그녀는 보살이 의기소침하거나 슬프거나 낙담한 상태로 묘사된 것으로는 설명할 수 없음을 눈치채고 있었습니다. 하지만 이렇게 구별하려 한 시도는 일을 너무 결정적으로 만들었습니다. 실제로 간다라의 자료는 이 어휘가 가진 가능성의 영역에 거의 완벽하게 대응하고 있었습니다. 일부 조각상은 이마에 손가락을 대거나 일부는 뺨에 손을 대거나 다른 것은 손으로 턱을 괴고 있었습니다.

이것보다는 협소하게 생각됩니다만, cintāpara에도 이것이 의미할 수 있는 영역이 있습니다. 합성어의 마지막 요소로 ~para는 보통 '~에 빠지다, ~로 머리가 가득한, ~에 몰두하는, ~에 열중하다'를 의미합니다. 한편, 모니에르 윌리엄스(Monier Williams)가 cintā에 부여한 첫 번째 의미, 그리고 단 하나의 의미는 대체로 '생각, 걱정, 근심, 불안'입니다. 이것은 여의보주如意寶珠로 번역되어 널리 알려진 단어,

cintāmani와 같은 경우입니다. 이 말은 '불안을 제거하는 보주寶珠'로 해석하면 잘 이해될 수 있습니다. 결과적으로 그는 cintāpara를 '생각 때문에 당혹하여'라고 번역한 것밖에는 제공하지 못했습니다. 그러나 이것은 그 자신이 소유한 자료에 따라 '근심으로 당혹해하는', '불안해서 머리가 복잡한'이라고 번역하는 편이 좋을지도 모르겠습니다. '생각으로 당혹해하는'이 잘못된 것은 아닙니다만, 단조롭고 재미가 없지 않나요? 여기서는 문맥이 문제가 되는 것입니다. 『근본설일체유부율』에는 이런 문맥이 풍부하게 존재하고 있습니다. 쿠글리오티는 조금 작은 부분에서 이것을 놓친 것입니다.

문헌학자와 미술사가 사이에서 전달이 미비한 안타까운 사례가 여기에 또 하나 존재한다는 것에 주의할 필요가 있습니다. 만약 그녀가 1958년의 라모뜨에게 미혹되지 않고, 쉬프너(A. Schiefner)의 『티베트 이야기(*Tibetan Tales*)』에 좀 더 정확한 제목이 붙어 있었다면, 쿠글리오티도 분명 그녀가 연구 중인 부조浮彫의 이 '자세'가 『근본설일체유부율』에서 중요한 의미가 있었다는 것을 정확하게 간파했을 것이 틀림없습니다. 그녀는 투찌(G. Tucci, 1967)가 이 율장에서 이탈리아어로 번역한 한 문장을 인용하고 있는데, 이 문장에는 kare kapolam dattvā cintāparo vyavasthitaḥ라는 관용구가 포함되어 있습니다. 이것을 투찌는 poggita la guancia sulla mano, stava assorto nei propri pensieri로 번역했습니다.[71] 그러나 그녀는 "이것은 라모뜨가 4~5세기로 연대를 추정한 『근본설일체유부율』에 서술되어 있다. …… 이

---

71 G. Tucci, *Ti trono di diamante* (Bari, 1967), p.165.

율장은 후기의 작품이기 때문에, 지금 문제 삼고 있는 사항을 결정할 수 있는 것이 아니라는 반론을 제기당할 것이 확실하다"라고 덧붙이고 있습니다. 게다가 이 율장에서 산문문학을 많이 발췌한 것이 이미 1882년에 영어로 번역되어 있었는데, 영역英譯이 아주 명료하지 않다는 것은 인정합니다만, 여기에는 '기가 죽은', '의기소침한', '불쾌한', '우울한'과 관련된 관용구가 적어도 16번이나 나와 있습니다. 이 발췌는 원래 '인도 이야기'라고 독일어로 번역되어 있었지만, 불행하게도 '경부經部 티베트어 역譯을 번역한 인도 기원의 티베트 이야기(*Tibetan Tales derived from Indian Souces translated from the Tibetan of the Kaḥ-gyur*)'라고 영어로 번역된 후, 항상 그냥 『티베트 이야기』라고 불리어 왔습니다. 물론 이 이야기는 티베트 이야기가 아니라, 대부분이 『근본설일체유부율』에서 발췌한 이야기입니다. 따라서 생략할 때도 이것을 알 수 있도록 했다면 더 많이 활용될 수 있었을 것입니다. 또 제목이 원래처럼 있었다면, 쿠글리오티든 다른 누구든 문제의 이 관용구를 곧바로 눈치챘을 것입니다.

지금은 『근본설일체유부율』에서 kare kapolaṃ dattvā cintāparo vyavasthitaḥ라는 관용구를 두어 번 정도 대강 검토해 보는 것이 가장 유용할 것입니다. 지금까지 설명한 극히 일부만으로도 이것이 관용구이거나 상투어인 것이 분명해지고 있습니다. 이 관용구는 간다라 부조에 묘사된 관용구와 마찬가지로, 다양한 상황이나 사건에서 발생한 심리 상태를 정서적으로 채색하기 위해 여러 종류의 이야기나 사건의 서술 속에 삽입된 것이 분명합니다. 미술 작품과 불전은 이것들이 묘사하고 있는 각각의 사건이 항상 같지 않은데도 불구하고 하나하나의 관용구를 똑같은 방식으로 배치해 놓고 있습니다. 이런 관용구로 보여주려는 내용이 적절치 못하고, 보기 흉하고, 품위 없는 일이라고 간주한 것도 문헌에서는 분명하게 드러나 있습니다. 구나쁘라바는 「훈련의 소규정」이라는 조항에서, 비구는 이렇게 '뺨에 손을 대는' 등과 같은 앉은 자세를 취해서는 안 된다는 지적을 하고 있습니다. 그는 이 자세를, 발목을 다른 쪽 발목 위에 올려놓거나 다리를 흔들어 움직이거나 국부를 노출해서 앉는 등의 자세들과 나란히 제시해 놓고 있습니다. 제가 구나쁘라바의 주석에서 이해한 바로는, 그가 이 규정에 권위를 부여하기 위해 이와 같은 규정을 담고 있는 「비구니율比丘尼律」과 확인할 수 없는 경經을 인용하고 있습니다. 때로는 미술 작품과 불전에서 비구들이 이런 자세를 취하고 있는 것을 묘사한 사실이 흥미롭다고 생각합니다. 여기에는 이들이 경험한 올바른 행동의 영역을 넘어 버린, 어떤 강한 감정을 표현하려 했던 것이 의도되어 있습니다. 그러나 미술 작품이나 불전에서 이 자세를 묘사할 때는 재가자가 압도적으로 많다는 사실에서, 이 규정의 존재를 생각해 보면 이해가 될 것입니다. 일반적으로 비구에게는 이런 자세가 적당하지 않다고 생각했을 것입니다. 이런 이유도 쉽게 이해할 수 있습니다. 별로 좋은 비구로 인정받지 못한, 한 명의 비구를 언급한 불전을 참고하여 이 문제의 관용구를 대략 검토해 보고자 합니다. 이 불전에는 승가에서 붓다의 경쟁자이며, 신중하지 못하며, 총명하지 못하며, 사악한 사람으로 묘사되어 있는데, 이는 데바닷따입니다. '육군비구六群比丘'의 수장首長인 우빠난다(Upananda)와 마찬가지로, 데바닷따도 승가에서는 종종 블랙 유머의 대상입니다. 붓다가 '금빛의 신체(suvarṇavarṇaḥ kāyaḥ)'를 하고 있었으므로 데바닷따도 대장간에 가서 자신의 몸을 금빛으로 칠합니다. 붓다의 발에는 법륜이 새겨져 있었으므로 데바닷따도 대장장이에게 명해 발에 소인을 찍습니다. 악전고투 끝에 그가 얻은 것이 심한 통증뿐이라는 것은 말할 필요도 없습니다. 그러나 불전을 보면 그가 다른 고뇌에 직면해 있다는 것도 알게 됩니다.

> 거기서 데바닷따는 다음과 같은 생각이 일어났다. '나는 거듭 반복해서 세존을 거역해 삼종의 무간업無間業을 범했다. 세존에게 돌을 던져 피를 흘리게 했고, 승가를 어지럽혔고, 비구니 웃빨라반나(Utpalavarnṇā, 연화색)를 죽였다. 진리를 체득하지도 못했고 아무것도 성취하지 못했다. 이제 지옥에 태어날 수밖에 없다.' 이렇게 생각하며 뺨에 손을 대고, 그는 불안한 듯 계속 상념에 잠겼다(kare kapolaṃ dattvā cintāparo vyavasthitaḥ: lag pa la 'gram pa gtad de sems khongs su chud cing 'dug go).

데바닷따는 심각합니다. 그에게 선고가 내려졌기에 망연자실했고 낙담했습니다. 이것이 그의 자세에 반영되어 있습니다. 이 자세는 간다라 조각상에서 흔히 볼 수 있는 '보살들'이라고 불리는 사람들의 자세와 완전히 같은 것입니다. 외도인 뿌라나(Pūraṇa)가 이런 상태의 데바닷따를 보고 "행위자도, 행위도 존재하지 않는다"라고 논하며, 이에 따른 업의 과보에 대한 가능성을 부정하는 장면에서, 그는 데바닷따에게 "결코 절망해서는 안 된다(sarvathā mā kāhalo bhava)"라고 말합니다. 이때 문제의 자세를 취한 사람을 본 인물의 반응에서 cintāpara에 대한 하나의 흥미로운 해석이 제공되고 있습니다.

cintāpara로 표현되는 것이 상념에 잠겨 있는 자세를 취한 사람에게 '절망해서는 안 된다'라고 말해주는 것이며, cintāpara의 자세는 절망한 정신 상태를 보여주는 것으로 해석된다는 것을 나타내고 있습니다. 여기서는 데바닷따에게, kāhala(절망)해서는 안 된다고 말하고 있습니다. 에저튼(F. Edgerton)은 『헤마짠드라(*Hemacandra*)』를 인용하여, kāhala는 '우울하고 패기가 없다'라는 의미이며, 범어 kātara와 동의어라고 말했습니다. kātara는 '벌벌 떨고 있는, 용기가 없는, 겁쟁이, 곤혹스러운, 놀라는, 실망한, 절망적인'의 의미인데, 일반적으로는 위대한 보살들의 성질이 아니고 『근본설일체유부율』에서 볼 수 있는, 뺨에 손을 대고 있거나 이마를 손가락으로 지탱하고 앉아 있는 자세와 모두 관련된 심리적 상태입니다.

미술 작품과 불전에서는 이것이 요구하는 것과 필요성이 서로 다르게 나타나 있습니다. 따라서 이 관용구의 여러 요소는 각기 다른 요소에 서로의 강조점을 두고 있으므로 주의해야 합니다. 미술 작품에서는 '얼굴에 손을 두는' 신체의 자세가 필수요소로 작품에서 모든 의미를 담당합니다. 심리 상태를 표현할 수 있는 것은 이것뿐입니다. 하지만 불전은 미술 작품과 같은 제약을 받지 않고 상황을 묘사할 수 있습니다. 내용에서는 같은 효과를 낼 수 있기에, 이렇게 관용구 전체가 사용되기도 하고 일부가 사용되기도 합니다. 관용구에서는 신체의 자세를 나타내는 부분이 불전에서는 보충해 주는 효과를 내지만, 미술 작품에서는 필수요소가 됩니다. 불전에서 많이 언급된 사항들이 데바닷따를 설명하는 지금의 문장에서도 충분히 표현되어 있습니다. 불전에서는 자신이 곤경에 처했다는 것을 알게 되었을 때, "뺨에 손을 대고 불안한 듯 계속 상념에 잠겼다(kare kapolaṃ dattvā cintāparo vyavasthitaḥ)"라고 말합니다. 뿌라나가 그를 만났을 때, "데바닷따여, 왜 뺨에 손을 대고 불안한 듯 계속 상념에 잠겨 있습니까?"라는 관용구 전체를 이용해 묻고 있습니다. 데바닷따는 과장된 표현으로 반문하면서 대답을 하지만, 여기서는 신체의 자세에 대해서는 전혀 언급하지 않으며, "제가 어떻게 불안한 듯 상념에 잠기지 않을 수 있겠습니까?(katham aham na cintāparas tiṣṭhāmīti)"라고만 서술하고 있습니다. '어떤 상념에 잠기다(cintāpara)'를 두 번 더 사용하지만, 이 자세에 대해서는 전혀 언급하지 않습니다. '어떤 상념에 잠기다'는 관용구 전체가 생략된 형태로 되어 있습니다. 말의 경제성 때문인 것이 분명합니다만, 더 일반적으로 말하면 이 관용구가 매우 일반적으로 사용되고 있었기에 합성명사의 약어뿐 아니라, 하나의 핵심 요소만으로도 관용구의 의미 전체를 전달할 수 있다고 생각하기에 이른 것과 관련 있음이 틀림없습니다. 텍스트를 읽다 알게 되었는데, 제가 아는 한 '뺨에 손을 대고'는 단독으로 볼 수 없고, 항상 '불안한 듯 계속 상념에 잠겼다'라와 같이 볼 수 있습니다. '불안한 듯 계속 상념에 잠겼다'라는 말은 단독으로도 쓰이지만, '뺨에 손을 대고'라는 말은 외적인 정경을 묘사하는 요소를 동반하면서는 쓰이지 않고 있습니다. 따라서 전자에는 비록 후자가 겉으로는 표현되지 않아도 항상 후자의 의미가 포함되어 있습니다. '불안한 듯 계속 상념에 잠겼다'라는 의미의 단어(cintāpara)를 관용구 전체의 생략어로 사용할 수 있었던 것입니다.

이런 생략형이 사용된 예로, 이번에는 사악한 비구가 아니라 '나이

어린, 새내기인 젊은 비구들'의 이야기로 채택해 보겠습니다. 이들은 뜻밖에 동료 한 명을 죽음에 이르게 하고는 곧 후회하기(mya ngan bya ba) 시작합니다. 다른 비구들이 이러는 이유를 묻자, "이전에 우리는 17명의 동료였습니다만, 지금은 16명의 동료가 되었습니다. 우리는 유쾌한 친구 중 한 명의 비구를 빼앗겼습니다. 우리는 추방당할 죄를 저질렀습니다"라고 그들은 말합니다. 나이 어린 젊은 비구들은 "한쪽으로 가더니, 거기서 불안한 듯 상념에 잠기며 앉았다"라고 불전에 서술되어 있습니다. '불안한 듯 상념에 잠기며'는 cintāparo vyavasthitaḥ의 표준적인 티베트어 역의 하나인 sems khong du chud cing 'khod pa를 번역한 것입니다. 여기서도 '불안한 듯 상념에 잠기며'는 배려라든가 규칙 위반이라든가 후회라는 것과 관련 있고, 불전에서 말하듯 '후회의 불에 시달리는 마음'과도 관련 있습니다.

지금까지 살펴본 두 가지 경우는 몇 가지 점에서 변칙적입니다. 이것은 '불안한 듯 상념에 잠긴' 비구를 표현한 것이며, 이런 불안은 심각한 윤리규정을 위반한 것이라는 결과를 예감하면서 생긴 것입니다. 이 둘은 형태는 다른데, 살인이 포함되어 있습니다. 그러나 『근본설일체유부율』에서 이와 같은 자세와 심리 상태인 두 가지를 서술한 장면의 숫자는 재가자인 경우가 압도적으로 많습니다. 이런 재가자들 대부분은 부유한 왕족들이며, 이 문제의 자세를 취한 간다라 조각상에서 볼 수 있는 바로 그런 유형의 인물들입니다. 이런 사람들은 자신들이 행했던 도덕적 결과에는 전혀 관심이 없었으며, 자신의 자랑거리이거나 재산에 대한 것이었지만 압도적으로는 자녀로 인해 괴로워하고 있었습니다. 이들은 항상 세속적인 것과 관련된 것에 관심 있는 사람들이었습니다.

첫 번째로는, 쁘라세나짓(Prasenajit)왕의 태도와 관련된 장면을 채택하겠습니다. 왕은 붓다와 비구들이 그와 함께 식사할 수 있도록 7일 동안 초대합니다. 그는 모든 것을 준비하고 첫째 날에는 '스스로 준비해서 그들에게 봉사하고 격려' 합니다. 그러나 옆에 서 있던 걸인이 이 장면을 보고 몹시 즐거워하며, '왕은 몸소 복덕을 증명하는 인물인 것이 틀림없다. 자신이 받을 복덕의 과보가 이미 실현되었는데도 여전히 복덕에 만족하지 않고, 계속 베풀며 복덕을 쌓고 있구나'라고 생각합니다. 다음은 붓다가 식사를 마치고 한 말을 불전에서 서술하고 있는 내용입니다.

> 그리고 세존께서 말씀하셨다. "왕이여, 이 과보를 누구의 이름으로 맡기시겠습니까? 당신에게입니까? 아니면 당신보다 더 큰 복덕을 쌓은 사람에게입니까?" 왕은 생각했다. '세존은 나의 보시를 받았다. 도대체 누가 나보다 더 많은 복덕을 쌓았다고 말하는 것일까?' 이렇게 생각하고는 그가 말했다. "세존이시여, 저보다 더 많은 복덕을 쌓은 사람이 있다면, 그 사람의 이름으로 이 과보를 맡겨주십시오." 그래서 세존은 걸인에게 과보를 맡겼다. 같은 일이 7일간 벌어졌다. 여섯째 날, 왕은 뺨에 손을 올려놓고, '세존은 내 보시를 받았으면서도, 이 과보를 걸인에게 맡기는구나'라고 생각하며 절망한 듯 상념에 잠겼다(kare kapolaṃ dattvā cintāparo vyavasthitaḥ).

왕의 대신들은 그를 보고 묻습니다. "왜 뺨에 손을 올려놓고 절망한 듯 상념에 잠겨 계십니까?", "어떻게 절망한 듯 상념에 잠기지 않을 수 있겠는가?"라고 왕은 대답합니다. 문제의 해결방안이 제시될 즈음, 대신들은 "왕이여, 당신은 아무것도 걱정할 것이 없습니다(alpotsuko deva bhavatu)"라는 확신을 분명하게 드러냅니다. 여기서 '상념에 잠기는(cintāpara)' 것은 '유감, 절망, 불안, 걱정(utsuka)'이라고 주석되어 있습니다. 두 번째 이야기는 「약사」와 『디뱌바다나』에서 볼 수 있는 내용입니다.

> 바로 그날 밤, 다나(Dana)왕은 꿈에 독수리가 와서 그의 배를 찢고 내장을 질질 끌어 꺼내어 거리를 한 바퀴 도는 것을 보았다. 그리하여 왕은 일곱 개의 보물이 집에 들어오는 것을 보았다. 왕은 놀랍고 두려워 머리카락이 거꾸로 서서, 곧바로 일어나 거대한 침대에 앉아 이마에 손가락을 올려놓고 불안한 듯 상념에 잠겼다. '이 꿈 때문에 왕위나 생명을 잃겠구나'라고 생각했다.

여기서 문제의 자세와 심리 상태는 공포입니다. 이것은 왕위나 생명 중 하나를 잃을지도 모른다는 불안과 관련되어 있습니다. 다음에 설명할 내용은 그다지 극적인 것은 아니지만, 「잡사」에서도 일부를 볼 수 있습니다. 여기서는 한 인물이, 자신이 도둑인 것이 세상에 알려지는 바람에 그가 선택한 직업으로는 더는 생활할 수 없게 됩니다. 그는 도주하게 되는데, 비구 우빠난다가 길가에서 '뺨에 손을 대고 불안한 듯 상념에 잠겨' 앉아 있는 남자를 발견합니다. 도둑은 이 자세 그대로, "존자여, 저는 어찌할 바를 모르겠습니다. 아무것도 아닙니다"라는 말을 합니다. 마찬가지로 「율분별」에서도 보기 드물게 이런 장면을 볼 수 있습니다. 여기에는 부유한 가족들에게 접근이 거부되어 육군비구들과 결탁하는 한 비구가 등장합니다.

문제의 자세와 심리 상태가 등장하는 상황은 광범위하게 걸쳐 있습니다. 왕이 술 마시는 것을 연기하는 경우, 재가자가 붓다에게 음식을 보시할 기회를 잃어버렸다고 생각하는 경우, 의사가 치료의 효과를 내지 못하는 경우, 빔비사라(Bimbisāra)왕의 왕비가 사망한 경우, 임신한 왕비가 매일 왕의 등고기를 먹고 싶어 하는 병적인 소원에 반응해야 하는 경우, 재가자의 딸이 한 가문의 창부가 되어야 해서 그가 딸을 시집보내야 할지 어떡해야 할지 걱정하는 경우 등등입니다. 여기서 이 모든 예를 설명하면 길어집니다. 여기에는 사랑하는 사람을 잃거나 어떤 기회를 잃거나 실패하거나 하는 것 등이 담겨 있습니다. 또한, 다나왕의 꿈처럼 상당수는 부자연스럽고 기이한 사건에 대한 상황도 담겨 있습니다. 하지만 문제의 자세와 심리 상태에 등장하는 가장 일반적인 상황은 자녀가 생기지 않는 경우이거나 재산을 잃는 경우 등을 다룬 것인데, 언제나 대부호들이나 왕들과 관련되어 있습니다. 몇 가지 예를 들어 보겠습니다.

그때 베나레스(Benares)에는 막대한 재산을 소유하고 있으며, 자산을 갖고 있으며, 광대한 소작지가 있으며, 비사문천毘沙門天의 재산을 갖고 있으며, 재산에서는 비사문천에 버금가는 상인이 있었다. 그는 동등한 가정에서 아내를 맞이했다. 그녀와 놀며 즐기고 사랑했다. 그녀와 놀며 즐기며 사랑했지만, 아들도 딸도 갖지 못했다. 그는 뺨에 손을 놓고 절망하며 어떤 상념에 잠겼다. '집안은 엄청나게 풍요하지만, 나에게는 아들도 딸도 없다. 내가 떠나버리면 모든 재산은 아들이 없다는 선고를 받아 왕의 소유가 될 것이다'라고 생각했다.

「비구니율분별」의 첫머리에도, 결과적으로는 이와 같은 심리 상태와 비슷한 상황의 위대한 브라만과 관련된 서술이 있습니다. 이쪽이 더 정교하게 묘사되어 있습니다. 그도 또한 "재산가로 대단히 많은 재산이 있으며, 많은 자산이 있으며, 광대한 소작지가 있으며 운운"이라며 더 자세하게 묘사되어 있습니다. 그는 16개의 노예 마을(bran grong)과 30개의 노동자 마을(las kyi mtha'ba)과 수익을 창출하는 60개의 마을(skyed sgyur ba'i grong)과 999개의 소의 멍에와 6천 개의 금 등을 소유하고 있는 것으로 알려져 있고, 이 모든 것이 위기에 처해 있습니다. 그에게는 지금까지도 자녀가 없었던 것입니다. 그는 집의 지붕에 올라가 뺨에 손을 대고, "엄청난 재산이 있는 우리 집도 나에게는 아들이 없기에 장차 압류될 것이다"라고 말하며, 그는 절망하여 상념에 잠깁니다.

마찬가지로, 자녀가 없는 전륜성왕이나 다나왕도 서술되어 있습니다. 이런 경우 그들의 가계家系가 끊어지면 그들의 자산은 다른 왕의 것이 된다고 설명되어 있습니다. 자녀가 없는 것에 대해 걱정하거나 재산을 잃는 것에 대해 걱정하는 이런 종류의 내용은, 『근본설일체유부율』과 『디뱌바다나』, 『아바다나샤따까』에도 반복적으로 서술되어 있습니다. 하지만 자녀가 있는 것도 고뇌의 원천입니다. 슛도다나왕은 머리에 손을 얹고 아들인 붓다 때문에 불안한 듯 상념에 잠기고, 비수바따라(Visubatara)는 자녀들과 헤어지게 되어 상념에 잠기고, 아나타삔다다는 자신의 일곱 번째 아들에게 시집올 여자를 찾아줄 수 없어 상념에 잠기는 등등의 이야기가 서술되어 있습니다.

이 밖에도 참으로 다양한 내용이 있습니다. 하지만 이미 충분히 설명했습니다. '뺨에 손을 대고'라는 관용구는 간다라 조각에서 볼 수 있는 '어떤 상념에 잠겨 있는' 자세의 영역과 거의 정확하게 대응되는 자세의 영역을 나타낸 관용구로, 근본설일체유부의 문헌에서 볼 수 있는 상투적 문구이며, 심리적 상태의 한 영역과 관련돼 사용된 상투적 문구이며, 이런 심리적 상태는 자비와는 아무런 관련이 없으며, 더구나 '대자비'나 '적극적인 의미의 숙고라든지 어떤 사유'와도 아무런 관련이 없다는 것은 더 말할 필요도 없이 입증되었다고 생각합니다. 이 문헌에는 개개의 인물들이 그들의 상실감을 맛보거나 곤란하거나 의기소침하거나 실망에 빠지거나 두려워하거나 낙담하거나, 심지어는 불안한 경우에도 취할 수 있는 자세라고 설명되어 있으며, 손가락으로 이마가 휴식을 취하게 만드는 자세라고 일정하게 묘사되어 있습니다. 거의 언제나 재산을 잃게 될까 두려워하고 불안해하는, 위기에 처한 부자나 왕가의 사람들이 취한 자세라고도 묘사되어 있습니다. 여기에는 '보살들'이라고 해석된 간다라의 인물들과도 놀랄 만한 유사성이 있습니다. 그들은 항상 풍족하게, 왕가의 사람들답게 훌륭하게 장식된 옷차림을 하고 있습니다. 현재 통용되고 있는 정설에 의하면, 미술 작품과 불전에는 상투적인 동일 문구가 사용되어 있는데, 이는 모두 같은 것을 의미하고 있는 것이며, 모두 동일 인물을 가리키고 있는 것이 거의 확실합니다. 붓다의 곁에서 '불안한 듯 상념에 잠겨' 앉아 있는 인물들은 위대한 보살들이 아니라, 붓다를 믿어 청문聽聞하려고 방문한 부자들이거나 왕족들로, 매우 많은 고민이 있는 사람들입니다. 간다라의 메시지로 전해 내려오는 것으로 생각됩니다만, 이것은 고민하는 부자나 왕족들이 실의에 빠지거나 곤란에 빠졌을 때 법에 귀의한다는 것으로부터 착상된 것입니다. 이것은 특정 사건이나 특정 인물을 표현한 것이 아니라, 전도傳道를 추진하기 위해 착상해 낸 것을 표현한 것입니다.

미술 작품에서도, 불전에서도 머리에 손을 얹고 앉아 있는 자세는, 실망했거나 낙담했거나 상심했거나 불안한 상태를 표현한 것입니다. 악마가 격퇴되는 장면이나 궁전에서의 향락에 대한 반동으로 싯다르타가 최초로 명상하게 된 장면에서도 이런 자세를 볼 수 있는데, 이런 이야기의 여러 문맥으로부터 이 자세는 더욱 명확해집니다.

마지막으로는, 약간 독특하고 충격적인 부조浮彫에 대해 말씀드려야겠지요. 이것이 지금까지 말해 온 것들을 증명해 줄 것으로 생각해 마지막까지 미루어왔습니다. 이 부조는 스와트(Swāt)에서 출토된 것인데, 아마도 정등각자正等覺者가 된 이후의 생애에서 한 번만 허용된 낙담이었거나 불안했던 순간이 묘사된 것으로 생각됩니다. 정각正覺 직후에 설법할 마음이 들지 않았던 때의 붓다입니다. 이 순간을 시각적으로 표현하려니 특수한 문제에 부딪혔겠지요. 이렇게 어려운 국면에 있는 붓다의 심리 상태를 어떻게 표현할 수 있을까요? 『근본설일체유부율』에서는 이런 상황을 "그때 세존의 마음은 법을 설하지 않고, 근심 없이 사는 쪽으로 향해 있었다"라고 설명하고 있습니다. '근심 없이'는 '뺨에 손을 대고 불안한 듯 상념에 잠기는' 것과는 반대의 상태입니다. 이렇게 상념에 잠겨 있는 사람을 보게 된 후, 이 사람을 보고 이 사람의 심리 상태를 변화시켜 주고 싶다고 생각한 사람의 반응을, 한 번도 아니고 네 번이나 이 단어를 사용해 서술하고 있습니다. '근심 없이 지내기를', '근심 없이 머무르게 해주시기를', '신께서 근심 없게 해주시기를'이라고 서술하고 있는 것입니다. 이런 것들은 모두 '근심 없이 지내기를'이라는 의미입니다. 그리고 만약, 예술가가 이런 심리 상태에 기대고 있는 사람으로 붓다를 묘사하려고 해도, 붓다는 이것을 표정으로 드러내지 않고 평소처럼 있었을 테니, 이 광경이 이런 심리 상태에 빠진 사람과 명료하게 식별되지도 않았겠지요. 저에게 큰 잘못이 없다면, 예술가는 이렇게 특별한 상황의 문제를 널리 알려진 상투적 문구를 이용해 시각적으로 대담하게 사용해서 해결했을 것입니다. 예술가는 이런 붓다를 걱정이나 불안을 전달할 수 있는 자세로, 자신이 유일하게 알고 있던 자세로 표현한 것입니다. 『근본설일체유부율』이 이때의 붓다가 이렇게 했다고 말해주고 있듯, 예술가는 붓다를, '내가 다른 사람들에게 이것을 설명한다 해도 그들은 이것을 이해하지 못할 것이다. 그러면 나는 고민하고 근심하게 될 것이다'라고 생각하는 자세로 묘사한 것입니다. 그는 자비로운 심리 상태의 붓다가 아니라, 반대로 세상을 구하려고 생각하지 않는 심리 상태로 묘사된 붓다입니다. 이것이 붓다에게 이 문제의 자세를 취하게 만든 이유입니다. 적어도 이 자세에 대한 의미가 통하던 동안에는 이와 동일 자세로 대보살들을 묘사한다는 것은, 생각해 볼 수도 없는 일이었을 것입니다. 일단 인도의 문화적 맥락에서 벗어나지도 못한 채, 대보살들도 이와 동일 자세로 묘사하게 되는 일이 생긴 것입니다.

여기서 가장 신경 쓰이는 것은, 연대적인 부분과 지리적인 부분입니다. 우리는 이미 쿠샨 왕조시대의 간다라와 『근본설일체유부율』이 바즈라빠니에게 초점이 맞춰져 있는 것을 보았습니다. 이 둘과는 달리, 거의 알려진 적이 없다가 후대에 와서야 비로소 알려지게 된 므리가쉬라스 선인과 관련된 이야기도 다루어 보았습니다. 이제 우리는 두 자료가 같은 것을 설명하는 상투적 문구를 대규모로 배치했다는 것도 알게 되었습니다. 이런 모든 것들이 동시대에 일어난 것을 가리키고 있다고 생각합니다. 지금까지 우리가 살피어 본 것은, 미술사의 자료를 통해 이해할 수 있는 한 가지의 예(一例)에 불과합니다.

2) 쿠샨 왕조시대 인도 북부의 비문과 일치

① 안거보다 중요한 의무義務와 관련된 기술記述

지금까지 간다라 미술사 자료의 집적集積과 『근본설일체유부율』에서 살펴본 내용은 이 둘이 동일 자료를 취급하고 있으며, 동일 등장인물이나 동일 이야기도 취급하고 있으며, 기본적으로도 이들의 정신 상태를 나타내는 자세를 표현하기 위해 동일 용어까지도 채택했다는 것이었습니다. 이것은 쿠샨 왕조시대 이후 인도 북부의 불교 비문에 기록되어 있는 것을 관찰해도 마찬가지입니다. 『근본설일체유부율』에서 볼 수 있는 여러 가지 활동이나 기본적 사고방식이나 특수용어가 쿠샨 왕조시대의 인도 북부지역의 비문에도 대부분 등장하고 있습니다. 여기서도 마찬가지로 다양한 활동이 기록되어 있는 비문은, 이런 활동이 서술된 텍스트보다 더 정확하게 시대를 고정해 주는 견고한

닻이 됩니다.

「안거사安居事」에는 우안거雨安居 중에 비구가 외출할 수 있는 최대 7일까지, 비구가 의무나 업무를 수행하기 위해 사원에서 인정한 외출을 한 경우가 1회 이상 기록되어 있습니다. 이 비구의 의무는 다른 비구·비구니, 신참자, 우바새·우바이에 대한 것입니다. 이런 의무 중 하나는 다음과 같습니다.

> 우바새가 사원에 여래의 사리탑을 세우거나 탑에 깃대를 세우거나 산개傘蓋·치幟·깃발을 세울 때, 백단白檀 반죽이나 사프란(Saffron) 가루를 바를 때, 우바새는 "오셔서 제 법에 도움이 되어주십시오"라며 비구에게 사람을 보낸다. 비구는 7일의 허가를 받아 우바새와의 의무를 다하기 위해 외출해야만 한다. 이것이 우바새에게 갖게 되는 의무이다.

텍스트는 계속해서 비구가 우바이에게도 똑같은 의무를 갖는다고 서술하고 있습니다. 물론 텍스트의 연대를 정확하게 확정할 수는 없습니다. 그러나 바하왈푸르(Bahāwalpur) 부근에서 출토된 카로슈티(Kharoṣṭhī) 비문을 근거로, 이러한 의무를 완수한 하나의 예에서 연월일을 확정할 수 있습니다.

> 신들의 아들이며 왕 중의 왕인 대왕 카니슈카 11년, 다이시오스(Daisios)월 18일에 다르마뜨라따(Dharmatrāta) 아사리(阿闍梨, ācārya)의 제자, 바바(Bhava) 아사리의 손제자孫弟子, 설법사 나가

닷따(Nāgadatta) 비구가 여기 다마(Dama)에 깃대를 세웠다. 사원의 소유자인 우바이 바라난디(Barānandi)와 기혼녀旣婚女와 그녀의 어머니인 바라자야(Barajayā)는 깃대와 울타리를 기부했다. 이것이 일체중생의 이익과 안양安養에 도움이 되기를.

일반적으로 '수이비하라(Suivihāra) 적동판 비문'이라고도 불리는 카로슈티 비문에는, 지방의 유력한 가문 출신의 학승이 불탑佛塔을 관리하는 사원을 소유한 재가의 여성이 주최하는 불탑의 '깃대꽂이'에 참석했거나, 이것을 거행하기 위해 초청받은 내용이 분명하게 새겨져 있습니다. 이 비문은 북서부 지역의 비구가 서기 89년의 다이시오스(Daisios)월 18일에 『근본설일체유부율』에서 '비구가 해야 할 의무'로 설하고 있는 것을 정말로 실천했음을 증명해 주고 있습니다. 비구 나가닷따(Nāgadatta)는 설법사(dharmakathi)인데, 일반적으로 이 율장에서는 학승으로 불리고 있는 칭호입니다. 이 칭호는 「율분별」, 「출가사」, 「약사」, 「와구사」에서도 볼 수 있습니다. 텍스트와 비문을 연결해 주는 언어학적 증거는 또 있습니다. 비문의 언어가 '범어의 영향'을 명확하게 받은 증거도 볼 수 있습니다. 사실 코노(S. Konow)는 이것을 '범어화 된 기록'이라고 부르며, '이 언어는 범어화 된 방언이다'라고 말합니다. 물론 카로슈티 비문과 『근본설일체유부율』이 같은 종류의 일을 말하며, 같은 용어를 사용한 예는 수이비하라(Suivihāra) 적동판 비문에만 국한되지 않습니다. 「파승사」에도 다음과 같은 언급이 있습니다.

> 세존께서 말씀하셨다. 샤리뿌뜨라와 마우드갈야야나(Maudgalyā-yana)여, 이 4종류의 사람은 브라만의 공덕을 짓는다. 4종류의 사람이란 무엇인가? 〔사리탑이〕 세워진 적이 없는 곳에 여래의 사리탑을 세우는 사람, 이는 브라만의 공덕을 짓는 첫 번째 사람이다. 그는 1깔빠(Kalpa)의 천계를 향수享受한다.

기존에 사원이 지어진 적이 없는 곳에 사원을 건축하는 사람, 분열된 승가를 통합하는 사람, 사방을 자애의 마음으로 가득 채우는 사람에 대해서도 이처럼 서술하고 있습니다. 이렇게 열거한 순서에도 흥미가 있을 수 있지만 가장 주의를 기울여야 할 것은, 두 가지 특이한 표현이겠지요. '브라만의 공덕을 짓는다'와 '〔사리탑이〕 세워진 적이 없는 곳에 세운다'라는 두 성구成句는 어디에나 있는 것이 아닙니다. 이런 것에도 불구하고, 두 성구를 『근본설일체유부율』과 인도 북서부 지역에서 출토되어 현존하는 카로슈티 비문 집성集成에서 볼 수 있습니다. 적어도 다섯 개의 비문에 하나 아니면 둘 모두가 각각 새겨져 있습니다. 인드라바르만 케스켓(Indravarman Casket) 비문에는 두 가지 성구가 있습니다. 이것은 부분적으로 "경사스러운 때 왕자 인드라바르만이, 왕자 샤꺄무니의 〔탑〕을 깊숙하고 안전한 이전에는 세워진 적이 없는 곳에 세운다. 그는 브라만의 공덕을 짓는다"라고 읽을 수 있습니다. 또 다른 곳에서는 단지 "우따라(Utara)가 이 불탑을 전에는 세워보지 못한 곳에 세운다", "뚜라샤까(Turashaka)가 이 불탑을 전에는 세워보지 못한 곳에 세운다"라고만 새겨져 있습니다. 이 비문들은 아주 확실하게 현재, 1세기라고 자리매김할 수 있습니다. 따라서 『근본설일체유부율』에서 칭송하고 있는 어떤 특정 활동이, 쿠샨 왕조시대 이전의 인도 북서부 지역에서 출토된 비문에 새겨져 기록되어 있음을 알 수 있습니다. 게다가 비문의 기록과 이 율장은 동일 언어를 사용하고 있습니다. 이 둘은 시대도, 장소도 서로 별 차이가 나지 않습니다.

② 동료 비구의 건강을 기원하는 비문

율장과 비문의 연결이 쿠샨 왕조시대에는 특별히 강고했지만, 이런 관련성이 이 시대만으로 국한되는 것은 아닙니다. 때로는 더 빠른 시기로까지 인정될 수도 있습니다. 또한, 간다라에만 국한되는 것도 아닙니다. 미술사 자료로 말할 수 있지만, 간다라와 마투라 비문과도 관련 있는데, 이 결과 간다라 비문과 마투라 비문과 『근본설일체유부율』에 같은 내용이 서술된 예가 있습니다. 마마네데헤리(Mamāṇe-dherī) 비문에는 다음과 같이 새겨진 것이 있습니다.

> 85년 마르가시라스(Margasiras)월의 제5〔일〕. 그때 마침 위법爲法의 기부는 비구 다르마쁘리야(Dharmapriya)가 기증한 것이다. 그의 스승 붓다쁘리야(Buddhapriya)의 공양을 위해, 형제 제자들이 건강하기를.

샤흐리나뿌르산(Shahrināpursān)에서 출토된 제2의 조각상 비문에는 간결하게 새겨진 것이 있습니다.

> 사문 상가미뜨라(Sanghamitra)의 기부. …… 붓다바르마(Buddha-

varma)가 건강하기를.

간다라의 두 비문은 분명히 쿠샨 왕조시대의 것입니다. 여기에는 구체적인 상황은 아니지만, 동료 비구가 건강하기를 기원하며 기부하는, 한 비구의 덕행이 새겨져 있다는 공통점이 있습니다. 이 칭호가 분명하지는 않아도 붓다바르마(Buddhavarma)가 비구인 것은 그의 이름에서 확실하게 알 수 있습니다. 이것과 아주 비슷한 기록이 마투라에서도 발견되고 있습니다. 모두 쿠샨 왕조시대의 것으로 두 개 정도를 들면 충분하겠지요.

마투라 사마르뿌르(Samarpur) 토루土壘에서 출토된 돌기둥(石柱)의 기단基壇에는 보존 상태가 좋지는 않지만, 비구가 기부해서 돌기둥을 만들었다고 새긴 기록이 있습니다. 기부의 목적은 두 가지로 이루어져 있습니다. 하나는 뒤에서 설명하겠습니다. 다른 하나는 "〔나와〕 함께 지내는 제자 다르마데바(Dharmadeva)가 건강하기를"이라고 새겨져 있습니다. 여기에는 한 비구가 그의 제자인데, 불교법에서 인정하는 관계로 분명하게 '건강하기를' 바라는 기원이 필요한, 다른 비구를 위해 기부한 것이 비문에서 일부가 새겨져 있습니다. 그는 아마 중병에 걸린 것 같습니다. 같은 장소에서 출토된 비슷한 돌기둥 기단에도 다음과 같은 내용이 있습니다.

이 돌기둥은 염리자(厭離者, prāhāṇika) 비구 슈르야(Shurya)와 붓다락시따(Buddharakshita)가 기부한 것이다. 종교적 기부 물품의 희사喜捨로 기부하여 모든 염리자 비구들이 건강하기를.

이렇게 간다라와 마투라의 기록은 분명히 비구들이 건강하기를 기원하는, 아마도 중병에 걸렸을 것으로 생각되는 다른 비구를 위해 종교적으로 행한 행위에 대해 말하고 있습니다. 이것들도 역시 이런 점에서 분명하게, 쿠샨 왕조시대 인도 북부의 비구들이 『근본설일체유부율』에서 높이 평가하고 있었던 활동을 정말로 실천하고 있었음을 보여주는 기록입니다. 이런 것이 얼마나 높은 평가를 받았는지는 「의사」에 가장 명료하게 서술되어 있습니다.

그 무렵 한 비구가 병에 걸려 중병으로 괴로워하고 있었다. 그는 세상에 잘 알려지지 않았고(alpajñata) 약도 갖고 있지 않았다. 병세病勢를 잘 알고 있던 그는 간호해 주는 비구에게 "저는 더는 손을 쓸 길이 없습니다. 저를 위해 공양해 주십시오"라고 말했다. 간호하던 비구가 약속했는데, 질병에 걸린 비구는 죽어서 지옥에 태어났다. 그래서 세존은 "비구들이여, 사망한 비구는 간호하던 비구에게 어떻게 말했는가?"라고 물었다. 그들은 있던 그대로의 상황을 말씀드렸다. "비구들이여, 사망한 비구는 지옥으로 떨어졌다. 만약 그의 동료 비구들이 삼보에 공양한다면 그는 기뻐할 것이다. 그러므로 비구는 아픈 동료 비구를 소홀히 해서는 안 된다."

텍스트는 계속해서 병에 걸린 비구가 세상에 잘 알려지지도 않았고, 가난해서 자기 스스로 삼보에 공양을 올릴 수 있는 자금도 조달할 수 없었기에, 어떻게 하면 자금을 마련할 수 있는지를 여러 방법으로 설명하고 있습니다. 이쯤 되면 이런 종류의 활동이 중요시되었다는 느낌을 받게 되는데, 이런 경우에는 기부할 사람을 찾거나 승가의 재산이 사용되기도 했습니다. 이런 경우를 제외하면 어떤 한 비구를 위해 승가의 재산이 사용되는 것은 엄격히 금지되어 있습니다. 만약 두 가지 다 여의치 않으면 붓다를 위한 영구기부금(buddhākṣayanīvi-santaka)을 사용하거나 더 극단적인 경우는 여래의 탑이나 묘廟, 여래의 향실(gandhakuṭī)에 속한 장식품을 매각하게 되는데, "이것을 매각해서 간호하던 비구는 그를 보살펴 주고 스승에게 공양해야 한다"라고 되어 있습니다. 마지막 방법은 이런 경우가 아닐 때 매각하게 되면 매우 중요한 승가의 규칙을 포기한 것이므로, 일종의 모독이기도 합니다. 이것은 중병에 걸린 동료 비구를 위한 종교적인 행위를 얼마나 중요한 일로 여겼는지를 명료하게 보여주고 있는 것입니다. 오직 이것만이 어길 수 없는 규칙을 어겼어도 이 위반을 정당화해 줄 수 있는 것입니다. 그런데 이 텍스트의 결말로 보아 병에 걸린 비구는 회복될 것이 확실히 예견되었기 때문에, 이 공양을 '마지막 의식'의 일종으로는 생각하지 않았던 것이 확실합니다. 이 이야기의 결말에는 "병을 회복한 비구에게는 다음과 같이 말해야 한다. '붓다에게 속한 것이 당신을 위해 사용되었습니다.' 만약 이 비구에게 어떤 방법이 있다면 그는 모든 노력을 다해서 이것을 행사하고 갚아야 한다. 만약 이 비구에게 방법이 없다면 그를 위해 사용된 것에 대해서는 다음과 같이 말해야 한다. '아버지에게 속해 있는 것은 아들을 위해서이기도 하다(arhati putraḥ paitṛkasya).' 이렇게 하면 후회의 원인이 되는 것은 없어진다"라는 설명도 하고 있습니다. 따라서 비구들이 다른 비구들을 위해 하는 공양은 결과에 따라 마지막 의식이었거나 치료 의식의 기능이 있었다고 생각합니다. 어느 쪽의 경우든 병에 걸린 비구를 위해 하게 되는 비구들의 활동을 이 율장에서는 매우 높이 평가했던 것이 분명합니다. 여기서도 우리는 쿠샨 왕조시대 인도 북부의 사원에서 현실적으로 행했던 활동이, 비문에 분명히 묘사되어 새겨진 기록 사항이 『근본설일체유부율』에도 명확히 묘사된 것을 볼 수 있습니다. 지금 거론하고 있는 두 자료도 역시 같은 종류의 이야기를 하고 있습니다. 여기서는 비문과 율이 적어도 두 용어를 공유하고 있습니다.

앞에서 말한 마투라에서 출토된 제2의 비문에서는, 기부 물품에 대해서 deyadharmaparityāga〔종교적 기부물의 희사喜捨〕라는 말의 한 변형인 deryadharmmaparītyāga를 사용하고 있습니다. 이 기묘한 말은 마투라에서 출토된 다른 많은 비문에서도 볼 수 있지만, 『근본설일체유부율』에서도 붓다에게 직접 기부하는 문맥에서도 볼 수 있습니다. 「약사」에는 의사인 지바까(Jivaka)가 붓다의 다리에 난 상처를 치료하기 위해 매우 희귀한 고쉬르샤(gośīrṣa) 향유를 제조한 후, 한 상인을 통해 붓다에게 보냈습니다. 그때 붓다는 "아난다야, 이 상인은 이런 선근善根으로 인해, 이 신앙에서 생겨난 것으로 인해, 이 종교적 기부의 희사로 인해 짠다나(Candana)라는 독각獨覺이 될 것이다"라고 말합니다. 다음 페이지에서도 같은 목적을 위해 자신의 가슴을 내보인 젊은 부인에 대해서도 같은 것을 말하고 있습니다. "이런 선근善根으로 인해, 이 신앙에서 생겨난 것으로 인해, 이 종교적 기부의 희사로 인해, ~라는 독각獨覺이 될 것이다"라는 이 표현이 『아바다나샤따까』에도 반복되고 있는 것을 볼 수 있습니다.

③ 쁘라하니까(prāhāṇika)라는 비구의 관칭冠稱

더 특이한 것은, 같은 비문에서 볼 수 있는 두 명의 기부자인 비구와 수혜자들에게 붙여진 칭호입니다. 여기서 기부자인 비구들은 스스로 '염리자厭離者 비구(prāhāṇika)'라고 부르거나 불리고 있습니다. 이 비문에 새겨진 기부의 목적은 '모든 염리자 비구들이 건강하기를' 바라는 것이었습니다. 뤼더스(H. Lüders, 1961)는 쁘라하니까(prāhāṇika)를 '정려靜慮의 실천자'라고 번역했습니다.[72] 에저튼(F. Edgerton)은 『근본설일체유부율』에서 이 단어가 사용된 예로, 두 가지를 인용하며 고행하는 사람이라고 번역했습니다. 두 사람은 쁘라하니까를 어떤 특정 종류의 비구에 대한 호칭으로 보았고, 일반적으로 인정받고 있던 호칭은 아닌 것으로 보았습니다. 그러나 『근본설일체유부율』에서는 이런 비구에 대해 다소 비판적이거나 주저하는 경향으로 종종 언급하고 있습니다. 에저튼(F. Edgerton)이 인용한 글에는, 자기의 명상이 방해받자 독송하는 비구들을 비난하면서 "까샤빠(Kasyapa)의 비구들은 개구리 집단처럼 밤새도록 가-가- 울어 댄다"라고 말했기에 오백 생애를 개구리로 태어나는 쁘라하니까 비구가 있습니다. 「잡사」에는 명상의 자세로 들어갔는데, 남근이 계속 활동해서 두 개의 돌로 이것을 꺾어버린 쁘라하니까 비구 이야기가 있습니다. 붓다 자신은 이렇게 화가 난 비구를 약간은 나무라면서 "미혹된 남자가 꺾어야 할 것은 하나인데, 너는 다른 것을 꺾고 말았다"라고 말합니다. 「잡사」

---

72 H. Lüders, "Mathurā Inscriptions", *Abhandlungen der Akademie der Wissenschaften in Göttingen, Philologische-Historische Klasse* III. 47 (Göttingen, 1961), pp.82~83.

에는 명상하려고 숲속에 들어갔는데, 관능적인 여신이 그를 유혹하고 구애하는 것을 물리쳐서 사건에 휘말리는 또 다른 쁘라하니까 비구에 대한 설명도 있습니다. 이 일로 붓다는 비구들이 숲속에서 지내는 것을 금하게 됩니다. 『근본설일체유부율』에는 쁘라하니까 비구들이 단순히 이와 같은 성적인 실수를 범하기 쉬운 비구일 뿐 아니라, 승가제도에서도 젊은 비구들을 훈련하지 않는 무책임한 비구로 묘사되어 있습니다.

이들은 자주 등장하는데, 그다지 좋은 인상을 주지는 못하고 있습니다. 그러나 지금 당면한 문제에서 중요한 것은, 쁘라하니까 비구들이 『근본설일체유부율』에서는 일반적으로 널리 알려져 인정받은 비구의 한 범주로 구성되어 있다는 것입니다. 이와 같은 범주의 비구는 마투라 비문에 까지도 알려져 인정받고 있습니다. 이것은 『근본설일체유부율』과 쿠샨 왕조시대 인도 북부의 비문이라는 두 자료군이 사원에서 동종의 관심사나 활동이 존재했다는 것을 보여주고 있는 것일 뿐 아니라, 동종의 비구 집단이거나 범주가 존재했다는 것도, 보여주고 있는 것입니다. 이와 같은 것이 또 하나의 예로 인정된 것이 있습니다.

④ trope(修辭語句, 典禮文中의 語句)

『근본설일체유부율』과 이와 관련된 승가의 문헌에는 강력한 수사 어구(trope)도 등장하고 있습니다. 한눈에도 이런 배치가 이상하다는 것을 알 수 있는 수사 어구(trope)입니다. 이 텍스트에는 출가했기 때문에 가계家系를 이을 수 없는 독신남인 비구에 대한 설명이 있습니다. 이 수사 어구는 아들에 대한 아버지의 기대를 담고 있습니다.

아이가 태어났다는 것을 전해 들은 아버지의 반응을 텍스트는 다음과 같이 설명하고 있습니다.

> 그는 매우 환희(āttamana)하며 감흥(udāna)의 소리를 냈다. 이렇게 오래 기다리며 바라던 아들의 얼굴을 빨리 볼 수 있기를. 잘못되지 않은 좋은 아이를 내려주시기를. 의무를 다해 줄 수 있기를. 은혜를 받으면 그것에 보답해 줄 수 있기를. 대代가 계속 이어지기를. 우리 집안이 오래 유지되기를. 그리고 우리가 죽으면 그가 다소多少 여하를 무릅쓰고서라도 기부하여 복덕을 쌓고, "부모님이 다시 태어날 때 어디로 가든 이것이 그들의 앞에 이르기를"이라고 축원하며, 우리의 이름으로 보시할 것이다(dakṣiṇām ādekṣyate).

불교 경전에 익숙한 사람이라면 여기서 주목할 만한 수사 어구(trope)의 몇 가지 용어에 강하게 공감할 것입니다. 아버지의 기쁨이, 붓다의 설법 끝에 청중이 기뻐하는 것을 표현하기 위해 자주 사용되는 '환희(āttamana)'로 표현된 것입니다. 여기서 아버지는 경전에서 종교적인 일이 달성된 기쁨과 깊이 관련되어 기쁨을 표현하는 '감흥(udāna)'의 소리도 내고 있습니다. udāna는 보통 경전에서 종교적으로 중요한 의미가 있는 경우에만 사용되는 것입니다. 이런 암시는 좀처럼 사람들을 외면하지도 않으면서, 아버지의 기대에도 무게를 실어주게 되었을 것입니다.

아버지가 기대하고 있는 말에는 동사의 법(mood)과 시제(tense)가 변한 것이 있습니다. 그는 아들의 얼굴을 보기를 기대하고, 아들이

해야 할 의무를 다해 주기를 기대하고, 집안이 오래 유지되기를 기대하고 있습니다. 이것은 모두 원망법(optative: ~이기를)의 동사로 표현되어 있습니다. 그러나 마지막 문장에서는 시제가 바뀌고 있습니다. 원망법이 아니라 미래형입니다. '우리가 사망했을 때, 우리에게 복덕을 베풀어 주길'이 아니라, '그는 복덕을 보시할 것이다'로 되어 있습니다. 이 마지막 부분은 더 이상의 희망이나 기대가 아니고 미래에 대한 단정입니다. 미래에 대한 단정으로 표현된 아버지의 언명言明 중 일부로, 돌아가신 부모님을 위해 기부하고 복덕을 쌓는 것이 비구가 된 아들이 확실하게 할 수 있는 일이라고 여기는 것은 단순한 우연의 일치가 아닙니다.

이 수사 어구가 명확하게 비구들을 향해 있는 것이 아님도 분명하고, 승가의 규칙과도 정식으로 관련되어 있지도 않은 것 같습니다. 그렇지만 사원 문헌에서는 반복적으로 등장하고 있습니다. 이것은 저명한 비구의 아버지들 입에서 종종 말해지고 있습니다. 마우드갈야야나라는 비구가 될 아기가 태어날 때 그의 아버지는 "그가 기부하고 복덕을 쌓을 때, 그는 사망한 우리를 위해 우리의 이름으로 공양할 것이다"라는 식으로 아들에 대해 언명言明하고 있습니다. 꼬띠까르나(Kotīkarna)라는 비구가 될 아이가 태어날 때도 그의 아버지는 같은 말을 하고 있습니다. 이런 희망과 기대와 미래에 대한 확신이, 불교 비구의 아버지들이 품은 희망과 기대와 확신이 이야기풍으로 서술되어 있기에 이 글을 읽는 비구들은 이것을 반복해 떠올리게 되었을 것입니다. 아마도 이런 행동을 정식 규칙으로 제정할 필요까지는 없었을 것입니다. 쿠샨 왕조시대 인도 북부의 비구들이 『근본설일체유부율』의 수사 어구를 알고 있었다면, 그들은 수사 어구로, 그들이 실천하기를 기대받고 있던 것을 그대로 실천했다는 것을 보여주는 예를 들기는 그리 어렵지 않습니다. 두 가지 정도 들어 보겠습니다.

하나는 후스만(G. Fussman)이 1세기 말의 것으로 보는 카로슈티(Kharoṣṭhī) 비문입니다. 이것은 기부基部의 부조 받침대(台座)에서 볼 수 있습니다.

> 5년, 빠르구나(parguna)월의 제5일. 삼장三藏에 통달한 붓다난다(Buddhananda)의 기부. 이것이 돌아가신 어머니와 아버지를 위한 공양이 되기를.

다음은 마투라에서 출토된 것입니다. 이것은 동료 비구가 건강하기를 염원하는 비구가 종교적으로 기부한 것인데, 이 일부는 앞에서 이미 살펴보았습니다. 여기서는 이 기록의 두 번째 목적으로 기록되어 있는 것을 살펴보겠습니다.

> 비구 B …… mitra의 기부. 보주바시까(Vojuvashika). 이것이 돌아가신([abhyat]itakalaga[tā]naṃ) 어머니와 아버지를 위한 공양이 되기를.

두 비문에서도 한 비구는 종교적 기부 행위를 하고 있습니다. 어떤 경우든 이들은 돌아가신 부모님을 위한 예배 행위로 기부하는 것이라고 명료하게 언명言明하고 있습니다. 두 기록은 『근본설일체유부율』의 수사 어구로, 아버지의 기대에 부응하는 아들, 좋은 아들이 해야 할 일이라고 설해지던 것을 쿠샨 왕조시대 인도 북부의 비구들이 실제로 실천하고 있었음을 보여주고 있습니다. 여기서도 율장과 비문은 그저 행위만 같은 것을 언급한 것이 아니라 용어까지도 같은 것을 사용했습니다.

마투라 비문에 대해서 뤼더스는 이미 "abhyatītakālagata(사망한)는 불전 용어에서 채택한 것이다"라며, '장부(ii 200ff)', '중부(i 464ff)', '상응부(iv 398ff)', 『테라가타』 242게偈를 인용하고 있습니다. 그러나 이것이 타당하다고는 말할 수 없습니다. 여기서 '사망한'은 abbhatītakālagata와 같이 합성어가 될 수 없는데, 이것과 비슷한 abbhatītā kālakatā라고 되어 있기 때문입니다. 또한, kāla-gata는 항상 kāla-kata라고 되어 있습니다. 그리고 실제로 모든 경우에 이 두 단어로 이루어진 팔리어 형용사는 지금 설명하고 있는 비문의 기록과는 거의, 전혀 공통점이 없는 문맥에서 볼 수 있습니다. 이 팔리어는 하나를 제외하고는 모든 경우가, 돌아가신 한 분(부모님이 아닙니다)이, 붓다가 청중에게 어디에서 혹은 어떤 상태로 다시 태어날 수 있는지에 대해 말해줄 수 있는 이유를 설명하는 문맥에서 볼 수 있습니다. 이것은 종교적 의식이므로 이익을 얻을 수 있는 사람과는 관계가 전혀 없습니다.

『근본설일체유부율』의 수사 어구와 비슷한 것을 팔리어 자료에서도 매우 드물게 볼 수 있습니다. 첫 번째는, 재가자의 아들이 부모를 모시는 다섯 가지의 방법을 설명하는 경우(장부 iii 189)이며, 두 번째는, 부모가 자식에게 바라는 다섯 가지를 설명하는 경우(증지부 iii 43)입니다. 두 가지 말투는 모두, 우리가 지금 가장 관심을 기울이는 장면을 제외하면, 『근본설일체유부율』의 범어 수사 어구와 아주 비슷합니다. '증지부'에서는 양친兩親이 생각하고 있는 것을 다음과 같이 설명하고 있습니다.

> 보살펴 주었으니 그는 우리를 반드시 돌보아 줄 것이다. 우리를 위해 해야 할 일은 반드시 해줄 것이다. 우리 집안은 오래도록 계속될 것이다. 그는 계속해 나갈 수 있을 것이다.

언뜻 보기만 해도 여기까지는 절節의 순서를 다르게 한다면, 팔리어 문장과 범어 문장이 어휘적으로도 아주 잘 일치하고 있습니다. 그러나 우리가 지금 가장 관심을 기울이는 마지막 절이, 팔리어판版에는 근본설일체부율과 마투라 비문에서는 볼 수 없는 생각으로 언급된 요소가 들어 있습니다. 팔리어판에는 peta(亡靈·祖靈·父親·餓鬼)라는 새로운 단어를 사용하고 있는데, 이것을 어떻게 번역해야 할까 하는 것으로, 아마도 "아들은 돌아가신 부친들에게 공양할 것이다"로 번역할 수 있습니다. 마투라 비문에서는 '돌아가신(abhyatītakālagata)' 부모라고 되어 있지만, 팔리어 문장에서는 '돌아가신 부친들(망령·아귀)(petānaṃ kālakatānaṃ)'이라고 되어 있습니다. 지금 살펴보고 있는 비문에서 중요한 요소는 '불전 용어를 채택하고 있다'라는 것입니다. 이러면, 팔리어 문장이 마투라 비문의 표현으로부터 온 것이라고 말할 수 없습니다. 팔리어 텍스트는 상당히 다른 관념적 세계를 실제로 도입하려 한 것 같습니다.

팔리어 텍스트와 마투라 출토 비문이 동일 언어를 공유하고 있지 않다면, 이것도 놀라운 일은 아닙니다. 쿠샨 왕조시대 인도 북부에서 팔리어 자료가 알려져 있었다거나 사용되었다는 것을 보여주는 증거가 거의 없기 때문입니다. 앞에서 살펴본 것처럼 우리 수중에 있는 증거들은 오히려 근본설일체유부의 문헌 자료가 존재했었다는 것을 가르쳐 주고 있습니다. 여기서도 예외는 아닙니다. 마투라 비문에 보이는 abhyatītakālagata(사망한) 합성어가, 근본설일체유부의 문헌 자료에 강하게 뿌리 박혀 널리 쓰인 단어라는 것을 보여주는 증거는 얼마든지 있습니다. 이 합성어는 『근본설일체유부율』의 「약사」, 「피혁사」, 「출가사」의 수사 어구에서도, 『디뱌바다나』, 『아바다나샤따까』에서도 빈번하게 등장하고 있습니다. 게다가 근본설일체유부의 사원 자료에서는 이 합성어를 마투라 비문과 마찬가지로, 돌아가신 부모님에게 공양하는 것을 아들이 말하는 상투구常套句에서 사용하고 있습니다. 이처럼 용어도 문맥도 공통되어 있습니다. 그러나 이 합성어는 『근본설일체유부율』에서는 이와 밀접하게 관련 있는 다른 문맥에서도 쓰이고 있습니다.

⑤'삼장을 이해하는 자'라는 관칭冠稱

사망한 기부자를 위해 게송을 외우고, 공양하는 것(dakṣiṇā ādiś)이 근본설일체유부의 사원에서는 일상적인 행사였을 것으로 생각됩니다. '사망했다'라는 의미를 나타내기 위해 마투라에서 출토된 기록에는, "세존은 사망한 기부자의 이름으로 공양이 이루어져야 한다고 했다(uktaṃ bhagavatā: abhyatītakālagatānāṃ dānapatīnām nāmnā dakṣiṇā ādeṣṭavyā iti)"라고 되어 있습니다. 여기서도 역시 abhyatītakālagata의 합성어가 사용되고 있습니다. 이 합성어가 사망한 사람을 위해 영위하는 종교적인 활동과 관련되어 쓰인 것입니다.

그러나 돌아가신 부모의 공양을 위해 종교적 활동을 하던 비구의 첫 번째 예로 인용한 카로슈티 비문은, 부모를 언급할 때 이 합성어를 사용하지 않고 있습니다. 대신 이와 유사한 adhvadita(Skt: adva-atīta)를 사용하고 있습니다. 후스만(G. Fussman, 1974)은 이 단어를 "불교에 전형적典型的이다"[73]라면서, 카로슈티 비문은 『근본설일체유부율』과 abhyatītakālagata라는 합성어를 공유하지는 않았지만, '삼장을 이해하다(trepidaka)'라는 단어는 공유했다고 말합니다. 이것은 다른 불교 비문에도 나오는 칭호이지만, 쿠샨 왕조시대의 인도 북부지역에서는 특유한 단어입니다. 이것은 제5년의 카로슈티(Kharoṣṭhī) 비문 이외에, 카우샴비(Kaushambi), 사르나트(Sarnath), 쉬라바스티(Śrāvastī), 마투라(Mathura) 출토의 제2~33년에 걸친 6개 이상의 비문 중에, 바라(Bara)와 붓다미트라(Buddhamithra)에게 붙여진 칭호로 등장하고 있습니다. 이런 기록이 새겨진 조각상은 여러 지방에 세워져 있었는데, 마투라에서 생산된 돌로 만들어졌습니다. 비구 바라는 비구 붓다난다와 마찬가지로 '삼장을 이해하는' 비구이며, 역시 붓다난다와 마찬가지로 돌아가신 것이 거의 확실하다고 생각되는 부모님을 위해 종교적으로 기부하고 있습니다. 사르나트 비문을 보면 그의 기부에 개인과 단체의 이름이 새겨져 있는데, 가장 먼저 거론된 것은 부모님의 이름입니다. 그는 먼저 불상과 산개傘蓋를, '부모님과 함께(sahā māt〔ā〕pitihi)'

---

73 G. Fussman, "Documents épigraphiques kouchans", *Bulletin de l'école française d'extrême-orient* 61 (1974), p.55.

건립하겠다고 합니다. sahā māt〔ā〕pitihi라는 이 표현에는 상당히 많은 의미가 내포되어 있습니다.

여기에는 한 기부자가 다른 사람과 같이 기부함으로써, 이 공덕을 그 사람과 나누게 됨을 기부자에게 허락받기 위해, 비문에 이 표현이 사용된 것을 다른 곳에서 볼 수 있습니다. 이때 기부의 결과로 생기는 공덕을, 지목된 수혜자를 위한 것이라고 명백하게 밝히지 않는 대신, 기부자가 수혜자와 함께 이 행위를 하는 형식을 취하여 이 행위를 수혜자와 나누거나 이 행위를 그들에게 돌려준 것입니다. 이런 암시는 사람들에게 먹혀들었을 뿐만 아니라, 더욱 강화된 것이라고 후스만(G. Fussman)은 말하고 있습니다. 아들이 어엿한 성인이 되어 부모의 이름으로 또는 부모를 위해 재산을 공양했다고 새겨 놓은 인도의 비문에서, 이 'sahā 운운'이라고 새겨진 문장에는 큰 문제가 하나 있습니다.

인도의 법전에서는, 『근본설일체유부율』에서조차도 이런 기부나 공양은 부모가 사망했을 때만 유효한 것으로 여겨지고 있습니다. 『나라다스므리띠(*Nāradasmṛti*)』에서는 "8세까지의 아이는 태아와 마찬가지로 간주하고, 16세까지는 청년으로 간주하고, 이후로는 부모가 사망했을 때만 그가 상업적인 일을 할 수 있도록 허용하여 독립된 사람으로 간주한다. 부모가 생존해 있을 시, 아들은 몇 살이 되어도 어른이 아니다"라고 말합니다. 그리고 이 텍스트에서는 몇 문장 뒤에 "미성년자이거나 어른이 아닌 사람에 의해 이루어진 것은 어떤 것도 가치가 없다"라는 설명도 하고 있습니다. 그러나 근본설일체유부의 사원 문헌에서는 성년의 원칙에 대한 명확한 언급을 불교 비문에서보다 더 적절하게 직접 보여주고 있습니다. 「와구사」에는 살아 있는 아버지와 함께 기부하는 문제를 일으킨 아나타삔다다의 청년 시절과 관련된 문장에서, “아버지가 살아 있는 한, 아들은 신분이 확립된 것이 아니라는 규칙이 정해져 있다”라고 나와 있습니다. 아들이 독립해서 활동하고 있는 다른 문맥에서는 “아버지가 살아 있는 한, 아들의 이름은 독립적인 것으로 구별되지 않는다. 이것이 세상의 결정이다(Divy 274.7)”라고 나와 있습니다. 후자의 경우, 아들은 그의 아버지가 사망하고 그가 자신의 집에 몸을 정하고 나서야 간신히 승가에 사원을 기부할 수 있었습니다. 따라서 앞의 비구 바라가 그의 부모와 같이 기부하기 위해서는, 그가 독립된 어른이며 그의 부모가 사망했을 것이 거의 확실하다고 생각합니다. 인도 북부의 쿠샨 왕조시대 비문에는 불교의 비구들이 돌아가신 부모님을 위해 종교적 활동을 한 것으로 보이는 확실한 사례가 두 가지 있습니다. 이렇게 추측할 수 있는 것은 매우 많습니다. 근본설일체유부의 사원 문헌에는 선량한 아들에게 기대하는 바에 대해, 해야 할 일이라고 반복해서 언급한 관용구가 있습니다. 우바이에 대한 비구의 노력이나 브라만의 공덕이나 아직 개척되지 않은 지역에서 종교적 기반을 마련하는 일이나 아픈 동료 비구를 위해 종교적 활동을 하는 일에서도 그랬지만, 지금 살펴보고 있는 이 문제에 대해서도 근본설일체유부의 자료와 쿠샨 왕조시대 인도 북부의 비문 자료에서는, 지리적으로든 연대적으로든 동일 세계를 서로 병행해서 표현하고 있었던 것입니다. 앞에서 이미 살펴본 것처럼 비구의 칭호로 사용된 ‘설법사(dharmakathi)’, ‘염리자(prāhāṇika)’, ‘삼장을 이해하는 자(tripiṭaka, tripiṭa)’에 대해서도 마찬가지라고 말할 수 있습니다.

'삼장을 이해하는 자'라고 불린 비구의 제자라고 자신을 칭한 한 비구의 기부에 대해 기록하고 있는, 칸헤리(Kanheri)에서 출토된 4~5세기의 비문을 제외하면, 이 칭호가 등장하는 것은 실질적으로 모두 쿠샨 왕조시대 인도 북부의 비문에서입니다. 이 칭호가 비문에 자주 등장하는 것도, 『근본설일체유부율』에서 특정 비구의 범주를 지시하기 위해 같은 칭호를 자주 사용하고 있는 것과도 병행 현상으로 볼 수 있습니다. 『근본설일체유부율』에서는 '삼장을 이해하는 자'를 비구의 통상적 경력 중 하나로 간주하고 있습니다. 다음에서는 「율분별」의 흥미로운 설명을 볼 수 있습니다.

> 그 비구는 젊은이가 승가에 들어오는 것을 허락하여 득도得度시킨 후, "비구에게는 명상과 독송이라는 두 가지 일이 있다. 나는 명상가(靜慮者)인데, 너는 어느 쪽을 선택하겠느냐?" "스승님, 저는 독송하기를 원합니다." "좋다. 너는 삼장을 독송해야 한다. 독송에는 많은 서적을 가진 스승이 필요하다. 이 스승은 나에게 독송을 가르쳐 줄 수 없으니, 다른 곳으로 가야 한다." 그는 이렇게 생각하고 다른 곳으로 갔다. 그는 삼장을 독송하며 잘 훈련된 자재自在한 언변을 갖춘 삼장을 이해하는 자, 법을 주창主唱하는 자가 되었다.

여기서 젊은 비구가 달성한 것을 설명하는 말은 『근본설일체유부율』에서 또 하나의 관용구로 등장하고 있습니다. 이것은 어머니를 살해하고 아버지를 살해한 후 득도得度한 것을 각각 취급하고 있는 「출가사」에서, 거의 같은 내용의 두 텍스트에 등장하는 젊은이를 그릴 때도 사용되고 있습니다. 여기서도 마찬가지인데, 문제의 젊은이는 자신의 행위에 따른 결과를 두려워한 나머지 승가로 들어오게 됩니다. "그는 엄청난 노력을 기울이며 독송에 몰두했다. 그는 읽기 시작했다. 그는 독서를 통해 삼장을 배웠다. 그는 잘 훈련되어 유창한 언변을 갖춘 삼장을 이해하는 자, 법을 주창하는 자가 되었다(tena paṭhatā trīṇi piṭakāni adhītāni / tripiṭaḥ saṃvṛtto dhārmakathiko yuktamuktapratibhāṇaḥ)"라고 텍스트에는 설명되어 있습니다. 『근본설일체유부율』에서는 '염리자' 비구와 마찬가지로 분명하게 설명하고 있지 않은데, '삼장을 이해하는' 비구에 대해서도 어떤 종류의 망설임을 드러내고 있습니다. '삼장을 이해하는' 비구들은 어떤 장면에서는 결코 긍정적이라고 말할 수 없는 모습으로 묘사되어 있습니다. 그들은 때로는 완고하지만 배우는 것에 있어서는 빈틈없는 사람들이기도 하고, 때로는 결코 모범적이라고 할 수 없는 행동도 하고 있습니다. 이런 특징을 지닌 비구로 묘사하고 있는 것은, 근본설일체유부의 자료가 관념상의 한 유형으로 이런 비구들을 단순하게 묘사하고 있는 것이 아니라, 실제로 이런 유형의 비구들이 있었다는 것을 보여주는 것이어서 그렇다고 생각합니다. 이런 비구들을 다소 얼버무리면서 비판적으로 그린 것은, 이 율장의 편찬자들이 이런 범주에 속해 있는 비구들과 실제로 교제할 수밖에 없지만, 아마도 그들의 날개를 꺾어야 하는 어떤 이유가 있었던 것을 의미하고 있는 것 같습니다. 근본설일체유부의 사원 자료가 쿠샨 왕조시대의 비문과 마찬가지로, '삼장을 이해하는 자'라는 칭호를 가진 비구니와 관련해서도 설명하고 있는 것은 매우 중요하다고 생각합니다. 이런 종교적 활동이나 동기를 가진 사원의 칭호에서, 사원의 물질문화 때문에 일어나는 현상으로 눈을 돌려보아도, 동일의 것을 공유하고 있으며 동일의 형태가 반복해서 등장하고 있는 것을 볼 수 있습니다. 이렇게 한정된 비문과 『근본설일체유부율』이 동일의 것을 공유하고 있던 사실을 우연의 일치라고 말하는 것은, 충분한 설명이 되지 않습니다.

3) 쿠샨 왕조시대 인도 북부지역의 사원유적과 일치

① 문자가 새겨진 일용품

지금까지는 그렇게 강조되어 오지 않았습니다만, 인도 북부의 불교사원 유적에서 문자가 새겨진 일용품이 대량으로 발견되었다는 것은 변함없는 사실입니다. 이렇게 문자가 새겨진 것들은 대부분 쿠샨 왕조시대의 것입니다. 코노(S. Konow)가 출판한 카로슈티 비문의 수집으로만 한정해서 목록을 작성한다 해도, 이는 상당수에 달할 것입니다. 문자가 새겨진 항아리나 도자기 파편이 탁티바히(Takhti-Bāhī, no. XXII), 팔라투데라이(PālāṭūDherai, no. LV. a, b, c), 사리바롤(SahriBahlol, no. LVI), 모헨조다로(MohenjoDaro, no. XCI), 토르데리(TorDheri, no. XCII)에서 발견되었습니다. 문자가 새겨진 국자(杓)는 탁실라(Taxila, no. XXXIII)와 베다디(Bedadi, no. XXIV)에서, 문자가 새겨진 램프도 탁실라(Taxila, no. XXXV. 1)에서 발견되었습니다. 후스만(G. Fussman)과 르베르(M. Le Berre)가 출판한, 샤이칸데리(Shaikhan-dheri)에서 출토된 문자가 새겨진 엄청난 수의 토기 파편들, 쿤두즈(Qunduz)에서 출토된 문자가 새겨진 꽃병, 핫다(Hadda)에서 출토된 문자가 새겨진 항아리, 굴다라(Guldara)에서 출토된 문자가 새겨진 엄청난 수의 파편들까지 추가해서, 페샤와르(Peshawar)에서 출토된 도자기 파편과 모헨조다로 카라테페(Karatepe)에서 출토된 브라흐미(Brāhmī) 문자가 새겨진 토기 파편들까지 추가하면 더 긴 목록이 될 것입니다만, 그래도 완전한 목록이 만들어지지 않을 것은 확실합니다. 그러나 거의 같은 시기에 속하면서 인도의 다른 불교 유적에서 출토된, 똑같은 문자가 새겨진 물건의 목록을 만들어 이것과 비교하면, 이것은 보잘것없을 것입니다. 확실하게는 살리훈둔(Salihundun)에서 출토된 토기 파편, 난두루(Nanduru)에서 출토된 항아리, 칸헤리(Kanheri)에서 출토된 토기 파편이 한 장 있기는 하지만, 다른 것은 거의 없기 때문입니다. 문자가 새겨진 일상용품의 분포가 이렇게까지 극단으로 치우쳐 있다는 것은, 물론 적어도 부분적으로는, 적절한 발굴이 역사적으로 우연히 이루어졌다거나 이들 지역에서 특히 잘 진행되었다는 사실에서도 기인할 수 있습니다. 그러나 이런 요인들을 고려하더라도 쿠샨 왕조시대 인도 북부에서의 승가나 비구는 다른 지역의 승가나 비구보다 훨씬 많았고, 사원재산에 이름을 새겨 넣거나(記銘) 표시하는 경향까지도 있었음을 엿볼 수 있습니다. 여기서도 역시 『근본설일체유부율』이 비구들에게 지시한 내용을 그들이 실행하고 있었다는 것을 볼 수 있습니다. 「율분별」에는 사원의 재산에 이름을 새겨 넣는 것과 관련한 지시나 규칙이 있었습니다.

옛날, 한 명의 재가자는 숲속 사원과 마을 사원인 두 사원을 소유하고 있었다. 마을 사원에는 침구가 많이 있었지만, 숲속 사원에는 매우 적게 있었다. 어느 날, 숲속 사원에서 축제가 열렸다. 숲속

> 사원의 비구는 마을 사원에 침구를 빌리러 갔지만, 마을 사원의 비구들이 빌려주지 않았다. "이것들을 빌려주어야 한다"라고 세존은 말했다. …… 축제가 끝났을 때, 〔숲속의〕 비구들은 '이 사원은 재가자의 소유다'라고 생각하며 이것들을 돌려주지 않았다. "이것들은 힘으로라도 만회해야 한다"라고 세존은 말했다. 비구들은 어떤 물건이 어느 쪽의 것인지 알 수 없었다. "그들에게 '이 침구는 재가자 누구의 숲속 사원의 것이다. 이것은 승가의 소유다'라고 기록해야 한다. 침구를 확실하게 구별할 수 있게 해서 사용해야 한다"라고 세존은 말했다.

구나쁘라바는 '이것은 누가 기부한 것이다. 이것은 이런 이름을 가진 사원의 소유다'라는 의미로 해석하고 있습니다. 인도 북부의 유적에서 발견된 것 중 가장 좋은 예는 토르데리(Tordheri)의 기명記名 파편입니다.

② 수리실水利室

50개가 넘는 물 항아리 기명記銘 파편이 토르데리에서 발견되었습니다. 여기에는 브라흐미 문자와 카로슈티 문자가 새겨진 비문이 하나, 혹은 이것이 변형된 일부가 새겨져 있는데, 기록을 보면 '쁘라빠(prapa)라고 불리는 곳의 것'이라고 되어 있습니다. 코노(S. Konow)는 "쁘라빠는 분명히 범어 prapa로, 물을 공급하는 곳이었거나 넓은 공간이었을 것이다. 따라서 이런 파편은 물을 담았던 병이었거나 물을 마시던 컵이었을 것이다"라고 말하고 있습니다. 비문의 기본적인 부분은 다음과 같이 읽을 수 있습니다.

> 이 물을 사용하기 위한(水利) 방은 사원의 소유자 요라미라(Yoramīra)〔마을〕의 샤히(Shāhi)가 자신의 요라미라 〔마을〕 샤히 사원의 설일체유부 승가의 스승들을 수납자로 〔행한〕 사방 승가에 대한 종교적 기부이다.

이를 보면, 쁘라빠(prapa)는 방과 비품을 포함하고 있었던 것이 틀림없으며, 물 항아리와 물잔을 반드시 준비해 놓고 물을 마시던 시설이었고, 이 의미를 기본적으로 염두에 둔다면, 이 비문은 기부에 대한 기록이며 이 시설의 비품들을 표시해 놓은 물품목록이 되거나 표식標式이 됩니다. 토르데리(Tordheri) 항아리는 사원재산에 표식하는 「율분별」의 텍스트에 대한 예시일 뿐 아니라 쁘라빠 자체인데, 『근본설일체유부율』이 특별하게 상세히 규칙을 제정한 사원시설에 대한 예시라는 이유에서도 매우 흥미로운 것입니다. 「약사」에는 이 일부분을 설명하는 텍스트가 있습니다.

> 한 브라만이 목이 말라 괴로워하며 제따바나를 방문했다. 그는 한 비구에게 다가가 "비구여, 저는 목이 마릅니다. 물을 주실 수 있습니까?"라고 말했다. 비구는 그에게 물병과 옷감을 건네주었다. "존자여, 이것은 무엇입니까? 저는 물을 원합니다"라고 브라만은 말했다. "브라만이여, 물을 여기까지 끌어올 수 없습니다"라고 비구가 말했다. "존자여, 여러분은 일체중생에게 이익을 주려고 하시니,

가까이에 물을 준비해 두시면 불편하지 않을 것입니다." "세존은 이것을 인정하지 않으셨습니다"라고 비구는 말했다. 비구들은 이 일을 세존께 보고했다. "사원 가까이에 물을 비치해야 한다"라고 세존은 말했다. 비구들은 이것을 넓은 방이나 각자의 독방이나 사원이나 건물 입구나 계단 여기저기에 두었다. 그래서 세존은 "사랑방이나 독방이나 사원의 내부나 건물 입구나 계단 여기저기에 두면 안 된다. 물을 이용할 수 있는 방(chu'i khang pa=prapa)을 만들어야 한다"라고 말했다. 세존은 수리실水利室을 지어야 한다고 말했지만, 비구들은 이것을 어디에 지어야 좋을지를 몰랐다. "수리실은 사원 내부의 남서쪽에 지어야 한다"라고 세존은 말했다. 거기가 어둡기에, "창을 내야 한다"라고 세존은 말했다. 땅이 질퍽거리면, "바닥에 벽돌을 깔고 하수구를 파야 한다"라고 세존은 말했다. 물이 바닥에 있으면, "나무틀 위에 놓아야 한다"라고 세존은 말했다. 나무가 없으면, "벽돌로 받침대를 만들고 위에 기둥을 세우고, 거기에 병을 놓아야 한다"라고 말했다. 병의 물이 나빠지면, "가끔은 병을 씻어야 한다"라고 세존은 말했다.

여기서 보여주는 상세함에도 주목해야겠습니다만, 이 상세함은 『근본설일체유부율』의 특징이기도 합니다. 그러나 지금 당면한 가장 중요한 것은 『근본설일체유부율』에는 사원의 물건에 표식을 부착해야 한다는 내용이 있고, 사원에 수리실을 지어야 한다는 규칙에 대한 설명도 있고, 게다가 쿠샨 왕조시대 인도 북부의 사원유적에서도 이 중 하나를 증명해 줄 수 있는 것이 존재한다는 것입니다. 그러나 이렇게 문자가 새겨진 물건이 발견되었다고 해서 모든 것이 설일체유부나 근본설일체유부와 어떤 관계가 있다는 의미는 아닙니다. 하지만 이것은 쿠샨 왕조시대 인도 북부지역의 승가에서 만들어 실제로 사용했던 것을, 『근본설일체유부율』이 설명해 주고 있거나 규칙을 제정한 것에 대해 말해주고 있는 것입니다. 이것이 팔리율과 크게 다른 점입니다. 팔리율은 이 시대, 이 지역에서는 전혀 알려지지 않은 것 같습니다. 한역漢譯된 다른 많은 율律들도 이것을 접했는지에 대한 여부는 아직 확인되지 않고 있습니다. 현시점에서 확실하게 말할 수 있는 것은 이것만으로도 상당히 중요합니다만, 『근본설일체유부율』에는 자주, 매우 자세하게 사원의 활동이나 이에 대한 동기와 칭호가 명료하게 설명되어 있으며, 비문이나 고고학적인 자료를 통해 살펴볼 수 있는 물질문화 요소들도 쿠샨 왕조시대 인도 북부에서 유포되고 있었다는 것입니다. 『근본설일체유부율』과 쿠샨 왕조시대 인도 북부를 연결해 주고 있는 것에는 다양한 양식을 취한 것들이 있는데, 이런 물질문화를 보여주는 요소들이 『근본설일체유부율』 사상의 확산과 영향에 대해 어떤 것을 알려줄 가능성이 있습니다. 여기서는 이런 양식을 두 가지 더 거론해 보겠습니다.

③ 인장印章과 인영印影

불교사원의 인장(印章, seal)이나 보다 일반적으로는 인장을 찍은 인영印影이 각지에 널리 산재해 있는 유적에서 대량으로 발견된 적이 있습니다. 이런 인장만 대충 연구해도 이것을 하나의 뚜렷한 양식으로 즉시 표면화시킬 수 있고, 이 양식으로 인도불교 사원제도의 역사에서 매우 중요한 계기나 사건이 조명받게 될 수도 있는데, 이것들이 아직도 체계적으로 연구되지 못한 것이 유감입니다. 이런 인장과 인영이 단순히 지리적으로 널리 산재해 있는 지역에서만 출토된 것이 아니고, 연대적으로도 다양한 시대의 것이 출토되었습니다. 초기의 것에서는 도안(cihna)이 놀라울 정도로 다양한 것을 볼 수 있습니다. 라왈핀디(Rawalpindi)에서 출토된 쿠샨 왕조시대의 인장에는 '보리수 아래 받침대 위에서 다리를 틀고 앉아 무릎 위에서 손을 잡고, 옆에 서서 예배하거나 숭배하는 자세로 합장하고 있는 인물 쪽으로 얼굴을 돌리고 있는' 사원장僧院長이 그려져 있습니다. 문자(legend)는 '부미아가마지히(Vhumiagamajhi) 사원 승가의 인장(mudra)'이라고 읽습니다. 쉴링로프(D. Schlingloff, 1969)는 페샤와르에서 출토된 것으로 알려진, 동시대에 속한 동종同種의 인장에 대한 책을 출판했습니다.[74] 도안이 똑같지는 않지만 거의 비슷하고, 문자는 '테따꿀라(Thetakula)의 사원의 승가의 인장'이라고 읽습니다. 라즈핫(Rajghat)에서도 초기 쿠샨 왕조시대의 것으로 보이는 인영印影이 출토되었고, '비샤까(Bishaka)의 사원에서 장로 비구 승가의 것'이라는 문자가 새겨져 있습니다. 사우라스트라(Saurāshtra)의 인트와(Intwa) 도안圖案은 묘廟의 기호인데, '위대한 왕 루드라세나(Rudrasena)의 사원의 비구 승가의 것'이라고 문자가 새겨진 것이 출토되었습니다. 이것들은 2~3세기의 것입니다. 이밖에도 같은 시기의 것으로는 쿰라하르(Kumrahar)에서 출토된 인장이 있습니다. 위쪽은 아마도 사원일 것으로 생각되는 설계도가 그려져

74 D. Schlingloff, "Stamp Seal of a Buddhist Monastery", *The Journal of the Numismatic Society of India* 31 (1969), pp.69~70.

있고, 아래쪽은 '사원의 승가의 〔인장〕'이라는 문자가 새겨져 있습니다. 마지막으로는 카시아(Kasia)나 쿠시나가르(Kusinagar)에서 출토된 4~5세기의 것으로 보이는 인장이 3개 있습니다. 하나는 '사라쌍수 사이에 놓인 관'이 도안으로 그려져 있고, '대반열반〔의 땅〕의 비구의 사방 승가'라는 문자가 새겨져 있습니다. 두 번째 것에는 '화장火葬에 쓰이는 땔나무와 옆에 무릎 꿇고 앉아 있는 사람'이 그려져 있고, '쉬리마꾸따반드하(ŚriMakuṭabandha) 승가'라는 문자가 새겨져 있습니다. 세 번째 것에는 '평평한 땅에 세워진 울타리 안의 나무'가 그려져 있고, '쉬리비슈누드비빠(ŚriViṣṇudvīpa) 사원 비구 승가의 것'이라는 문자가 새겨져 있습니다.

이것으로부터 두 가지는 분명해집니다. 하나는, 지리적으로 광범위하게 흩어져 있던 사원들이 인도불교 중기에 걸쳐 사원의 인장을 사용했다는 것입니다. 지금까지 예로 들은 것들은 쿠샨 왕조 초기부터 4~5세기까지에 걸쳐 있었습니다. 이 시기의 인장 도상圖像은 다양성이 특징으로, 이 시기까지는 하나의 도안으로 통일될 조짐이 보이지 않고 있습니다. 라왈핀디, 페샤와르, 인트와에서 출토된 대부분의 도안은 설명하기 곤란하지만, 카시아, 쿰라하르에서 출토된 몇몇은 지역적 연상聯想이라는 점에서 단순하게 설명될 수 있습니다. 또 하나는 매우 넓은 의미인데, 『근본설일체유부율』이 이 분야에서도 인도 북부에서 실제로 행했던 것들과 일치하고 있다는 것입니다. 지금으로서는 이것이 『근본설일체유부율』뿐입니다. 이런 규칙을 다룬 매우 흥미 있는 텍스트가 있습니다. 일부분은 다음과 같습니다.

붓다 세존은 사위성의 제따바나에 머물고 계셨다. 도둑이 사원의 귀중품 보관실과 개인의 독방에서 물건을 훔쳐 갔다. 게다가 다른 비구의 소지품까지 잘못 놓았는데, 그들이 소지품을 바로 잡는 사이 어느 것이 자신의 것인지 모르게 되었다. 비구들은 이 일을 세존께 말씀드렸다. 그때 세존은 "이후에 허가해 주는 것에는 인장을 붙여야 한다"라고 말했다.

그러나 이 규칙은 제정되자마자 몇 가지 문제를 일으킵니다.

세존이 인장을 붙여야 한다고 말씀하셨으므로 육군비구는 금·은·유리·수정으로 인장을 만들게 하고, 온갖 장식으로 꾸민 인장이 달린 반지를 끼었다. 그들은 재가자와 브라만을 보면 화려하게 장식한 손을 보이면서 "여러분, 안녕하세요"라고 말했다. "존자여, 그것은 무엇입니까?"라고 재가자와 브라만이 물었다. "오! 여러분, 세존께서 인장을 허가하셨습니다"라고 육군비구는 대답했다. 재가자와 브라만은 경멸하고 비난하면서, "불교 고행자들의 고행 생활은 타락했다. 그들의 종교 생활은 타락했다. 그들은 이제 인장에 자신의 이름을 새겨 몸을 장식한다"라고 쓴소리를 했다. 그때 세존은 "비구는 금·은·유리·수정으로 만든 인장을 가져서는 안 된다. 비구는 인장이 달린 반지를 껴서도 안 된다. 그들은 놋쇠·구리·청동·상아·뿔로 만든 다섯 가지 인장을 가져야 한다"라고 말했다.

승가의 인장에 대해서는 아직 그렇게 알려지지 않았습니다만, 이상으로 인장을 사용하는 것이 허가되고 있었던 것은 알 수 있습니다. 여기서는 인장을 사용하게 되면서 야기된 문제도 설명하고 있으며, 인장의 도안이 '모든 장식'으로 만들어진 것도 잘 보여주고 있습니다. 넓은 의미에서는 이 『근본설일체유부율』에서 볼 수 있는 인장 사용의 인가와 그 사용에 대한 설명이, 인도 북부의 사원유적에서 실제로 발견된 물건의 종류와도 많이 일치하고 있습니다. 텍스트에서는 주로 비구 개인의 인장을 다루고 있습니다만, 인장을 만들어 처음으로 해결하려 했던 문제가, 귀중품 보관실에서 도난당한 승가의 재산과 관련 있는 것에도 주의해야 합니다. 실제로 이 재산과 관련된 것이 먼저 설명되어 있기 때문입니다. 따라서 인장의 사용을 승가에서 인가해 주었던 내용이 포함된 것도 분명합니다. 텍스트에는 이 내용이 마지막 규칙에서 분명하게 언급되어 있습니다. 그러나 쿠샨 왕조 초기에 라왈핀디와 페샤와르에서 출토된 하나의 인장이 규정에서 금한 수정水晶으로 만들어진 것에도 주의해야 합니다. 그러나 이 텍스트는 여기서 끝이 아닙니다. 불교사원의 인장 도상의 발전도 여기서 끝이 아닙니다. 『근본설일체유부율』도, 인장 도상도 각자의 규격화를 완성하기 위해 다음 단계로 나아가고 있었습니다.

사원의 인장은, 인도 북부지역 전반에 걸쳐 갑자기 5~6세기에 새로운 전개를 보입니다. 새로운 전개는 카시아에서 가장 현저하게 나타납니다. 여기에는 이런 중요한 사례가 다수 들어 있어 전개의 연속성이 아주 잘 확인됩니다. 초기에 속하는 카시아의 인장 도안은, 앞에서 이미 본 것처럼 '사라쌍수 사이에 놓인 관', '화장火葬에 쓰이는 땔나무와 옆에 무릎을 끓고 앉아 있는 사람' 등 제각각이었습니다.

그러나 5~6세기 이후의 것으로도 많은 수의 인영이 출토되었습니다. 여기에 새겨진 문자는 '쉬리반다나(ŚrīBandhana) 대사원의 거룩한 비구 승가의 것'이라든가, '쉬리마하빠리니르바나(ŚrīMahāparinirvana) 대사원의 거룩한 비구 승가의 것'이라든가, '쉬리마드에란다(Śrīmad-Eranda) 대사원의 거룩한 비구 승가의 것' 등과 같이 다양합니다. 그러나 문자의 다양함과 시대의 변화에도 불구하고 어떤 경우든 도안은 한결같이 '하나의 바퀴와 옆에 있는 두 마리 사슴'입니다. 갑자기 여러 사원의 인장에 같은 도안이 사용되기 시작한 것입니다. 이것은 카시아만의 일이 아닙니다. 우리는 먼저 2~3세기의 쿰라하르(Kumrahar)에서 출토된 사원의 기본설계에 대한 계획의 생각을 그린 독특한 인장을 보았습니다. 그러나 굽타 왕조기(320~550)로 보이는 것에는, 타프얄(K. K. Thaplyal)이 말하듯, '바퀴와 사슴이라는 전형적인 불교의 도안'이 새겨져 있습니다.[75]

카우샴비(Kaushambi) 출토의 인장에는 굽타 문자로, '카우샴비의 고시따라마(Goshitarama) 대사원 비구 승가의 것'이라고 새겨져 있습니다만, 이 도안도 역시 '하나의 바퀴와 옆에 있는 두 마리 사슴'입니다. 현재 우리의 손에는 6~7세기를 시작으로 하는 사르나트(Sarnath)에서 출토된 일련의 인장들이 있고, 같은 시기로 날란다에서 출토된 일련의 인장들이 있고, 루크노(Lucknow)박물관에는 굽타 왕조기의 인장이 있고, 벵골(Bengal)의 라즈바디당가(Rajbadidanga)에서 출토된 7~8세기의 인장도 있습니다. 하지만 이것들도 역시 모두 같은 도안입니다.

---

75 K. K. Thaplyal, *Studies in Ancient Indian Steals* (Lucknow, 1972), pp.220.

분명 예외도 일부 있겠습니다만, 이제 이 양식은 압도적으로 단순화되어 있습니다. 5세기 이전에는 불교사원의 인장에 다양한 도안이 사용되었지만, 5세기 이후에는 실질상 지리적으로 널리 산재해 있는 사원에서의 모든 인장이, '하나의 바퀴와 옆에 있는 두 마리 사슴' 도안으로 사용되었던 것입니다. 거리상의 차이에도 아랑곳하지 않고 지리적으로 광범위한 규격화의 도입이 추진된 것입니다. 이런 인장은 재산을 표시하기 위한 것일 뿐만 아니라, 통신이나 사무문서에 날인을 위해서도 사용한 것이 거의 확실시되고 있는 점을 고려하면, 도안의 이런 변화는 단순히 미학적인 면만이 아니라, 중기 초반 인도 북부의 사원불교 제도상의 조직에 중대한 변화가 있었던 것도 충분히 보여주고 있는 것입니다. 각각의 사원은 각자의 개별 명칭을 유지하면서 동일 로고(logo)를 사용하며 활동하기 시작한 것입니다. 이런 변화는 고립된 현상이 아닙니다. 이것은 서장序章에서도 이미 지적한 것입니다만, 갑자기 동시에 출현한 많은 변화와 관련되어 일어난 것입니다. 하지만 여기서 적어도 강조해 두는 편이 좋다고 생각하는 것은, 인도 북부에서 인장 도안이나 사원의 로고가 규격화된 것이, 설일체유부나 대중부 등의 개별 사원명寺院名이 인도의 비문에서 완전히 사라진 것과 같은 시기라는 것입니다. 또한 샤꺄빅슈(Shakyabiksu)라고 자칭하는 새로운 종류의 비구들이 인도 북부 비문 전체에 갑자기 등장하기 시작하는 것과도 궤를 같이하는 것입니다. 대승의 일이 비문에 처음 언급되는 것도 이 무렵부터입니다. 따라서 5세기 이후의 인장에 새겨진 문구에서 작지만 중요한 변화를 검토해 보는 것도 상당히 흥미로운 일이 될 것입니다. 주의 깊은 독자는 초기 인장의 문자가 사원에 대해서는 아무것도 설명하지 않으면서 단지 비하라(Vihāra)만으로 설명하고 있는 것을 눈치챘을 것입니다. 반면, 5세기 이후의 인장 문자에는 마하비하라(Mahāvihāra)를 사용하고 있습니다. 마하비하라는 문자 그대로 비하라(寺院)를 의미하는 것이 아니라, 일종의 사원으로 새롭게 형성된 집단에 속한 사원을 의미하는 것입니다. 이것은 다른 기회에 고찰해 볼 것입니다. 우선 이것이 새롭게 형성된 집단이라면, 이들은 아직 새로운 율律을 제정하지 못해서 기존의 율을 이용했을 것이고, 기존의 율이 『근본설일체유부율』이었다는 것만은 강조해 두고 싶습니다. 『근본설일체유부율』의 사원 인장에 대한 결론 부분에는 이 사항에 대한 최종적인 규칙이 설명되어 있습니다.

> 육군비구는 그들의 인장에 생식기生殖器가 달린 남녀를 새겼다. 재가자나 브라만은 "존자들이여, 당신들은 그렇게 성적인 것에 집착하는데도 사문沙門입니까?"라고 말했다. 비구들은 이 상황을 세존께 말씀드렸다. "인장에는 승가의 인장과 개인의 인장, 두 종류가 있다. 승가의 인장에는 중앙에 바퀴를 새기고, 양쪽에는 사슴을, 아래에는 비하라 소유주의 이름을 새겨야 한다. 개인의 인장에는 해골이나 두개골을 새겨야 한다"라고 세존은 말했다.

여기서는 인장을 약간 요란하게 그리고 있습니다만, 결국은 다음과 같은 것입니다. 각 사원단체는 인장에 원하는 도안을 사용하고 있었는데, 이 중에는 조잡한 것도 있었습니다. 이런 결과 이를 방지하기 위해 모든 사원과 개인의 인장에 표준적인 도안을 부착해야 한다는 강제 규칙이 제정되었습니다. 만약 이런 규격화를 요구하는 규정이 인도 북부 사원유적에서 발견된 인장과 관련성이 없다고 생각한다면, 이 생각 또한 지나친 것입니다. 현실의 인장은 증인證印에 새겨진 5세기 이후의 표준적인 도안이며, 『근본설일체유부율』에서 설명하는 도안과도 정확히 일치하고 있습니다. 두 자료에서는 도안이 '하나의 바퀴와 옆에 있는 두 마리 사슴'이라는 말을 하고 있습니다. 그러나 인장과 『근본설일체유부율』의 관계가 어떠하든, 『근본설일체유부율』과 인도 북부와의 연대적年代的 관계는 지금까지 보아 왔던 것과는 확연히 다르다는 것을 암시해 주고 있습니다.

지금까지 살펴본 바로는, 『근본설일체유부율』이 쿠샨 왕조시대 인도 북부의 비문에 기록되어 있는 것과 같은 종류의 종교적 동기나 행위와 관련되었음이 분명합니다. 두 자료군은 같은 전문용어를 공유하고 있으며, 거론하고 있는 비구의 범주도 같습니다. 요컨대 텍스트와 비문은 동시대의 것이라고 보아야 합니다. 이런 양식樣式은 텍스트와 비문이 공유하고 있는 여러 요소에서도 볼 수 있습니다. 두 자료가 공유하고 있는 여러 요소는, 하려고만 한다면 증거 자료들을 대규모로 인용해 더 증명할 수도 있습니다. 그러나 이 양식은 인장印章과 인영印影으로, 연대적으로는 일부에만 적용된 것입니다. 『근본설일체유부율』에서 인장을 허가한 처음의 규칙은, 현존하는 율律 중에서 현재까지 발견된 것 중 유일한 그런 종류의 인가認可입니다만, 이 규칙이 암시하고 있는 도안의 다양성은 쿠샨 왕조시대 인도 북부의 사원에서 실제로 실천한 것과 많이 일치하고 있습니다. 그러나 도안의 규격화에 대한 마지막 결정적인 규칙은 이를 따르지 않고 있습니다. 도안을 규격화한 규정은 쿠샨 왕조시대의 사원 활동이 아니라, 5세기 이후 또는 굽타 왕조기의 쿠시나라(Kusinārā), 카우샴비(Kaushambi), 쿰라하르(Kumrahar), 날란다(Nalanda)에서의 사원 활동과 일치하고 있습니다. 인장과 인영은 『근본설일체유부율』이 중기 전반에 걸쳐 전개된 전체가 취급된 것입니다. 『근본설일체유부율』은 불탑이 없는 곳에 불탑이 건립된 것을 쿠샨 왕조시대 이전에 일어난 사건으로 기록하고 있습니다. 사원의 인장에 대해서는 쿠샨 왕조시대 이후에 인도 북부에서 일어난 사건으로 기록하고 있습니다. 그리고 만약 『근본설일체유부율』이 '하나의 바퀴와 옆에 있는 두 마리 사슴' 도안을 사원의 인장이라고 규정한 유일하거나 주된 율律이라면, 이 율장이 굽타 왕조시대 이후 인도 북부 전역에 걸쳐 가장 유력한 율이었다고 말할 수 있습니다. 이미 이 밖에도 이런 방향을 지시하는 증거들을 거론하기는 했습니다만, 다음의 마지막 예도 이것을 지시하고 있습니다.

④ 향실香室

여기서 마지막으로 거론하는, 사원의 물질문화를 보여주는 또 다른 요소는 항아리 파편같이 작은 것이 아닙니다. 이것은 불교사원에서 공간을 조직화한 것으로, 간단히 말해 레이아웃(layout)이나 기본설계 계획과 관련된 것입니다. 넓게는 사원의 건축 발전과 관련되어 있는데, 연장선 위에서 관심을 받지 못한 것도 놀라운 일입니다. 하지만 이것은 우리에게 반드시 많은 것을 가르쳐 줄 것입니다. 현존하는 모든 율律을 비교적 후기로 위치시키려는 가장 강력한 주장의 논거는, 모든 율이 고도로 발전된 설계에 대해 알고 있었거나, 당연한 것으로 간주하고 있었던 사실에 있으며, 또한 모든 율이 세련된 목욕탕이나 세면장의 설비를 갖추고 있거나, 벽돌이나 돌로 만든 울타리가 있는 사원이나, 자물쇠와 열쇠로 잘 정비하고 조직하던 사원이나, 1세기가 될 때까지는 건축 관련 기록 어디에도 보이지 않는 종류의 사원에 대해서도 이미 알고 있었거나, 당연한 것으로 간주하고 있었던 사실에 있습니다. 이런 것은 말할 것도 없고, 현존하는 율이 당연하게 간주하고 있었던 건축물보다 이전의 것은 있을 수 없기에, 시대적으로도 1세기를 더 앞으로 거슬러 올라가야 한다는 것은 있을 수 없는 일이고, 어떤 경우든 혹은 부분적으로든 이보다 더 훨씬 후대後代의 것이라고 말하려는 것입니다. 그러나 여기서는 사원 건축 특유의 한 요소에 초점을 맞추려고 합니다. 여기에 초점을 맞추려는 데는 합당한 정당성이 있습니다. 『근본설일체유부율』 자체가, 이것을 문자 그대로나 비유적으로나 근본설일체유부의 이상적인 사원에서는 핵심이 되어야 한다고 보았기 때문입니다. 여기서 초점은 명상실冥想室이 아닌, 향실(香室, gandhakuṭī)이라고 텍스트에서 말하는 것입니다. 이에 대한 설명은 풍부하게 있습니다. 붓다가 향실에 머물면서 그의 존재와 능력을 강렬하게 보여주었던 작용을 우리는 알고 있습니다. 이 일은 여러 방면으로 만들어진 이야기로 회자膾炙되고 있기 때문입니다. 이런 분위기의 이야기를 소개하려면 오히려 단순한 예가 더 좋습니다. 다음은 「약사」와 『디뱌바다나』에 현존하는 내용입니다.

> 세존은 사원 밖에서 발을 씻고 들어왔다. 세존은 실내에 준비된 자리에 앉아 허리를 펴고 한곳에 주의를 집중했다. 세존이 향실에서

주의를 기울이며 다리를 내리자, 대지가 여섯 방향으로 진동했다. 대지는 이 움직임에 부르르 떨며 진동했고, 넘실대며 흔들리고 움직였다. 동쪽에서 융기하고 서쪽으로 침하 했다. 서쪽에서 융기하고 동쪽으로 침하 했다. 남쪽에서 융기하고 북쪽으로 침하 했다. 그리고 반대의 일도 일어났다. 주변이 융기하자 중앙이 침하 했다. 중앙이 융기하자 주변이 침하 했다. "존자 뿐나(Punna)여, 이것이 어떻게 된 일입니까?"라고 왕이 물었다. "대왕이시여, 세존이 향실에서 주의를 기울이며 발을 내리셨기 때문입니다. 그래서 대지가 여섯 방향으로 진동하고 있는 것입니다"라고 비구 뿐나는 대답했다. 그때 세존은 금빛이 찬란한 광선을 발發했다. 염부주 전체가 금니金泥처럼 빛났다. "존자 뿐나여, 이것이 어떻게 된 일입니까?"라고 왕은 놀라 눈이 휘둥그레져 물었다. "대왕이시여, 세존이 금빛 광선을 발하고 있는 것입니다"라고 그는 대답했다.

여기서 요점은 분명합니다. 붓다가 향실에서 행한 것이 우주에까지 반향을 불러일으킬 정도라는 것입니다. 이렇게 다양한 모습으로 붓다는 항상 그곳에 존재했을 것으로 생각됩니다. 또한, 모든 사원에는 향실이 있었을 것으로 생각됩니다. 이것은 다음의 텍스트에서 추론해 볼 수 있습니다.

지금부터는 『의사依事』를 반복해서 참고하겠습니다만, 여기에는 하나의 텍스트가 담겨 있습니다. 한 재가자의 유언遺言으로 사원에 보내진 각종 다양한 유품을 분배하는 규정입니다. 이 규정에는 모든 사원이 가정되어 있습니다. 특히 여기서 우리의 관심을 끄는 규정이 두 개 있습니다. 우선 첫째로, 유산 중에 안료(顔料, raṃga: 이런 종류의 물질은 분명 상당히 비싼 것입니다)가 포함되어 있으면, '불상佛像에 사용하기 위해 황색이나 붉은색이나 푸른색 등의 귀한 안료를 향실에 분배해야 한다'라는 규정입니다. 이 규정은 모든 사원에 구속력을 갖도록 제정되어 있습니다. 따라서 이 규정을 보면, 모든 사원에는 향실이 있어야 하고, 붓다는 이곳(pratimā)에 안치되어 생활하는 것으로 간주한다는 두 가지 전제가 있습니다. 사실, 이 불상은 붓다 자체이고 실제로도 향실은 붓다에게 소속되어 있다는 것을, 두 번째 규정에서 알 수 있습니다. 이 규정은 이 텍스트에서 주의 깊게 보아야 합니다. 이는 승가의 것이 될 마지막 유산이기도 하지만, 가장 중요한 부분이 규정되어 있기 때문입니다. 이 규정에는 "금과 금화 및 가공된 다른 것과 아직 가공되지 않은 것은 붓다와 법과 승가를 위해 삼등분해야 한다. 붓다에게 귀속된 것으로는 향실이나 붓다의 머리카락이나 손톱을 모신 탑의 균열이나 손상 등을 수리해야 한다"라는 기록이 있습니다. 다른 곳에서도 이와 비슷한 규정이 있는 것을 볼 수 있습니다. 「의사」에는 사망한 비구의 유산에 대한 '복합분배(sambhinnakārin)'의 사건을 설명하면서, 유산을 삼등분해서 분배해야 한다는 기록이 있습니다. "붓다에게 귀속된 것으로는 붓다에 대한 예배나 향실이나 불탑의 새로운 작업을 수행해야 한다"라는 설명도 있습니다. 「쟁사諍事」에는 싱할라(Siṃhala)왕의 딸이 여러 개의 진주를 기부하면서 일부는 붓다에, 일부는 법에, 일부는 승가에 라고 언급한 것이 있는데, 이때 붓다 자신도 "세존에게 분배된 몫으로는 향실에 회칠을 해야 한다"라는 명命을 하고 있습니다. 이런 문장을 보면, 『근본설일체유부율』의 붓다는 고가의 재산을 가질 수 있는 소유권이 있었고, 이것을 받아 소유할 수 있는 법제상法制上의 인격도 있었던 법률상法律上의 한 개인임을 분명히 밝히고 있음을 알 수 있습니다. 사원이 소유하게 될 재가자의 유산에서 가장 귀중한 부분 중 3분의 1은 붓다의 것이었습니다. 붓다에게 귀속된 재산은 극히 예외적인 경우를 제외하면, 매우 특별히 제한된 목적으로만 사용이 허가되어 있었습니다. 이것은 붓다 자신을 위한 공양이나 붓다의 거주지인 사원 불탑과 향실을 유지하고, 개조하고, 장식하기 위해서만 사용되어야 합니다. 제약制約이 이렇게 엄격한 규칙을 승가에서 지정한 만큼의 분배된 몫이라고 규정한 규칙과 연동시켜 이행했던 결과, 여러 가지 번거로운 일이 생겼습니다. 승가로 분배된 몫인 금이나 재산이나 진주는 어떻게 해서라도 비구들 사이에서 분배되었습니다. 이것 때문에 재산이 낭비되었다고는 말할 수 없지만 분배되어 흩어진 것입니다. 그러나 붓다의 재산에서는 이런 일이 없었습니다. 여기서는 원래 그대로의 상태가 유지되었습니다. 이 규칙이 이렇게 사용을 제한하고 있는 한 오래도록 축적되고 있었음은 거의 틀림없습니다. 불탑이나 향실에는 점차로 많은 재산이 쌓였을 것입니다. 불탑과 향실에는 강력한 종교적 존재가 내부에 수용되어 있었을 뿐 아니라, 근본설일체유부의 이상적인 사원에서는 상당한 경제력의 상징이 되어 있었을 것입니다. 이것은 후에 향실에 대해 서술하게 되는 어떤 단계에 이르러, 근본설일체유부의 독자적인 규칙으로 기록되어 있는 사실로도 확인할 수 있습니다. 우리는 이미 『근본설일체유부율』의 재산과 관련된 규칙에서 모든 사원에 향실이 존재했었는지, 이론적으로만 그렇게 전제하고 있었던 것인지에 유의해야 합니다. 『근본설일체유부율』의 재산 관련 규칙이 향실의 존재를 전제로 하고 있었던 것은, 향실에 축적된 비유동非流動 자산의 종류에 대해 일종의 암시를 주고 있는 몇몇 문장에서도 엿볼 수 있습니다. 이런 문장의 특징을 보여주고 있는 좋은 예는 「의사」를 통해 확인할 수 있습니다. 이것은 흥미롭게도 중세 서양 수도원의 재산에 대해 알려진 것과 아주 비슷합니다. 중세 서양 수도원에서는 많은 자산을 유동流動 자산에서 얻었는데, 이것은 제단의 장식품이나 촛대나 벽걸이나 법의法衣 형태로 수도원에서 축적하던 것이라고 알려져 있습니다. 이와 유사한 것을 「의사」의 예를 들어 이미 설명한 적이 있습니다. 이 문장은 앞에서 한 번 거론한 것입니다. 중병에 걸린 비구를 대신해 공양 자금을 조달하는 방법을 언급한 것이 그것입니다. 티베트어 번역본에는 최후의 조달 방법으로, "여래의 탑이나 향실에 속한 산개傘蓋나 깃발(幟)이나 장엄구 등을 승가가 분리해서 내어준다. 간병인은 이를 매각해서 비구를 간호하고, 그를 위해 세존에게 예배한다"라고 설명되어 있습니다. 향실에는 산개나 깃발이나 장엄구 등의 귀중품이 있는데, 이것들은 텍스트에서 분명하게 밝히고 있듯 붓다의 소유입니다. 이것은 붓다의 것(sangs rgyas kyi)으로 붓다에게 속해 있는 것(buddhasantaka)입니다. 붓다의 자산은 향실에서 축적되고 있었습니다. 앞에서 살펴본 율 규칙과 마찬가지로, 이 규칙도 모든 승가나 사원에 적용된다고 설명되어 있습니다. 따라서 모든 승가는 이렇게 현금화가 가능한 자산을 축적하고 있었으며, 이것을 보관하는 향실도 갖추고 있었다는 것에 주의해야 합니다. 이런 사실은 다른 일련의 규칙에서도 확인할 수 있습니다. 「잡사」에는 사원 내에서 그림 그리기를 인가했고, 그려야 할 대상과 장소도 특별히 지시하고 있는 텍스트가 있습니다. 이 문장을 통해, 이 텍스트의 편찬자들이 모든 사원에서 보여줄 수 있는 그림으로 어떤 것을 구상했는지도 알 수 있습니다. 이들은 사원에 외부의 문이나 문·현관·회랑·강당·식당·귀중품 보관실이 있어야 하고, 요라미라(Yoramīra) 사원처럼 수리실도 있어야 한다고 생각했습니다. 이들은 또한 사원에는 목욕탕·증기탕蒸氣湯·시약소施藥所·옥외 화장실·개인 승방도 있어야 한다고 생각했습니다. 이들은 모든 사원에는 향실도 있어야 한다고 생각했습니다. 이것은 실내에 있는 시설로는 최초로 언급된 것입니다. 텍스트는 문과 현관과 회랑을 설명한 후, "향실의 문고리에 화환花環을 든 야차[의 그림을 그려야 한다]"라고 설명하고 있습니다.

『근본설일체유부율』에서 향실의 존재를 가정하고 있는 것이 이 규칙만은 아닙니다. 규칙에 붙어 있는 이야기풍의 해설에도 등장하고 있습니다. 「잡사」의 한 텍스트에도, 이 사이에 한 백 페이지 이상의 차이는 있지만, 매우 유사한 것이 있습니다. 두 이야기는 거의 같은 것인데, 하나는 비구가 향을 받는 이야기이고, 다른 하나는 화환을 받는 이야기입니다. 처음에 비구들은 이것을 모두 거절합니다. 그러나 이것을 붓다에게 논의한 후 받기는 하지만, 기부자의 눈앞에서 던져버립니다. 기부자는 당연히 불평합니다. 그래서 붓다는 비구들에게, 여래의 탑에 향을 피우고 지문指紋을 찍는 데 이 향을 사용하라고 가르칩니다. 화환에 대해서는 가르쳐 주지 않아도 불탑에 설치합니다. 하지만 비구들은 이 경우에도 기부자로부터 또다시 비난을 받습니다. 기부자들은 자기들이 불탑에 기부하고자 한다면, 자기들 스스로 그렇게 하면 된다고 말합니다. 그래서 붓다는 다시 전자에 대해서는 비구들에게 각자의 승방 내부를 향으로 칠하도록 가르칩니다. 그러나 비구들은 향을 문에 칠합니다. 후자의 경우는 화환을 문에 걸어 둡니다. 이런 결과는 모두가 예상하지 못한, 바람직하지 못한, 그러나 조금은 해학적諧謔的인 일로 발생합니다. 비구들의 방문이 이렇게 장식된 것을 보고 재가자들이나 브라만이, '여기를 향실이라고 생각해 비구의 방을 예배했다'라는 것입니다. 이런 이상한 착각은 여기서 끝나지 않기에 향이나 화환을 대중의 눈에 뜨이지 않게 하라고, 붓다는 비구들에게 지시합니다. 여기서 향실은 단지 부수적으로 언급되는 것에 불과하지만, 먼저 인용한 것처럼 이 이야기도, 『근본설일체유부율』의 편찬자들이, 모든 사원에는 향실이 있다고 생각한 것을 보여주고 있습니다. 이 이야기는 편찬자들이 향실을, 사원을 방문한 재가자들이 예배 대상으로 생각했다는 것과 향실이 비구들의 승방과 같은 구역에 있어 쉽게 오해할 소지가 있었다는 것도 알려주고 있습니다. 나아가 편찬자들이 건축적으로, 구조적으로 다른 주거 공간과 구별되는 향실에 대해서는 아직 모르고 있었다는 것도 보여주고 있습니다. 향실과 다른 방들은 향과 화환으로만 구별되고 있습니다. 이것이 착각의 근원이었기에 이것을 피하려고 붓다의 지시가 이루어진 것입니다. 팔리율의 편집자들이 이런 종류의 혼동 가능성을 인식하지 못하고 있는 것에도 주의해야 합니다. 그들은 향과 화환에 대해서는 유사한 규칙을 제정하고 있지만, 향실에 대해서는 언급하고 있지 않습니다. 이런 종류의 오인에 대해서도 언급하고 있지 않습니다. 여기서는 이 규칙을 다음과 같이 간단하게만 언급하고 있을 뿐입니다.

> 그때 사람들이 향과 화환을 가지고 사원에 왔다. 비구들은 신중하여 이것들을 받지 않았다. 그들은 이 일을 세존께 말했다. 세존은 "비구들이여, 나는 너희가 향을 받고, 그래서 문에 다섯 손가락의 지문을 찍는 것을, 화환을 받아서 사원의 한쪽에 두는 것을 허용한다"라고 말했다.

이외에는 더 어떤 문제를 예상하지도 못하고, 법적인 규제를 마련하지도 못하고 있습니다.

지금부터는 『근본설일체유부율』에서 향실을 이야기풍으로 언급하고 있는 예例의 마지막으로, 「율분별」을 다루어 보겠습니다. 여기의 모든 사원에는 반드시 향실이 있었을 뿐 아니라, 사원을 건축할 때는 당연히 향실의 위치를 가장 먼저 결정해야 한다고 여기고 있었습니다. 「율분별」의 텍스트는, 육군비구들이 의심스러운 수단으로 나무가 자라고 있는 브라만의 땅을 손에 넣은 후 나무를 자르고, '현장 방문'하는 것을 설명하고 있습니다. 이렇게 이 장소가 적당한지를 결정하기 위해 미리 현장을 방문하는 것이 필요하다고 승가에서는 제정하고 있습니다.

> 육군비구는 현장 방문을 시작하면서 "얼마나 기쁜 일인가? 여기에 세존의 향실을 세우자. 여기에는 현관을, 여기에는 소방 초소를, 여기에는 〔사원에〕 두어도 좋을 것〔을 수용하는〕 큰 방을, 저기에는 집회장을"이라며 표식을 붙였다.

여기서는 향실이 근본설일체유부의 이상적인 사원에서 중요한 구성 요소로 벌써 확립되어 있음을 보여주고 있습니다. 만약 이 설명이 정확하다면, 『근본설일체유부율』이 초기의 사원을 언급하고 있는 내용에서 향실에 상당히 중요한 위치를 부여하고 있었거나, 적어도 이것을 언급할 정도까지는 확립되어 있었는지를 확인해 볼 수 있을 것입니다. 그러나 이런 기대와는 다르게 그런 것도 있고, 그렇지 않은 것도 있습니다.

교단과 관련된 문헌 중에 가장 유명하고 어떤 의미에서는 최초인 불교사원은 유복하고 신심 깊은 아나타삔다다가 기부한 사위성의 제따바나 사원입니다. 최초이거나 원래부터 향실이 있던 사원도 제따바나인데, 이 향실은 바르후트(Bhārhut) 비문에도 이미 새겨져 있습니다.[76] 『근본설일체유부율』의 「파승사」와 「와구사」에는 제따바나의 배치와 설계에 대해 매우 자세한 설명이 되어 있습니다만, 「파승사」에서는 제따바나의 설계에 대해 분명하게 언급하며 사원의 모델로도 설명하고 있는데, 향실에 대해서는 어떤 것도 언급하지 않고 있는 것이 이상합니다.

「파승사」와 「와구사」에 현존하는 제따바나의 배치만이 『근본설일체유부율』에서 설명하고 있는 사원 창건 관련 설명은 아닙니다. 「파승사」의 제따바나 창건 설명은, 최초의 사원 설립 장소가 베나레스(Benares)라는 다른 전승도 이야기하고 있습니다. 여기서는 향실이 문자 그대로 중심적인 위치를 차지하고 있습니다. 또한, 기부자의

76 H. Lüders, *Bharhut Inscriptions* (Corpus Inscriptionum Indicarum II, 2) (Ootacamund, 1963), p.107.

중심도 아나타삔다다가 아니라 칼야나브하드라(Kalyāṇabhadra)라는 재가자입니다.

처음 다섯 명의 성문이 세존으로부터 가르침을 받던 때, 그들은 숲속에 살고 있었다. 숲속에서 살고 있었을 때, 그들은 사자나 호랑이나 표범이나 하이에나의 공격에 노출되어 있었다. 그래서 세존은 '과거의 정등각자인 성문들은 어디서 살고 있었을까?'라는 생각을 했다. 세존은 스스로 '사원이구나'라고 짐작했다. 신들도 세존에게 그렇다고 말했다. 그때 깔야나브하드라(Kalyāṇabhadra)로 불리며, 베나레스에 사는 한 재가자가 있었다. 항상 선행을 베푸는 그는 다음과 같은 생각에 잠겼다. '나는 세존의 성문聲聞들을 위해 사원을 지어야겠다.' 그는 아침 일찍 일어나 세존에게로 갔다. 도착해서 세존의 발에 엎드려 예배하고 옆에 앉았다. 이렇게 앉았을 때, 세존은 재가자인 칼야나브하드라가, 붓다의 설법에 따라 생각하게 만들고, 고무되게 만들고, 고취되어 기쁘게 만들었다. 세존은 그가 설법으로 여러 가지를 생각하게 되고, 고무되고, 고취되어 기뻐하니, 침묵했다. 그러자 재가자인 깔야나브하드라는 자리에서 일어나 상의를 한쪽 어깨에 걸치고 세존을 향해 합장 예배하고 다음과 같이 말씀드렸다. "만약 세존께서 허락하신다면, 저는 세존의 성문들을 위해 사원을 지을 것입니다." 그러나 재가자는 이것을 어떻게 만들면 좋을지를 몰랐다. 세존은 "만약 당신이 3개의 승방〔이 있는 사원〕을 만든다면, 중앙에는 향실을 설치하고, 양쪽에는 하나씩 승방〔을 두어야 한다〕. 9개의 승방〔이 있고〕 3면이 있는

〔승방〕의 경우도 마찬가지다. 4면이 있는 〔사원〕에서는, 향실을 정면 현관으로 향하는 면의 중앙에 설치하고, 현관 양쪽에 승방을 하나씩 〔두어야 한다〕."

이 이야기 다음에는 비구와 비구니 사원에서 향실을 포함한 여러 건축 단위로 허용하고 있는, '윗방'의 수와 관련된 일련의 짧은 규칙이 계속 설명되어 있습니다. 비구의 향실에는 7개, 비구니의 향실에는 5개만 허용되어 있는데, 이것이 전부입니다.

여기에는 몇 가지 이상한 점이 있습니다. 기존의 전통에서는 제따바나를 우선시하여 최초의 향실이 있었다고 하는데, 여기서는 기존의 전승에 공공연히 이의를 제기하고 있는 것을 볼 수 있습니다. 여기서는 사원이 처음 설립된 장소도 베나레스로 옮겨 놓고 있고, 시대도 최초의 5비구 시대로 변경해 놓고 있습니다. 여기에 등장하는 깔야나브하드라라는 재가의 대화자는 여기 이외에서는 존재를 알 수 없습니다. 여기서는 사원이 실제로 건축되었는지조차도 설명하지 않은 채 갑자기 끝나고 있습니다. 「파승사」의 이 내용을 제외하면, 「와구사」에 나오는 것과 같은 텍스트도 볼 수는 있지만, 이런 내용은 볼 수 없습니다. 이 내용은 이렇게 불분명하지만, 이 텍스트는 『근본설일체유부율』의 「잡사」에서 계단階段과 관련된 규정에 인용되어 있습니다. 이것이 바로 구나쁘라바의 『율경』 및 주석으로 대표되는 후기의 『근본설일체유부율』의 전통에 의해 다루어지고 전파된 텍스트입니다. 사실 구나쁘라바는 향실에 대한 몇 개의 문장을 요약하여 제시하고 있습니다. 먼저 인용한 것으로는 유산遺産의 일부로 안료顔料와 이것이 붓다에게 귀속되었을 경우의 용도에 관한 규정을 요약한 것(『율경』 85. 29~30)과 사원 내 회화의 배치에 관한 규정을 요약한 것(『율경』 114. 24)에서 볼 수 있습니다. 인용하지 않은 것에는 곰의 가죽을 받아 향실 문 발판으로 사용할 수 있도록 허가한 부분을 요약한 것(『율경』 92. 1)과 비구가 향실의 그림자를 밟기 전, 경전의 게를 암송하도록 한 부분을 요약한 것(『율경』 115. 8)에서 볼 수 있습니다. 그러나 지금의 목적으로 가장 중요한 것은 앞에서 인용한 내용에 대한 구나쁘라바의 설명입니다.

> 그는 사원을 세워야 했다. 향실에 필요한 것, 그것은 한 동棟의 사원 중앙에서 정면 입구를 향해 세워야 한다. 4면面 3동棟의 사원인 경우에도 마찬가지다.

구나쁘라바는 여기서 의문이 들지 않도록 앞에서 언급한 「와구사」의 깔야나브하드라의 이야기를 전거典據로 삼아 그의 주석에서 인용하고 있습니다.

이렇게 대충 살펴보는 것만으로도 『근본설일체유부율』의 향실 전승에는 몇 가지 다른 요소나 층層이 포함된 것을 알 수 있습니다. 이 전승에는 제따바나에서 최초의 사원이 창건된 설명이 포함되어 있습니다. 이것은 다른 모든 교단의 문헌에 확립된 전승과도 일치하고 있습니다. 이 내용은 두 곳에서 볼 수 있지만, 향실에 대해서는 어떤 언급도 하고 있지 않습니다. 이 전승은 이미 확립된 전승을 뒤집는 것처럼 보이는 다른 내용인데, 최초의 사원을 좀 더 이른 시기로 변경해 놓았고, 게다가 장소도 베나레스로 옮겨 놓은 것으로 보이는 내용을 담고 있습니다. 대화자 깔야나브하드라도 여기서만 등장하고 있습니다. 문자 그대로도, 상징적으로도 이 내용은 향실을 중심에 놓고 있습니다. 『근본설일체유부율』에서는 많은 규칙이나 인연담因緣譚에서 향실의 존재를 언급하고 있습니다만, 건축적으로는 아직 보통의 승방과는 구별할 수 없는 향실의 존재도 인정하고 있습니다. 여기서 인정한 향실은 다른 곳에서는 금한 곰 가죽 같은 물건의 보관도 허용하고 있어, 상당한 액수가 틀림없을 기증품이나 유산遺産을 붓다의 몫으로 분배하는 것도 허용하고 있습니다. 향실은 비구들이 종교적인 예방조치를 강구시키지 않고서는 그림자도 밟을 수 없는 종교적 금기의 대상이었습니다. 그러나 『근본설일체유부율』에서는 향실의 이런 역할이 불탑과 항상 양분兩分 되었기 때문에 경제적으로나 종교적으로나 붓다의 대체 역할을 유일하게 할 수 있는 주된 건축물이 아니었습니다. 그러나 몇몇 경우는 텍스트의 위치로 볼 때, 향실에 대한 언급 방식이 무언가 의심스럽다고 생각합니다. 이것은 앞에서 인용한, 향실만이 붓다에게 귀속된 재산의 수령자라고 설명하고 있는 경우입니다. 이 문장은 「쟁사」에서 살펴본, 싱할라(Siṃhala)왕의 딸이 기부한 진주 중 붓다에게 분배한 몫은 향실에 안료顔料를 바르는 데 사용되어야 한다고 규정되어 있는 것입니다. 여기서는 불탑에 대해 어떤 것도 언급하고 있지 않습니다. 하지만 이 규칙 자체는 이야기의 마지막에 그저 덧붙여 놓은 것에 불과합니다. 이 규칙은 이런 종류의 이야기에서 표준적인 결론인데, 전형적인 몇 가지 요소 사이에 뜬금없이 삽입되어 텍스트 전체에서 충분하게 잘 녹아들지 못하고 있습니다. 요컨대

『근본설일체유부율』의 이 문장은 아직 완성되지 않은 전개로, 아마도 불탑을 희생시켜 향실에 더 큰 중요한 위치를 부여하려는 방향으로 전개하고 있던 것을 증명해 주는 것이겠지요. 여기서 볼 수 있는 것을 불교 비문에서도 볼 수 있지만, 이것을 반드시 인도 북서부에서만 출토되었다거나 쿠샨 왕조시대의 것이라고만 한정할 수는 없습니다. 제가 아는 한, 쿠샨 왕조시대 인도 북부의 비문에서는 향실에 대한 기술이 보이지 않고 있습니다. 이것은 더 후대로, 게다가 더 멀리 떨어진 곳에서 볼 수 있습니다. 이것이 가장 먼저 등장하는 것은 아마도 3~4세기 간타살라(Ghantasala)의 일련의 비문일 것입니다. 다음은 4~5세기의 하이데라바드(Hyderabad), 다음은 아마도 5세기의 아잔타(Ajanta), 칸헤리(Kanheri), 카우샴비(Kaushambi)의 다양한 비문과 4~5세기부터 11세기에 걸친 사르나트(Sarnath)와 보드가야(Bodhgayā) 출토의 비문에서 향실을 언급한 것이 몇 개 있습니다. 그리고 6~7세기 발라비(Valabhī), 7세기의 네팔, 9~11세기 커키하르(Kurkihar)와 날란다(Nalanda)의 비문이 있습니다. 향실에 대한 언급은 서서히 대량으로 출현하는데, 불탑 건축이나 유골이 기록되어 있는 비문들이 갑자기 사라지는 시기와 일치하고 있습니다. 불탑 건축이나 유골에 대해 기록하고 있는 마지막 비문은 만다소르(Mandasor)와 데브니모리(DevniMori)에서 출토된 것으로 모두 5세기의 것입니다.

이것에 주의한다면 『근본설일체유부율』과 같은 중요한 비중을 차지하고 있던 것이 비문에서도 변화되고 있다는 것을 알 수 있지요. 사실 비문의 경우가 변화의 정도는 더 큽니다. 여기서 이 변화를 살펴보는 것이 본론에서는 벗어나지만, 이 변화가 인도 불교사원의 기본설계에도 분명하게 등장하고 있다는 것에 주의하는 것은 중요합니다. 아마도 3~4세기 서부 동굴의 것이 겨우 얻을 수 있는 초창기의 것이겠지요. 그리고 대부분은 5세기까지 규격화되어 갔겠지요. 표준적인 사원에서는 중앙 입구에 접한 동棟 중앙의 방으로, 구조를 점차 정교화시켜 가면서 명료하게 인정받고 있습니다. 근본설일체유부의 사원 규정에 따르면 이것이 바로 향실의 위치입니다. 사원의 거주구역에서는 이 방을 중앙으로 배치해 놓고 있었는데, 실제로는 사당祠堂이었고, 5세기 이후로는 강한 인상을 주는 상像까지 항상 안치시켜 놓고 있었습니다. 가장 전형적인 예로는 5세기 이전으로 보이는 카시아(Kasia)의 오(O) 사원, 아잔타(Ajanta)의 제16 동굴, 바그(Bagh)의 비하라 동굴 II(Vihāracave II), 사위성의 제19 사원, 날란다(Nalanda) 사원 1, 라트나기리(Ratnagiri)의 시르푸르(Sirpur) 사원 1입니다. 향실이 사원 공동체의 중심으로 발전해 가는 가장 초기 단계인 사원의 기본설계에서 명확히 드러나지 않는 것이 이상하지는 않습니다. 『근본설일체유부율』에서 볼 수 있듯, 향과 화환만으로 사원의 보통 승방과 향실을 외관상으로 계속 구별해야 했다면, 재가자들이나 브라만이 「잡사」에서 한 것처럼 한 번이 아니라 두 번이나 했던 반대의 것을, 우리도 할 가능성이 있습니다. 우리도 무심코 쿠샨 왕조시대 사원의 향실을 비구의 보통 승방과 착각할지도 모릅니다. 향실의 구조가 점점 정교해지면서 현실의 기본설계에서도 비로소 명료해지고 있습니다. 『근본설일체유부율』의 어떤 부분에서는 구조가 정교해지는 모습도 볼 수 있습니다. 카시아의 오 사원은 예외이지만, 쿠샨 왕조시대 인도 북부 사원의 기본설계에서 향실을 명료하게 구별해 낼 수 없는 것은 건축이 발전되기 시작하는 과정을 보여주고 있기 때문이며, 건축적으로는 5세기에 이르러 기본설계가 뚜렷하게 규격화되어 나중에 카시아의 향실로 등장하는데, 아잔타, 바그 등이 최종단계를 보여준다고 생각합니다. 이를 통해 볼 때, 향실은 비문과 기본설계 자료에도 출현하면서 확장되는 것을 알 수 있는데, 이것이 규격화된 인장印章의 출현과 확대와 관련되어 연대적으로, 그리고 어느 정도는 지리적으로도 대체로 일치한다는 것을 알 수 있습니다. 규격화된 인장과 향실이 카시아, 사르나트, 카우샴비, 날란다 등의 여러 유적에서도 출토되었다는 점에 주의해야 합니다. 그러나 여기서 가장 중요한 것은, 사원 인장의 역사와 향실의 역사가 같은 양식을 보여주고 있다는 것입니다. 인장과 향실은 『근본설일체유부율』에서 이미 규칙으로 제정해서 사용하고 있었던 사원의 물질문화 요소들인데, 5세기 이후의 인도 북부 곳곳에서 완전히 규격화되었고, 근본설일체유부의 규칙이 5세기 이후의 인도 북부 전역에서 사용되기에 이르렀던 것입니다. 이렇게 인도 북부에서 우위를 차지하고 있었던 것은 이들 사원의 규칙이었습니다.

여기서 또 하나 주의해야 할 다른 양식이 있습니다. 우리는 『근본설일체유부율』로 쿠샨 왕조시대 간다라의 부조에 그려진 '두개골 두드리는' 이야기를 풀어낼 수 있었습니다. 이것은 또한 아잔타에서 5세기의 것이 많이 출토되었기에, 여기에 그려진 『아바다나』나 건물 입구에 그려진 수레바퀴나 향실을 설명할 수 있었습니다. 요컨대 『근본설일체유부율』에 등장하는 자료들은 쿠샨 왕조시대의 간다라 뿐만이 아니라 인도불교 중기 전반에 걸친 인도 북부 전역의 사건에 대해 언급하고 있는 것이라 말할 수 있습니다. 이런 의미에서 『근본설일체유부율』은

이 시기에 있어서 무엇과도 바꿀 수 없는 기록입니다. 현존하는 다른 어떤 율보다도 『근본설일체유부율』이 1~5세기의 인도 북부에 있었던 부파部派의 사원제도를 잘 보여주고 있다고 생각합니다. 이것은 이 시기와 관련해 파격적으로 귀중한 것입니다. 이것은 이 시기에 대해 말해주고 있을 뿐만 아니라 뒤이은 많은 사물의 기준도 마련해 주고 있다는 점에서, 이 율律은 상세히 연구할 가치가 있습니다.

제2장 교단사에서 경제가 갖는 의미

1. 『근본설일체유부율』과 사원경제

『근본설일체유부율』의 자료는 너무 방대한 양이어서 단편적으로밖에 연구되지 못한 것이 현실입니다. 아무래도 앞으로도 계속 오랫동안 이렇게 될 것이 거의 확실합니다. 『근본설일체유부율』에서 몇 개의 짧은 단편은 예외입니다만, 방대한 이 율장의 양 때문에 범어 텍스트나 티베트어 번역본이 교정된 텍스트로 아직 출판되지 못한 상황을 고려해 본다면, 이 율장에 관한 종합적인 연구를 할 수 없는 것이 문제가 될 것은 분명합니다. 이런 것이 불가능하기에 기대할 수도 없습니다. 『근본설일체유부율』의 종합적인 연구가 불가능하다면, 이 율장을 어떻게 연구하면 좋을까요? 라는 질문을 하게 됩니다. 이 질문은 이 율장에서 중요한 것이 무엇일까? 라는 질문과도 자주 혼동됩니다. 이 율장에서 중요한 것이 무엇인지를 결정하기 위해서는, 이 율장이 종합적으로 연구되어 있어야 합니다. 이런 상황에서는 모든 것이 중요해집니다. 지금은 구나쁘라바의 『근본설일체유부율』에 대한 개요가 어떤 선택에서 기초적인 기준을 제공해 줄지도 모릅니다. 그는 데리게판版에서 4천 장에 이르는 이 율장을 100장 이하로 압축해 놓았습니다. 대단히 과감한 선택을 한 것 같습니다. 그의 개요인 『율경』은 적어도 5~7세기의 율장 학장學匠이, 『근본설일체유부율』에서 무엇을 중요하게 생각했는지에 대한 뛰어난 시사示唆를 해주고 있습니다. 그러나 『율경』에 충분하게 익숙해진다면 중요하다고 생각했던 모든 것이 불안하게 느껴질 수도 있습니다. 물론 구나쁘라바의 의도와 결과는 매우 종합적이어서 우리가 도저히 따라가지 못하는 것입니다. 하지만 구나쁘라바의 『율경』에 대한 정당한 평가는, 재료가 된 이 율장의 내용과 관련해 종합적인 연구를 기다리며 처음으로 이루어졌다는 것에 있습니다. 우리는 이렇게 또다시 원점으로 되돌아오게 됩니다.

물론 이 율장에서 중요한 것이 무엇인지를 결정하려는 시도 자체가 근본적으로 착각일 수 있다는 가능성에 대해서도 생각해 볼 수 있습니다. '중요한 것을 결정한다'라고 하지만, 자신의 관심사가 그렇게 현명하다고는 할 수 없는 억지에 불과할 수도 있는 경우가 매우 많을 것이기 때문입니다. 불교를 연구하는 경우 중요하지 않은 텍스트를 누가 연구할까요? 아무도 이런 일은 하지 않을 것입니다. 중요하지 않다고 생각된 텍스트의 거의 모든 것이 '이전이라고 생각했던 것보다 더 빠른 시기의 것'이 되거나 '가장 초기의 것'이라고 밝혀져 놀랄 수도 있습니다. 이런 것은 각각의 연구자가 '이 텍스트나 정보는 내가 연구하고 싶기에 중요한 것이다'라고 생각하는 것을 의미합니다. 팔리어 성전聖典의 단편이든, 『근본설일체유부율』의 어느 한 텍스트든, 방대한 대승 경전 중 어느 하나이든 무엇이 중요하고 무엇이 중요하지 않은지는 알 수 없는 것이 진실입니다. 아마도 이렇게 말해 두는 것이 가장 좋다고 생각합니다.

하지만 이런 중요성에 관한 결정을 내릴 수 없다고 해도, 어떤 선택에 대한 기준은 필요합니다. 이럴 때 아주 속수무책인 것은 아닙니다. 모두 다 살펴본 것은 아니지만, 『근본설일체유부율』과 얼추 동시대에 속한 일군一群의 자료가 있기 때문입니다. 이 자료들도 대부분은 『근본설일체유부율』같이 비구들을 기록해 놓은 것인데, 비구 이외에 여러 부류의 기부자에 대해서도 다양하게 기록해 놓았고, 비구들에 대해서는 놀랄 만큼 많은 양을 기록해 남겨 놓았습니다. 이 자료군資料群은 1~5·6세기 불자들에 대한 수백 개의 기부 비문인데, 무엇보다도 먼저 우리에게 필요한 화폐와 자산, 비구와 민중이라는 두 가지가 기록되어 있습니다. 우리는 여기서 화폐와 자산이 교단과의 관계에서, 현실적인 사원과의 관계에서 소승 교단이 어떠했는지를 알 수 있습니다. 이것은 교단에 대해 언급하는 자산 양도 기록에서만 볼 수 있습니다. 이런 기록을 통해서만 인도불교 중기시대의 비구 개인들이나 일반 사람들이 실제로 어떤 일을 하고 있었는지에 대해 일부나마 알 수 있습니다. 위의 기록 자료에는 '영대기금永代基金'도 언급되어 있는데, 이것은 교단이 화폐경제에 푹 빠져 있었다는 것을 폭로한 것입니다. 여기에는 명상하는 비구, 탁발하는 비구, 건축 일에 종사하는 비구, 식사 시중을 드는 비구, 삼장에 통달한 비구니, 때로는 그들의 아이들에게 법을 설하는 비구 등 모든 종류의 비구들이 기록되어 있습니다. 지리적으로는 이들이 어디서 왔는지에 대해 무언가를 말해주는 것이며, 경제적으로는 이들이 어떤 이유로 여기에 왔는지에 대해서도 행간이 무언가를 말해주고 있는 것입니다. 때로는 왜 이들이 여기에 있었는지, 이들에게 무엇이 중요했었는지, 왜 이들이 이런 일을 선택적으로 기록했는지 등에 대한 단서를 제공해 주기도 합니다. 이런 일들은 우리에게 판단의 기준도 제공해 줍니다.

이런 것의 옳고, 그름을 떠나서 저는 불자들의 기부 비문이 『근본설일체유부율』에 대한 제 연구를 결정해 주었다고 생각합니다. 저는 이 율장에 어떤 특정 질문을 하면서 이것과 마주해 왔습니다. 이런 질문이 있었기에 저는 종합적인 연구를 그만둘 수도 없었고, 그렇다고 너무 자의적인 연구도 할 수 없었습니다. 저는 이 율장에 화폐와 자산, 비구와 민중이 기록되어 있는, 네 가지 주제들 사이에서 일찍부터 존재해 왔지만, 지금은 잊힌 관계가 기록되어 있는 것에까지 관심을 가지고 주의를 기울여 왔습니다. 하지만 이것조차도 그저 입문 정도밖에는 할 수 없었습니다. 아직 착수하지도 못한 것들이 이 문헌에 남아 있다는 것을 생각하면, 무엇이 결정적이라고도 말할 수 없습니다. 또한, 이런 연구에서 필연적으로 취급해야 할 것 중 대부분은 아직도 거의 연구되지 못하고 있으며, 인도불교의 승가제도 연구에 대한 어떤 것은 완전히 무시되기까지 했습니다. 하지만 이제 간신히 승가제도의 연구에 대해 무언가 점차 문제점이 있다는 것을 알게 되었습니다.

2. 서양에서의 '수도원 제도'의 연구사

1) '수도원 제도'의 교의(教義, prototype)

로버트 바그널(Robert Bagnall)이, 파피루스(papyrus)에서 설명하고 있는 이집트 수도원 제도와 관련해 보인 반응은 이 문제를 논하기에 훌륭한 출발점이 됩니다.[77] 그는 논문에서 '비구란 무엇인가?'라는 것이 아직 학계에서 견해가 일치되지 않았다는 것을 분명히 밝히고 있습니다. 이 견해에 대한 불일치는 별로 놀랄 만한 것이 아닙니다. '비구란 무엇인가?'라는 것이 어떤 전통에서든 오로지 교단과 관련된 문헌의 저자들만이 진지하게 토론하는 논의의 중심에 있었기 때문입니다. 교단과 관련된 문헌의 역사라고 해도 실제는 비구와 관련해 많든 적든 서로 대립하는 일련의 장황한 규정밖에는 없습니다. 여기에는 좋은 비구, 나쁜 비구, 이상적인 비구, 어설픈 비구만이 있을 뿐입니다. 비구들 자신만이 비구의 규정에 대해 논쟁해 온 것입니다. 이렇기에 이른바 '수도원 제도의 역사'가 오히려 특정 장소, 특정 수도원 제도에 대한 이해를 어렵게 만들 것이라고 한 경고에 역사가들은 주의를 기울여야 합니다. 적어도 이런 가능성에 대해서는 더욱 민감해져야 합니다. 그러면 한 장소, 한 시대에서 특정 수도원 제도가 다른 장소, 다른 시대의 수도원 제도와 똑같지 않다는 것을, 간단히 말하면 '수도원 제도'라고 불리는 무언가가 있었다는 것을 추측해 보는 것이, 전혀 도움이 되지 않을지도 모른다는 것을 알고 있었을 것입니다. 수잔나

77 R. S. Bagnall, *Egypt in Late Antiquity* (Princeton, 1993), pp.293~303.

엘름(Susanna Elm)이 분명히 지적하며, "수도원 제도의 역사는, 원래 이른바 서양의 역사기술이라는 틀에 맞춰 오랫동안 밝혀져 왔기 때문에, 기초적인 것에 이르기까지도 역사적인 결론이라기보다는 오히려 교리적인 결론에 도달하게 만든다"[78]라고 말한 사실을 역사가들은 대부분 주의 깊게 살펴보지 못하고 배제해 온 것입니다. 이렇게 수도원 제도의 역사에는 '신학상의 입론立論'이라는 문제가 있습니다.

2) 이집트·소아시아 수도사의 실상

바그널(Bagnall, 1993)은 '4세기 이집트 수도원 생활의 역할'을 접하고, "이 주제에 접근하려는 것이 긴 화물열차에 방해가 될 수 있기에, 대부분을 뒤로 남겨 놓아야 했다"[79]라고 말했습니다. 그는 "수도원 생활에 대한 서양인의 사고방식은 이것에 호의적인지 아닌지와 관계없이, 서양 수도원과 관련된 전통, 특히 베네딕트회의 전통에 따라 대부분 형성되어 왔기에, 이렇게 상상하는 세계에 대한 주문을 뿌리친다는 것이 그렇게 쉽지는 않을 것이다"라고 말했습니다. 이렇게 말한 후 불과 1년 후에 엘름(Elm, 1994)은 이집트와 소아시아 수도원 제도에 대한 대규모 재평가에 착수했고, 이에 대해 더 담담하게 말했습니다. "적어도 9세기 이후, 특히 베네딕트회의 규정이 수도원 제도라는 용어를 결정했다"라며, "더 구체적으로 말하면, 베네딕트(Benedictus) 이전과 이후로 나뉘어 수도원 제도 전체에 대해 기술된 역사는, 베네딕트회

---

78 S. Elm, *'Virgins of God'. The Making of Asceticism in Late Antiquity* (Oxford, 1994), p.4.

79 R. S. Bagnall, *op. cit.*, p.294.

수도원 제도와 관련된 것으로 예증하는 여러 개념으로 지배당하면서 깊은 영향을 꾸준하게 받았다"[80]라고 그녀는 말합니다.

바그널과 엘름의 문제는, 인도불교 교단에 대한 비문이나 고고학 관련 자료에 종사하는 사람이나 『근본설일체유부율』과 관련된 문헌에 종사하는 사람이 가지고 있는 것과 적어도 부분적으로는 같은 종류의 문제입니다. 바그널의 파피루스 자료에 보이는 수도사들이나 엘름의 자료에 보이는 수도사나 수녀의 대부분은, 불교 비문이나 『근본설일체유부율』의 비구나 비구니처럼, '서양의 관념' 안에서 살며 '상상하게 된' 수도사나 수녀와 비슷하지 않습니다. 게다가 이렇게 비슷하지 않은 모든 사례를 인정한다 해도, 결국 화폐도, 자산도 사람들과 관련되어 있습니다. 바그널은 다음과 같이 말합니다.

> 사막에서 고행하는 자기 부정적인 삶의 방식을 묘사하고 있는 문헌 자료 때문에 자칫하면 사람들이 속아 넘어가게 되는데, 분명히 고행자 대부분은 이런 묘사와는 반대로, 빈곤보다는 풍요로움이 느껴지는 환경 속에서 금욕생활을 하고 있었다. 이런 수도원의 물질적 환경이 일반적으로 가난한 주거였다기보다는 오히려 도시의 상류계급을 흉내 내고 있었다는 인상을 주었다.

'수도사들은 재산을 소유할 수 있었다'라는 바그널(Bagnall)의 말도 중요합니다.

---

80 S. Elm, *op. cit.*, p.8.

수도사가 유산을 상속받았거나, 수녀가 도시에 있는 재산의 등기 소유자였거나, 수도사가 주택 분담 소유 지분을 매각했다는 증거도 있다. 이런 증거 서류는 수 세기에 걸쳐 존재하고 있으며, 수도사가 수도원에 들어갈 때는 이런 재산을 포기할 필요가 없었고, 재산 관리도 금하지 않았다. 그들은 선불 구입을 포함한 대부 업무에 종사하면서도 사람들의 신용까지 얻고 있었다.

뒤에서 살펴보겠지만 세세한 점에서는 다릅니다만, 4세기 이집트의 그리스도교 수도사들은 서양의 관점에서 '상상하고 있는' 수도사와 비슷하지 않지만, 동시대의 『근본설일체유부율』에서 묘사하고 있는 비구들과는 아주 비슷합니다. 만약 이렇게 '상상된 수도사'를, 적어도 그리스도교의 수도사와 관련된 연구를 하던 바그널이 오해한 것이라면, 인도불교의 비구에 대해 이해할 수 있을 즈음에는 이 '상상된 수도사'가 잠재적으로 얼마나 진실을 왜곡해 왔던 것인지를 쉽게 상상할 수 있게 됩니다. 이것은 많이 왜곡된 것입니다. 파피루스 자료에서 볼 수 있는 유형의 수도사, 『근본설일체유부율』에서 묘사하고 있는, 비구를 닮은 비슷한 유형의 그리스도교 수도사는 '서양에서 말하는 수도사란 무엇인가? 또는 무엇으로 존재하는가?'라는 논의에서 승리를 거두지 못하고 있습니다. 게다가 이런 유형의 수도사는 문화사적으로도 나쁘게 평가되고 있습니다. 이들은 나쁜 수도사가 되어버린 것입니다. 하지만 인도에서는 불교의 비구를 문화사적으로도 이렇게 평가하지 않는 것이 존재하고 있었습니다.

3) 기번(E. Gibbon)의 서양 수도원 사관史觀과 커닝엄(A. Cunningham)의 불교 교단 사관

서양에서는 수도자가 일반적으로 잘 알려지지 않았습니다. 현대 역사학의 기초가 마련되던 시대에는 특히 더 그랬습니다. 프로테스탄트(Protestant)는 수도자를 그렇게 좋아하지 않았습니다. 헨리 체드위크(Henry Chadwick)는 '제도制度로서의 수도원 제도에 대한 프로테스탄트의 거부' 또는 '수도원 제도에 대한 종교개혁의 대립'에 대해 서술했습니다. 하지만 그는 다음과 같이 말하기도 했습니다.

> 종교개혁에 나타난 수도원 제도에 대한 맹렬한 거부는, 계몽운동의 것에 비하면 조신을 잘한 편이라고 해도 좋을 정도이다. 만약 수도원 제도에 대해 가장 강렬하게 고발한 것을 보고 싶다면, 멜란히톤(Melanchthon)이 아니고 볼테르(Voltaire)나 기번(Gibbon)의 제37장을 보면 된다. 여기에는 초기의 수도자들에 대해 20페이지에 걸쳐 위세 좋은 독설과 냉담한 증오가 영어로 작성되어 있다. 이런 종류 중 가장 불쾌한 표본 하나를 보게 될 것이다.[81]

야로슬라프 펠리칸(Jarosalav Pelikan)도 "기번의 『로마 제국 쇠망사』에서 볼 수 있는 어떤 편견들은, 수도사나 수도원에 대해 갖는 그의 반감만큼이나 난폭해서 사람들을 오해하게 만든다"[82]라고 말했습

81 H. Chadwick, "The Ascetic Ideal in the History of the Church", *Monks, Hermits and the Ascetic Tradition*, ed. W. J. Sheils (Studies in Church History 22) (Oxford, 1985), p.6.

니다. 수도원 관련 연구에서는 기분 좋은 출발이라는 것이 전혀 없습니다. '프로테스탄트의 거부'나 '종교개혁의 대립'이라는 것은, 수도원에 대해서 기번이 제시한 것과 같은 반감이 상당히 오랜 기간 만연되어 온 것입니다. 이런 반감이 얼마나 오랫동안, 얼마나 많이 인도불교의 승가제도 연구에 영향을 주었는지는 아래의 두 인용문에서 분명해지고 있습니다. 기번의 독설 중 상당수는 수도원 제도 전체에 대한 것이 아니고, 주로 극단적인 형태의 고행주의에 대한 판단으로 향해 있습니다.

그에게는 이 이외에도 여러 표적이 있었습니다. 그는 이 중 하나를 조준하면서, 서양 수도원 제도와 관련된 역사에 대한 문서 중 가장 강렬하게 확립된 것 중 하나이며 최근까지도 사용되고 있었던 상투적인 말들(trope)을 모아 초창기 판본을 내놓았습니다.

> 젊은이는 남은 평생을 함께 보내려고 결심한 성자들에게, 자신의 재산을 기부하고 싶다는 생각에 사로잡혔다. 법률이 매우 자의적恣意的으로 행사된 결과, 그는 향후 모든 유산이나 재산을 상속해 주는 조건으로, 성자가 그를 받아들인다는 인정을 받았다. 멜라니아(Melania)는 300파운드의 은접시 때문에, 폴라(Polar)는 마음에 드는 수도사들의 부조 때문에 막대한 부채가 생겼다. 시간이 지나고 인기 있는 수도원의 재산은 증가해 어떤 것도 이 재산을 감소시키지 못했으며, 인접한 국가나 도시로까지 확대되었다. '그들이 원래의

---

82 J. Pelikan, *The Excellent Empire. The Fall of Rome and the Triumph of the Church* (San Francisco, 1987), p.111.

열정을 계속 지닌 한', 그들은 자신이 관리를 맡은 자선기금의 충실하고 친절한 관리인이라는 것을 증명할 수 있었다. 하지만 '그들의 수행은 번영으로 붕괴하고 있었다.' 그들은 점차 부를 자랑하게 되어 결국 낭비에 빠지게 되었다.

요컨대, 수도사들은 접시나 재산을 얻었습니다. 그들이 원래의 열정을 계속 지닌 한, 이것은 좋은 것이었습니다. 하지만 그들의 열정은 계속되지 않았습니다. 그리고 그들의 수행은 번영 때문에 붕괴하였습니다. '원래의 열정은 좋았지만, 역설적으로 번영했던 것이 나빴다'라는 이런 상투적인 말(trope)과 말투가 몇 번이나 반복되고 있습니다. 기번의 『로마 제국 쇠망사』가 처음 출판된 것이 1770년대인데, 자칫하면 그가 사무엘 존슨(Samuel Johnson)과 동시대의 사람이라는 것을 잊게 될 정도입니다. 기번보다 70년 정도가 지난 뒤 출판된 알렉산더 커닝엄(A. Cunningham)의 『빌사의 불탑(*The Bhilsa Topes*)』에 이중으로 언급된 문장을 채택해 보겠습니다.[83] 이 책은 사람들에게 널리 읽혔는데, 제목과는 다르게 인도 불교사에 대한 영문 해설을 최초로 세상에 제공했기 때문입니다. 특히 인도 불교사의 후반기에 대해서는 거의 알려지지 않았던 시대에 쓰인 것입니다. 하지만 커닝엄은 승가제도의 역사에 아주 확신이 있는 것처럼 보입니다. 커닝엄은 시대가 언제인지는 별로 상세히 밝히지 않으면서 다음과 같이 말하고 있습니다.

83 A. Cunningham, *The Bhilsa Topes or Buddhist Monuments of Central India: Comprising a Brief Historical Sketch of the Rise, Progress, and Decline of Buddhism* (London, 1854), pp.2; 107.

사실, 불교는 케케묵은 낡은 신앙이었다. 탁발승들은 이제 탁발하지 않는데, 훨씬 이전에 사원이 할당받은 토지로 유지하고 있기 때문이다. 옛날의 현명한 사문이나 비구는 육체적으로 금욕을 지켰고, 명상에 전념했고, 수행에 힘썼고, 신성한 모범을 보여 사람들에게 경건함의 놀라움을 자아내게 했지만, 지금은 이렇게 하지 못하고 있다. 외관상으로는 여전히 종교의 이름을 갖고 있지만, 틀에 박혀 단조롭고 활기 없는 실천에는 이제 열렬한 열정이 존재하지 않는다.

커닝엄은 이와 비슷한 자세로 불교사 연구를 끝내고 있습니다.

초기불교 시대의 열렬한 구도자들은 매일 걸식으로 생계를 꾸리고 있었다. 그러나 사람들이 경건함에 관대했기에, 국가는 승가를 지원하기 위해 점차 최고의 토지를 증여하게 되었다. 이 결과 대중들은 무척 게을러서 한심한 비구들의 소유물을 부럽게 바라보게 되었다.

이것이 완전히 지어낸 이야기임은 말할 것도 없습니다. 커닝엄은 자신이 무엇을 쓰고 있는지도 잘 파악하지 못하고 있었던 것입니다. 실제로 여전히 오늘날까지도 초기의 비구들이 어떠한 일을 했는지, 승가의 토지 소유가 어떠했는지는 알려지지 않았습니다. 하물며 대중의 반응 등에 대해서는 말할 것도 없습니다. 그러나 그가 만들어 낸 이야기는 어딘지 모르게 친숙한 울림을 갖고 있습니다. 분명히 커닝엄은 기번만큼 명문가名文家는 아니지만, 승가의 역사와 발달의 형태에 대해서는 놀랄 만큼 기번과 비슷한 견해를 갖고 있다는 생각이 듭니다. 초기에는 비구들이 '원래의 열정'대로 선善했는데, 토지나 소유물을 획득한 이후 '열렬한 열정이 사라졌다'라는 것입니다. 커닝엄이 기번을 읽은 적이 있는지 어떤지는 모르겠습니다만, 그는 콜러리지(Coleridge)가 교육을 받은 기숙학교(Christ's Hospital)에서 고전적인 교육을 받았습니다. 하지만 이보다 더 중요한 것은, 이들이 서양 수도원 제도에서 모종某種의 '자연의 역사'나 '필연적인 역사'라고 부를 수 있는 것을, 어떤 정당한 근거도 없이 '인도의 현실'이라고 간주했던 것을 커닝엄도 당연시했다는 것입니다.

기번은 수도원의 발달 형태에 대해 매우 정밀하게 서술한 초기 역사가 중의 한 사람이지만, 그가 이것을 생각해낸 것은 아닙니다. 이것을 생각해낸 것은 사실 수도사들이었습니다. 이를 떠올려, 근대 학문에 가장 큰 영향을 준 수도사들을 확정하는 것이, 그렇게 어려운 일은 아닙니다. 제가 큰 실수를 범하지 않는 것이라면 이것은 서양사상 속에 깃들어 있는 것인데, 이것으로 서양사상을 형성한 수도사들은 시토회(Citeaux)의 베르나르도(Bernardus)와 그에 동참했던 수도사들입니다. 바그널(Bagnall)이 말하는 베네딕트회는 이 정도는 아니었습니다.

3. 수도원과 물질적 번영의 의미

1) 수도원의 위기를 초래한 것

기번은 중세 그리스도교 문헌에 익숙했는데, 이것이 수도원의 재산이 번영하게 되는 데 미치게 될 역할과 수도원의 역사에 대한 자신의 견해를 지지해 줄 것이라는 생각을 했습니다. 그는 이것을 본문이나 주註에서 직접 보여주고 있습니다. 이런 견해를 지지했던 것으로 보이는 수도원 문헌의 대부분은 지금도 쉽게 접근하기 어렵지만, 기번의 영향력으로나 그의 견해가 커닝엄에게까지 미쳤을 흔적을 고려하면, 세상에 이 책이 나왔을 때 인기를 얻어 곧바로 읽히게 되었을 것은 짐작해 볼 수 있습니다. 밴 엔겐(J. Van Engen)은 기번의 생각을 1928년에 다른 형태로 새롭게 표현하면서, 라이날도(Raynaldus)라는 은둔자의 이름으로 두 편의 소논문이 출판된 것과 관련짓고 있습니다.[84] 이것은 완전히 정지해 있다고 생각한 공을 다시 굴리기 시작한 것입니다.

밴 엔겐에 의하면 라이날도는 "그의 시대, 아마 1090~1110년경의 수도원이 법적이고 경제적인 일에 전념하고, 특정 업무나 관례의 유지에 전념하고, '훌륭한 생활'에 몰두하는 사회제도로까지 변질시키고, 정신생활을 함양하는 데는 너무나 부적합한 장소로 변해버린 것을 고발했다"라는 것입니다. 라이날도의 편집자 제르맹 모랭(Germain Morin)은 이 소론에서, '12세기 초 수도원 제도에서 발생한 단기短期의 위기의 시대'에 대한 근거를 찾아내, '수도주의修道主義의 위기'라는 표현으로 제목을 사용했습니다. 많은 사람이 그를 따랐다는 것은 말할 것도 없지만, 장 르클레르(Jean Leclercq)가 그중 가장 영향력

84 J. Van Engen, "The 'Crisis of Cenobitism' Reconsidered: Benedictine monasticism in the years 1050-1150", *Speculum, A Journal of Medieval Studies* 61, 2 (1986), p.269~304.

있는 사람이었습니다. 르클레르는 모랭의 말을 반복했을 뿐 아니라, 이것을 더 특정했습니다. 이때 그는 기번의 주요 용어 중 하나를 이야기 중간에 삽입해 놓았습니다.

> 모랭이 이것을 '수도주의의 위기'라고 부른 것은 확실히 적중했다. 실제로 이것은 번영 속의 위기였다. 신분이 높은 사람들이 의지하는 만큼 대수도원은 부유해졌다. 수도원의 기금은 빈틈없이, 몇 명은 성자聖者이기도 한 수도원장들이 능숙하게 관리하여 재산이 늘어나고, 건물이 확장되고 장식되었다. 이 모든 것이 청빈에 대한 반동反動을 일으켰다. 청빈을 보증하는 유일한 길은 고독으로 돌아가는 것이었다.[85]

여기에는 악인惡人의 이름이 분명하게 나와 있습니다. 기번에게는 수도원의 수행을 파괴하는 것이 '번영'이었던 것입니다. 우여곡절이 있었지만, 르클레르의 견해는 이 시대를 좌지우지했는데, 지금까지도 어떤 영향을 주고 있습니다. 밴 엔겐의 말을 빌리면, 이 위기는 '이제 모두가 아는 사실'이라고 생각합니다. 왜 이렇게 되었을까요?

밴 엔겐은 "위기라는 생각은 〔라이날도에 의한〕 베네딕트회에 대한 비판을 글자 그대로 읽은 것에서 기초한다"라고 말합니다. 여기서 주의해야 할 것은, 소승불교의 승가제도에 대한 현대 학자들의 견해

---

85 J. Leclercq, "The Monastic Crisis of the Eleventh and Twelfth Centuries", *Cluniac Monasticism in the Central middle Ages*, ed. N. Huni (London, 1971), p.222.

중 일부가 대승 경전의 소승불교에 대한 비판을, 글자 그대로 읽은 데서 생겨난 것으로 보면 거의 틀림없다는 것입니다. 밴 엔겐은 "이러한 저작著作은 본래의 목적이나 상황을 고려하며 읽어야 한다"라고도 말합니다. 이런 저작이 베네딕트회의 수도원 제도를 객관적으로 설명하는 것이 아니기 때문입니다. 이런 것들은 신진 비구들이 전통적인 승가제도에서 분열된 것을 정당화한 것과 같은 것이며, 다른 사람을 그들의 승가에 입회시키려 한 것과 같은 것입니다. 여기서도 그들의 저작은 분명히 대승 경전이라고 자칭하는, 많은 소작품小作品들과 궤를 같이하고 있습니다. 혁신적인 논의가 어느 쪽으로든 역사나 사실과 혼동된 사례가 있음을 인정하고 있습니다. 이런 것들을 종종 지나쳐왔던 것에 대해, 밴 엔겐은 다음과 같이 지적하고 있습니다.

> 종교집단은 주로 성장과 개화, 쇠퇴 혹은 카리스마적인 창설創設, 제도의 성숙, 퇴폐적인 침체 등으로 부르는 주기(週期, life cycle)가 있는 것처럼 생각된다. 이런 생각에는 어떤 진실이 있을까? 라는 생각은 뒤로 제쳐두더라도, 역사가들 대부분은 이것을 인간의 다른 집단의 행위에 적용해 볼 수 있는 것처럼, 상식적으로는 종교집단에 어느 정도는 적용해 볼 수 있을 것으로 생각하고 있으며, 최근의 중세 수도원 제도와 관련된 역사적인 연구에서도 이러한 주기(cycle)를 시대적 연속성이나 인과관계의 연속성에도 적용해 보고 있다.

여기에는 수도원 제도를 설명하기 위한 모델을 얼마나 사실로 간주하고 있었는지, 또 이렇게 간주한 것이 얼마나 압도적으로 일반적이었는지 하는 것이 들어 있습니다. 이렇게 깔끔하게 정리된 모델은 의심까지는 아니더라도 주의해 보아야 합니다. 이 모델이 적어도 두 가지 면에서 중요한 점을 벗어나기 때문입니다. 이 중 하나를 밴 엔겐은 "종교적인 새로운 사건의 발생이 예견된다고 해서, 다른 하나가 퇴폐적이라고 생각할 필요는 없다. 두 가지 이상의 것이 함께 동시에 번영했을 수도 있기 때문이다"라고 누구보다도 분명하게 말하고 있습니다. 특히 우리의 문제로 한정해서 말한다면, 대승이 출현할 즈음 소승불교의 승가제도에 무언가 근본적인 결함이 존재했다는 필연성은 없습니다. 어쩌면 이것이 전자가 후자를 취한 후 바뀐 것을 보여주는 것도 아니며, 그럴 필요도 없습니다. 이 둘이 같은 시대에 개화開花하고 있었기 때문입니다. 모든 증거가 이것을 보여주고 있다고 생각합니다. 다음으로 중요한 두 번째는 번영인데, 물질적 번영이라는 것이 특히 교단에서 단지 하나의 필연적 의미가 있었던 것이거나 중요성을 갖고 있었던 것이 아니라는 것입니다. 어떤 사람들은 이것을 교단이 붕괴하게 된 원인이라고 볼 수 있을지도 모르겠습니다만, 다른 사람들은 이것이 교단에서의 수행修行을 보장해 주는 것이라고도 볼 수 있기 때문입니다. 사원의 부富가 세상의 부와 같은, 그런 본질적 의미가 있는 것은 아니기 때문입니다.

2) 수행 생활을 보장하는 것

위기 모델이 서양의 수도원 역사에 널리 퍼져 있었기 때문에, 수도원 재산의 파괴적인 효과에 대한 라이날도(Raynaldus)나 베르나르도(Bernardus)의 견해는 잘 알려지게 되었습니다. 이것과는 별개로 별로 유명하지는 않습니다만, 이들과 같이 도리에 맞는 견해가 있습니다. 이것은 이러한 견해와는 분명하게 모순됩니다. 고고학자 그램 클락(Grahme Clark)은 『우월의 상징: 지위를 나타내는 귀중품들(*Symbols of Excellence: Precious Materials as Expressions of Status*)』에서 방대한 분야에 걸친 엘레강트(elegant)의 소품小品에서 부분적으로 수도원의 예를 접하고, "만약 인간이 신성함이나 신성함의 단계를 명료하게 드러내 보이고 싶은 경우, 그들이 여기에 걸맞은 상징이라고 생각하는 것은 귀중품이 갖는 서열이다"라고 서술하고 있습니다. 밴 엔겐도 먼저 대략 "물질적인 것과 정신적인 선을 연결하는 경향은 궁극적으로 인간이기 때문에 발생하는 것이다"라며, '베네딕트회 수도사의 마음이 물질적 번영과 정신적 번영에 집중하는 경향'을 호의적으로 논하고 있습니다.

> 즉, 물질적 번영은 정신적 번영의 조건이며 상징이라고 생각한다. 베네딕트회 수도사들은 그들의 연대기와 생애를 번영, 보물, 교회의 재건, 훌륭한 서적에 묻어 두고 있다. 물론 이 중 하나는 이 기록을 보존하기 위해서이기도 하지만, 이것과 마찬가지로 수도사들에 대한 신의 축복을 기록하고 축하해 주기 위한 것이기도 하다. 이들에게는 이것이 매우 기본적이면서 자명한 것이기 때문에, 일반적으로는 이의제기가 있을 때만 기록해 두는 것이 필요했다.

이런 견해를 밝힌 사람으로, 가장 일반적으로 인정받고 있는 사람이 생드니(Saint-Denis) 왕립수도원의 수도원장 슈거(Suger)입니다. 이것도 지극히 당연합니다. 그의 말투는 매우 싫증 나지만 아주 솔직한 표현이라고 할 수 있습니다.

> 우리는 신의 은혜를 숨기지 않고 공개적으로 찬양하는 것이 유익한 것이며 적합한 것이라고 확신하고 있다. 그러므로 유산을 관리할 때마다, 거룩한 신의 손길이 성스러운 교회에 허락해 주신 옷감의 증가는 〔이 목적을 위해〕 예정해 둔 것이다. 우리는 전능하신 신의 무상無上한 힘을 무마撫摩하기 위해, 동포의 헌신을 촉구하기 위해, 다음 수도원장들의 모범이 되기 위해, 회기會期 때 이것을 공개할 것을 강력히 주장하는 바이다.

수도원장 슈거에게 수도원의 재산축적은 축복해야 할 일이고, 공개적으로 칭송해야 할 일이지 숨길 만한 일이 아니었습니다. 이것은 신이 내려주신 은혜의 징표이므로 공개적으로 드러내야 할 것이었습니다. 여기서는 이것을 공개적으로 드러낼 수도자의 헌신을 촉구하며, 미래의 수도원장들이 지향해야 할 본보기의 역할도 강조하고 있습니다. 베르나르도(Bernardus)파派는 이것을 반대할지도 모르겠습니다만, 이것이 수도원의 재산과 수도원의 재산을 진열하는 것 등에 대한 수도원의 태도인데, 『근본설일체유부율』 문헌에서의 서술과도 많은 공통점이 있습니다. 『근본설일체유부율』 문헌에서는 비구 개인의 종교적 지위가, 물질적 소유물의 양과 비례한다는 것을 당연하게 받아들였기 때문입니다. 승가의 화려한 복장이나 미술 작품을 사람들에게 보여주는 것이, 이것을 본 사람들에게 많은 영향을 주게 되어 이들이 경건한 생각을 하게 될 것으로 생각했기 때문입니다. 라이날도나 베르나르도파는 이런 것을 좋아하지 않았지만, 그렇다고 해서 그들의 취향이 수도원 제도로 오랫동안 계속되어 온 중요하고 합법적인 형태 중 일부였다는 사실을 부정하는 방향으로 현대의 연구자들을 이끌어서는 안 됩니다.

물론 수도원의 재산이나 자산이 위기 모델과 직접적인 관련이 크게 없다는 다른 주장도 있습니다. 그러나 많지는 않습니다. 수도원의 재산문제와 관련된 최근의 연구는 위기 모델을 완전히 무시해야 한다고 주장합니다. 루도 밀리스(Ludo J. R. Milis)는 다음과 같이 말합니다.

> 또한, 필자는 수도원의 역사에서 종종 일어나고 있는 활력과 쇠퇴의 교체라는 것을 그다지 중요하게 생각하지 않는다는 점을 강조하고 싶다. 이것들은 종교적 이념인데, 수도원 제도의 영향을 종합적으로 연구하는 경우 적합한 범주가 되지 못하기 때문이다. 활력은 물질적 부와 세속적 권력과의 집합으로 해석되는데, 종교적으로 말하면, 진정한 생명력은 거의 필연적으로 반대의 방향에 있으면서 더 격리된 상태로 이끌어 세속적인 일들에서 물러나는 방향으로 작용하게 될 것이다. 이렇게 명백한 범주에서 발생하게 되는 실수는 수도원 제도의 규정이 너무 모호해서 생기는 것이다. 먼저 규정한 것처럼, 수도원 제도 자체는 객관성 있는 개념이다. 우리는 이런 것 때문에 일상생활의 기복起伏에 영향받지 않을 것이다.[86]

---

86 L. J. R. Milis, *Angelic Monks and Earhtly men, Monasticism and Its Meaning*

이것은 적어도 몇 가지 점에서 현명한 태도이며 현실보다 이념을 선호하는 경향이 강한 것으로, 많은 불교 연구자가 갖는 태도와 유사합니다. 안타깝지만, 그래도 현실은 부와 자산을 축적하려는 태도가 근본설일체유부 교단教團의 이념에서 본질적인 부분이고, 다른 집단도 모두 마찬가지라고 생각합니다. 이런 것은 쉽게 없어지지 않습니다. 밀리스(Milis)는 그가 취급한 수도원 제도가 "라이프 스타일(life style)로 실행되는 어떤 특정한 정신적 이념 및 도달목표"라고 말하지만, 막상 이것을 실행에 옮기면, 이것은 반드시 '일상생활의 기복起伏'과 관계되어 있습니다. 이념을 실행에 옮기게 되면, 이것은 자산이나 자산관리에 대한 중세적인 생각을 어쩔 수 없이 대규모로 채택하게 되는데, 이런 것이 이념 자체와 관련되어 무언가 중요한 것을 말해주게 됩니다. 여기서는 우르스머 벨리에르(Ursmer Berlière)의 조금 오래된 견해 쪽이 더 확실하거나 더 적극적입니다.

> 베네딕트회는 13~14세기에 걸쳐 위기를 겪었다. 이 위기는 수행 생활과 경제 상태에서 동시에 발생했다. 모든 그리스도교 국가에서 수도원은 빚을 졌고, 이런 가난은 수행 생활에 이완을 일으켰다. 이런 현상을 설명하기 위해 13세기 초의 몇몇 비평가들이 한 것처럼 과도한 부가 수행 생활을 악화시켰다고 비난하는 것으로는 불충분하다. 부富는 확실히 나쁜 폐단을 낳을 수도 있지만, 제도가 번영하기 위해서는 필요한 요인이기도 하다. 교회의 가난이 필연적인 결과로 교회의 발전을 방해하기도 하지만, 수행 생활을 하게 만들

---

to Medieval Society (Woodbridge, 1992), ix.

것이라고 주장하는 것도 이치에 맞다.[87]

여기서는 수도원이 가진 부富의 역할에 아주 다른 견해가 인정되고 있습니다. 부는 수도원의 수행을 타락시키는 것이 아니라, 오히려 타락이 일어나지 않게 보장해 주는 것입니다. 이것은 수행 생활을 붕괴시키는 것이 아니라 유지해 주는 것입니다. 또한, 밴 엔겐은 '물질적으로 혜택을 받기 어려운 것'과 '수행의 부흥' 사이에는 거의 필연적이라고 생각되는 관계가 있다고 말합니다. 이 두 가지가 연동되어 베네딕트회의 개혁이 추진되었다고 말합니다.

『근본설일체유부율』의 편찬자나 편집자들도 물질적 풍요로움과 이에 몰두하면 생기게 될 잠재적 폐단을 인식하고 있었던 것이 틀림없습니다. 하지만 라이날도와는 다르게, 이런 문제를 교단과 연결하지는 않았습니다. 이들에게 이런 폐단은 교단의 문제가 아니라 개인의 문제입니다. 이들은 부에 지나치게 집착한 비구를 개인의 문제로 기록하고 있습니다만, 승가 전체가 이렇게 한 것은 기록하고 있지 않습니다. 이들은 물질적인 결핍이 사회에 미친 나쁜 영향에 대해 오히려 더 잘 알고 있었습니다. 이 율장의 편찬자들은 이런 빈곤을 미리 방지하기 위해 다수의 규칙을 제정했습니다. 이 율장에는 재산의 궁핍이 종교적 실천에 미쳤던 결과를 상세하게 언급하는 설명이 많이 존재하고 있습니다. 평범한 예이지만 다음 중 하나가 전형적인

87 U. Berlière, "Le recrutement dans les monastères bénédictins aux XIIIe et XIVe siècles", *Bulletin de la classe des lettres et des sciences morales et politiques* 18. 6 (Belgique, 1924), p.3.

예입니다.

어느 추운 날 재가자인 아나타삔다다가 제따바나 사원을 방문했습니다. 그는 비구들이 바닥에 몸을 웅크리고 있는 것을 발견했습니다. 그가 비구들을 책망하자, 이들에게는 따뜻한 옷이 없었기에 "쾌적한 사람들은 법에 전념할 수 있겠지만, 우리는 얼어 있습니다"라고 대답합니다. 이런 이유로 붓다는, 비구가 승복僧服 안에 재가자의 옷을 입어도 된다고 허용하는 항목을 제정합니다. 이 율장에는 붓다가 비구들이 숲속에서 사는 것을 칭찬했기 때문에 몇 명의 비구들이 숲속에서 살게 된 이야기가 있습니다. 하지만 이들은 노상에서 강도를 당했기에 "재가자나 브라만의 가정을 찾아다니며 옷을 얻어야만 했다"라고 설명되어 있습니다. 이런 결과, 이들은 종교적인 실천을 게을리하였습니다. 이 이야기는, 물질적인 것이 종교적인 실천을 가능하게 만들어 주기 때문에 이를 매우 당연하게 여기는 것으로 보여주고 있습니다.

물론 인도불교 중기 사원에서 이런 것과 관련된 직접적인 증거가 있는 것은 아닙니다. 하지만 우리의 수중에 있는 증거가 유추類推의 범위를 넘어서는 것도 아닙니다만, 벨리에르(Berlière)가 꽤 오래전에 호의적으로 인정해서, 물질적인 소유물과 수행과의 관련성에 대한 방향을 지시해 놓은 것도 있습니다. 중국의 구법승 의정은 7세기 말에 방문한 날란다 사원에 대해 다음과 같이 말하고 있습니다.

> 날란다 사원의 의식은 지금도 엄격하다. 이 결과 거주자의 수가 많아 이천 명이 넘는다. 이 사원이 소유한 토지는 이백 (개)의 마을로 이루어져 있다. 이것들은 여러 세대에 걸쳐 왕들이 사원에

기증한 것이다. 이처럼 법의 번영은 율을 엄격하게 실행해야만 언제까지나 계속될 수 있는 것이다.

약 2세기 전에 법현도 보드가야(Bodhgayā)의 사원에 대해 마찬가지의 관련성을 언급하고 있습니다.

이 비구들은 어떤 부족함도 없도록 필요한 모든 것은 지방 사람들에게서 지원받고 있었습니다. 승가의 규정이 엄격하게 지켜져, 그들은 예의 바르게 올바른 몸가짐을 하며 집회에 참석하고 있었습니다.

중국에서는 늦게 공화제(1912~1949)의 시대가 되었어도 또한, 그랬습니다. 홈스 웰치(Holmes Welch)는 그의 상세한 연구에서 "규칙의 엄격함과 물질적인 풍요에는 상호관계가 크게 존재한다. 사원은 부유할수록 과도한 비구 지원자들에게 출가를 단념시킬 필요가 있었다. 이들은 가난한 사원에서 구더기 있는 쌀과 물이 새는 지붕을 보고 낙담했다. 카오민슈(Kaomin Ssu)에서는 이들 규칙 때문에 마음을 접었다. …… 정신과 규칙이 엄격하게 지켜진다고 인정받는 것은 토지에서 수입이 나오는 사원에서였다"라고 서술하고 있습니다.

물질적인 소유물이나 사원의 풍요는 사원이 쇠퇴하는 것과 두 가지 관련이 있습니다. 라이날도나 기번과 르클레르는 이것을 수도원이 쇠퇴하는 원인이라고 했습니다. 슈거나 벨리에르는 이것이 신의 은총을 받았다는 특징이며, 수도원에서의 수행 생활을 유지하며 쇠퇴를 방지할 수 있는 필요조건이라고도 했습니다. 물론 그렇지 않은 입장도 있습니다. 적지 않은 사람들은 수도원의 부가 수도원의 쇠퇴와 필연적인 관련성이 전혀 없다고 주장합니다. 이미 보았듯 밀리스는 '활력과 쇠퇴'는 거의 의미가 없다고 말했습니다. 밴 엔겐은 더 적극적으로, 사원의 개혁자나 라이날도 같은 비평가가 주장하는 쇠퇴는 그들의 변증법적 신학 속에서만 존재한다고 했으며, 이렇게 비판받은 베네딕트회 수도원 제도에 대해, "외부에 나타난 어떤 것도, 신입 수도자의 숫자도, 수입도, 수도원의 직원이나 영향력의 질도 대체로 쇠퇴나 퇴폐의 징후로는 전혀 보이지 않는다"라는 것을 보여주는 탄탄한 증거까지 들고 있습니다. 12~16세기에 걸친 웨스트민스터 사원의 베네딕트회 수도원 제도에 대한 바바라 하비(Barbara Harvey)는 최근 연구에서, 12~14세기까지 토스카나(Toscana) 지방의 베네딕트회 수도원에 대한 오세임(D. J. Osheim)의 연구[88]와 마찬가지로, 이 수도회가 매우 부유해서 번영하고 있었기에 쇠퇴의 조짐이 조금도 보이지 않았다는 것을 밝히고 있습니다.[89] 하비가 보여주고 있듯, 베네딕트회 수도원 제도는 이제 수도원의 혁신에서 최전선이 되지 못하고 있는 것 같습니다만, 멸망이라는 상황과도 거리가 먼 것 같습니다. 이것이 멸망한 것처럼 말하는 것은 새로운 것을 중요한 것과 동일시하거나 혼동하는 것이며, 근대주의자적인 오만함과 성급함에도 가담하는 것입니다. 또한 카르투시오(Cartusiensis) 수도회의 존재도 문제가 됩니다. 이들

---

88 D. J. Osheim, *A Tuscan Monastery and Its Social World, San Michele of Guamo* (1156-1348) (Rome, 1989).

89 B. Harvey, *Living and Dying in England 1100-1540, The Monastic Experience* (Oxford, 1993).

수도원의 일부는 정교한 건축, 훌륭한 그림, 고도로 섬세한 미술 작품을 풍부하게 갖추고 있었습니다. 하지만 이 수도회는 금욕·고행·고독·명상 생활을 하는 교단으로 독특한 생활 형태를 결코, 늦추지도 않고 굽히지도 않았기에 중세 말까지 개혁주의자들의 주의를 끌지 못했습니다. 굳이 '붕괴'라면, 로젠와인(B. H. Rosenwein)이나 리틀(L. K. Little)이, 클뤼니(Cluniac)와 프리어스(Frears) 수도원 제도가 붕괴한 것을 설명하듯, 부富와는 아무런 관계가 없으며, 특정 사회문제에 반응하며 전개되었던 것과 관련지어 설명할 수 있습니다. 마지막으로 12세기에 주목할 만한, 저자 미확정의 책인 『교회의 다양한 결사와 직업에 대한 회상록』에서 다음처럼 서술하고 있는 것은 정곡을 찌르는 것입니다.

> '속인俗人'이라 불리는 수도사에 대해 어떤 말을 해야 할지 모르겠다. 이것은 이들이 수도사의 생활방식을 따르지 않아, 이들이 하는 생활이 어디에도 언급되어 있지 않기 때문이다. 어떤 경우는 스승들이 태만하기에, 어떤 경우는 물건이 풍족하기에, 어떤 경우는 물건이 부족하기에 이런 생활방식이 점점 일반화되어 가고 있다. 풍요가 방종을 낳을 수도 있고, 세속적인 물건이 부족하지 않아도 정신력이 갖춰지는 일이 때때로 일어날 수도 있다. 하지만 수도원장이 수도사에게 제공해야 할 필수품이 없는 경우, 그는 수도사들이 수행하지 않는 과실을 굳이 물을 수도 없는 일이 발생하게 된다.[90]

90 ed. & trans. G. Constable & B. Smith, *Memoir on the Different Orders and Callings of the Church, Libellus de deversis ordinibus et professionibus qui*

돈이 있어도, 없어도 때로는 같은 결과가 발생합니다. 돈에 대해서는 여러 가지 부정적인 것을 말해 왔습니다. 서양의 역사와 역사에 대한 기록 중에는 이것을 전형적인 악당으로 취급해 온 것도 있습니다. 그렇지만, 수도자나 수도원이 재산을 소유하고 있다 하더라도, 여기에 반드시 미래를 예언할 수 있는 가치가 있는 것은 아닙니다. 이것이 가치 있다고 우기는 것은 불확실한 것에 대한 판정을 미리 내리게 되는 것입니다. 인도에서 5세기의 『근본설일체유부율』과 같은 문화를, 다른 승가제도와 관련지어 생각해 볼 때는 특히 그렇습니다. 하지만 적어도 하나의 방법으로 예단豫斷할 수는 있습니다. 우선 첫째, 베네딕트회와 불교사원에서 실행하던 것이 같아서, 이 내막을 비추어 보니 이 둘을 교단 제도라고 부르는 것이 적합하겠다는 생각이 들었다 해도, 이것만으로는 결코 분명하게 설명되지 않습니다. 서양의 수도사와 불교의 비구에게서 공통점 중 하나는, 양측이 공교롭게도 실제로는 그렇지 않은 이름으로 불리고 있다는 사실입니다. 수도사(monk)는 물론 그리스어 monos, '혼자'에서 유래되었으며, 비구(bhikṣu)는 어근 bhikṣ에서 파생된 단어로, 문자 그대로는 '구걸하는 사람'의 의미입니다. 하지만 서양의 전형적인 수도자는 거의 확실히 '혼자' 생활하지 않았고, 근본설일체유부의 전형적인 비구는 '걸식乞食'을 별로 하지 않았습니다. 우리는 이 부분에 대해 조금은 멈추어 서서 생각해 볼 필요가 있습니다. 첫째, 서양의 수도원 제도에서 부를 대하는 자세나 이것에 귀속되는 의미가 근본설일체유부의 승가제도와 같다고 생각한

---

sunt in aecclesia (Oxford, 1972), pp.55~57.

다면 이것은 적어도 성실한 태도가 아닙니다. 서양에서는 수도원의 재산과 관련해 획일적 태도라는 것이 존재하지 않았고, 유일한 의미라는 것도 존재하지 않았습니다. 그래서 인도 사원의 재산이 붕괴의 표시였다거나, 더 심하게는 이렇게 된 원인이었다고 보는 것은, 단지 기번의 흉내를 내는 것에 지나지 않습니다. 이런 일은 하면 안 되는 것입니다.

우리에게 필요한 것은 『근본설일체유부율』에 개인으로서가 아니라 제도로서, 실제로 사원재산이 어떤 태도로 표현되어 있는지를 먼저 확인해 보는 것입니다. 이렇게 하면 인도불교 중기 초반에 널리 운용되어 알려진 한 승가제도에서, 이런 종류의 문제를 어떻게 다루고 있었는지에 대해 더 자세히 알 수 있게 될 것입니다. 이때 어쩌면 '승가제도'라는 용어가 태도나 실제 행동에 대한 모든 범위를 담을 수 있는 용어인지 아닌지를 명확하게 결정하기 위한 고찰을 시작하기에 만족할 수 있는, 1회 분량의 자료를 손에 넣을 수 있을 것입니다. 이러면 일은 잘 시작되는 것입니다.

제3장 인간은 그가 소유하고 있는 물건이다

—— 승가에서의 지위와 소유물

1. 기독교의 수도사 이미지

1) 사유재산에 대한 규칙

① 바실리오 규칙

서양 사람들이 수도원 생활에 대해 형성하고 있는 대부분의 인식은 서양 수도회의 전통, 특히 베네딕트회의 전통에서 기인한 것입니다. 여기서 수도사는 사유재산이나 개인 자산을 포기한 사람으로 간주하는 것이 분명한 특징임은 쉽게 짐작되고 있습니다. 이렇게 있지도 않은 세계를 낳는 주문이 왜 쉽게 없어지지 않는지를 이해하는 것이 어려운 일은 아닙니다. 서양 수도원 규칙의 기본을 만든 초기 저자들의 존재가 이것을 명료하게 설명해 주고 있습니다.

지금도 동방교회의 수도원 생활에서 지주 역할을 하는, 카이사레아(Caesarea)의 바실리오(Basilius, 329~379)의 수도 생활에 대한 한 공동체의 저작〔Ascetica〕에서 『대규칙』과 『소규칙』으로 불리는 이 책은,

수도원의 지도 원리로 간주하여 베네딕트(Benedictus, 480~543)나 다른 사람들이 규칙으로 인용하고 있습니다. 베네딕트는 다음과 같이 말하고 있습니다.

> 교부회의敎父會議, 그들의 제도와 생애, 우리의 아버지인 성 바실리오의 규칙, 이 규칙들은 그를 따르는 수도사들을 도와 좋은 삶을 살게 해주는 수단이 된다. 그러나 이 규칙들은 게으르고 흐리터분한 죄인인 우리를 비난해서 수치스럽게 만든다.

바실리오는 사유재산이나 개인 자산과 관련해 거듭 묻고 있습니다. 바실리오는 성서를 항상 실제 규칙인 것처럼 취급하고 있습니다.

> 주님은 "그러므로 모든 소유물을 포기하지 못하는 자, 너희들 누구도 내 제자가 될 수 없다"라고 반박의 여지가 없을 정도로 분명하게 말씀하고 계신다. 그러므로 주님의 말씀을 인용할 때 필요한 것을 우리 스스로가 다 말하고 또 성자들의 예를 인용하여 그 말씀을 입증하는 것이다. 또 다른 곳에서도 주님은 먼저 "만약 다음이 완전하다고 생각한다면"이라고 말씀하시며, "가서 소유물을 다 팔아 가난한 자들에게 주라"라고 덧붙인 후, 마지막으로 "오라, 나에게 순종하라"라고 하신다. 따라서 만약 우리가 무언가 세속의 물건이나 타락의 근원이 되는 부富를 몸에 지니고 있다면, 우리의 마음은 진흙 속에 파묻히듯 그 속에 파묻히게 되고, 그 결과 우리의 영혼은 신神을 볼 수 없게 될 것이며, 천계의 아름다움을 바라볼

수 있도록 고무되지도 못할 것이다.

그런데 『대규칙』의 이 절(VII) 바로 뒤에는, 수도사 자신이 재산을 관리할 힘과 필요한 경험을 갖추고 있다면 자기 스스로 재산을 관리할 수도 있고, 아니면 현명하고 충실하게 관리할 능력이 입증된 사람을 잘 알아보고 선택해서, 그 사람이 조심스럽게 재산을 관리해도 된다고 방법을 서술한 흥미로운 구절이 있습니다.

> '성직자 교단에서 사유재산을 소유하는 것이 정당한가?'라는 제목의 『소규칙』 1항에서는 이에 대한 답을 할 때도 역시 성서의 일부를 사용하고 있다. 이것은 "그들 중 한 명으로서, 자기들의 소지품을 자기의 소유물이라고는 말하지 않는다(Acts iv. 32)"라는 이 설명을 믿고 있던 이들과 관련된 「사도행전」 중의 증언을 위반하게 되는 것이다. 따라서 어떤 것이든, 이것을 자신의 소유물이라고 말하는 사람은 스스로 신神의 교회 밖에 서 있는 사람이 되어 외적인 소유물에 대해 아무 말도 하지 못하고, 동포를 위해 생명을 내던질 것을 말과 행동으로 우리에게 가르친 신의 사랑에 대해서도 문밖에 서 있는 사람이 되는 것이다.

계속해서 바실리오는, 수도사는 어떤 물건도 받을 수 없고 줄 수도 없다고 말하면서, 가족에게서 받은 수입과 상속에 대해서는 별도로 특별히 기록하고 있습니다. 머피(M. G. Murphy)도 말하듯, 어떤 수도사라도 수도원의 재산을 사용할 때는 완벽히 집착하지 않는 정신을 발휘하게 될 것입니다. 아주 작은 물건이라도 이에 대한 소유권을 주장하는 것은 수도원에 입문할 때 했던 선서를 범하게 되는 것입니다.[91]

② 아우구스티누스의 규칙

'서양 기원에서 가장 오래된 수도원의 규칙'을 저술한 아우구스티누스(Augustinus, 354~430)는 바실리오(Basilius)보다 조금 더 후대의 사람입니다. 바실리오가 사망했을 때, 아마도 아우구스티누스는 25세 정도였습니다. 로레스(G. Lawless)에 따르면, 그는 그리스어에 대한 지식이 부족했기 때문에 바실리오의 저서를 잘 읽지 못했다고 합니다. 그러나 아우구스티누스는 전해 들었거나 직접 본 것으로 '동방'의 수도원 제도에 대해 어느 정도는 알고 있었습니다. 어쨌든 이것이 무엇에 기초하고 있는가를 떠나서, 재산에 대한 아우구스티누스의 규칙은 분명 바실리오와 궤를 같이하고 있는 것입니다.

> 수도원에서는 어떤 물건도 자신의 것이라고 해서는 안 된다. 모든 물건은 공유되어야 한다. 수도원장이 그대들 한 명, 한 명에게 필요에 따라 음식과 옷을 주어야 한다. 이것은 『사도행전』에서 "그들은 모든 것을 공유했다(Acts iv. 32)", "개개인의 필요에 따라 배부했다(Acts iv. 35)"라고 말하고 있기 때문이다.

또

---

91 M. G. Murphy, *St. Basil and Monasticism* (Washington, 1930), p.53.

> 이 결과 누군가가 수도원에 있는 아들이나 친척에게 의복이나 다른 필요한 물품을 보내왔을 경우, 이 선물을 절대로 남몰래 착복해서는 안 되고 필요한 사람에게 나누어줄 수 있도록 공유재산으로 수도원장에게 전달해야 한다.

특히 후자는 바실리오의 '친척이 선물을 주면 성직자 교단에 들어간 사람들이 이것을 받아도 되는가?'라는 제목의 『소규칙』 1항과도 많이 닮았습니다.

> 이런 일에 주의를 기울여 결정하는 것이 수도원장의 의무이다. 이것은 필자 개인의 의견인데, 만약 이런 선물을 거부한다면, 많은 사람이 반대하지 않을 것이기에 신앙을 계발하기에는 더 유익할 것으로 생각한다. 그래서 이 선물을 누구에게서 받고, 이것을 어떻게 분배할지는 수도원장에게 맡겨야 한다.

③ 베네딕트의 규칙

서양 수도원 제도의 기본 규칙 중 가장 엄격한 것은 베네딕트회會의 것입니다. 버틀러(C. Butler)는, "베네딕트는 자산이나 개인의 소유라는 문제에 대해 너무 특별하고 엄격하게 말한다", "그(베네딕트)는 개인의 가난이라는 문제와는 절대로 타협하지 않기 때문에, 수도사는 그 누구도 사유재산에 관한 한 그 무엇 하나도 가질 수 없다. 수도사는 입회 선서를 할 때, 그의 모든 소유물을 가난한 사람들에게 나누어주거나 형식적인 증여 절차를 통해 수도원에 양도하든지 해서 자기 자신은 아무것도 소유하지 않는다"라는 말을 하고 있습니다.[92] 베네딕트의 규칙 자체는 버틀러의 견해를 지지해 주고 있습니다. '수도사는 재산을 소유할 수 있는가? 없는가?'라는 제목의 규칙에는 다음과 같이 기술되어 있습니다.

> 특히 재산을 소유한다는 악덕을 수도원에서 멸종시켜야 한다. 그 누구도 수도원장의 허락을 받지 않고 물건을 받거나 소유하는 등의 대담한 일을 해서는 안 된다. 서적이든 편지지이든 펜이든 마찬가지다. 수도사의 신체도 의지도 그들의 의지에 맡길 수 없다. 이러한 물건들은 수도원의 교부敎父가 필요에 따라서만 공급해야 한다. 그 누구도 수도원장이 주거나 허락하지 않은 것을 소유할 수 없다. "그들은 어떤 것도 내 것이라고 말하는 뻔뻔한 짓을 해서는 안 된다(Acts iv. 32 & 35)"라고 성서에 있듯, 모든 것이 공유되어야 한다. 만약 누군가가 이 특별한 악덕을 저지를 것만 같다는 걱정이 든다면, 그에게 반복해서 충고해야 한다. 만약 그가 이것을 받아들이지 않는다면 그는 벌을 받아야 한다.

'재산을 소유한 악덕', '이 특별한 악덕'에 대한 규칙의 의미는 너무나 명료해서 누구나 알 수 있을 것으로 생각합니다만, 베네딕트 자신은 이것을 다시 한번 언급할 필요가 있음을 느낀 것이 분명합니다. 다음은 '형제자매의 의복과 신발'에 대한 규칙의 일부입니다.

---

92 C. Butler, *Benedectine Monachism. Studies in Benedictine Life and Rule*, 2nd ed. (London, 1924), p.146.

수도원장은 침대를 여러 번 검열해서 개인이 소지품을 숨겼는지 검사해야 한다. 만약 그가 허락하지 않은 것을 발견한다면 죄인을 엄격하게 처벌해야 한다. 물건을 사유하는 이 악덕을 수도원에서 완전히 없애기 위해, 수도원장은 두건·단의·양말·구두·허리띠·칼·펜·바늘·손수건·서사판 등과 같은 필요한 물건들을 모두 허가제로 만들어야 한다. 이렇게 하면 필요하다고 속이는 일은 없어질 것이다.

2) 사유재산을 포기하지 않은 수도사들

개인의 자산이나 사유재산을 포기하는 것이 서양의 수도원 제도에서는 기본적인 규칙이었고, 수도원의 이상理想에서는 중심적인 요소였었다는 것도, 거의 의심할 여지가 없는 사실입니다. 이런 일에 상당한 공을 들였고 거듭 강조했던 것도 분명합니다. 개인의 자산이나 사유재산의 포기를 반복해서 강조했던 것은, 특히 베네딕트가 '개인의 소유에 대해 매우 특별하고 엄격하게', '이 특별한 악덕'을 '특히 수도원에서 멸종시켜야 한다', '완전히 멸종시켜야 한다'라는 것이었는데, 이것은 수도원의 이상적 주요 요소이기도 했지만, 특히나 중요한 문제로 여겼던 사실까지도 보여주고 있는 것입니다. 이것을 비록 이렇게 내버려 둔다 해도, 역사상 실재했던 현실의 수도사들을 여기서 말하는 하나의 이상상理想像에 비추어 규정해 보면, 이것은 필연적으로 그리스도교의 많은 수도사를 그들 자신 스스로가 소속되어 있다고 생각하던 범주에서 쫓아내게 됩니다. 만약 비구를 '개인 자산을 포기한 자'로 정의한다면, 바그널(R. S. Bagnall)의 파피루스 문서에서 볼 수 있는 수도사들은 수도사가 될 수 없습니다. 이 수도사들은 수도원에 입회할 때 그들의 자산을 전혀 포기하지 않았으며, 수도사가 된 이후에도 자산관리를 멈추지 않았습니다. '개인 자산을 포기한 자'라는 정의는 그리스도교의 수도원 제도라는 이름 아래, 창시자였던 사막의 교부敎父들도 수도사의 범주에서 벗어나게 만듭니다. 사막의 교부들은 서적을 갖고 있었는데 이것을 판매할 수도 있었습니다. 그들은 서로 돈까지 빌려주고 있었습니다. 어떤 수도사는 자기가 식사를 하거나 잠을 자는 동안 자신을 위해 기도해 준 사람에게 돈을 지출하기도 했습니다. 이런 생활은 히슈펠드(Y. Hirschfeld)가 연구한 비잔틴 시대의 유대(Judea) 사막의 수도사들도 이 범주에서 벗어나게 만들고 있습니다.[93] 이들도 서적을 소유했고 매매했습니다. 이들은 돈을 갖고 시장에 가서 자신의 저서를 판매했습니다. 또 이 정의는, 5세기 초반 남쪽 갈리아(Gallia) 지방의 수도사들도 이 수도사의 범주에서 벗어나게 만들고 있습니다. 카시안(J. Cassian)도 이들이 하는 일이 옳은 일이라고 생각했던 것은 아닙니다.

> 우리는 코에노비아(Coenobia) 수도원에 살면서 수도원장의 감시와 통제 아래 있지만, 우리는 우리의 열쇠를 제대로 쥐고 있다. 우리가 돈을 모아 저축했다는 것을 상징하는 반지를 낀 것이 부끄러운 일은 아니다. 우리의 경우, 상자나 바구니뿐 아니라 옷장이나 정리장조차도, 우리가 세상을 떠났을 때, 모아 두거나 남겨두거나

---

93 Y. Hirschfeld, *The Judean Desert Monasteries in the Byzantine Period* (New Heaven, 1992).

한 것에 비하면 별것 아닐 것이다.[94]

12세기부터 오늘날까지, 웨스트민스터에서 추방된 수도사들의 이름이 놀라울 정도로 많이 등장하는 명단 목록이 있습니다. 이것을 보면 그들은 월급을 받았고 항상 용돈을 갖고 있었습니다. 이들이 추방된 이유는 특히 회랑 밖 다수의 일반 시민들의 전체 수입보다도 더 많은 돈을 축적했기 때문입니다. '사유재산을 포기한다는 것'으로 누가 수도사이고 누가 수도사가 아닌지, 수도사란 무엇인지를 결정하는 기준을 만들 수는 없습니다.

지금까지 살펴본 것처럼, 수도사를 정의하는 특징이 사유재산의 포기는 아닙니다. 하지만 이것은 서양 수도원 제도의 이상理想으로 강조되고 있는 기본 규칙입니다. 사유재산의 포기라는 것이, 수도사가 수도원에서 생활하게 되면 사유재산을 당연히 포기하는 것으로 생각하던 서양인들의 사고에 대한 근거가 된 것을 보여주는 것으로 생각한다면, 이 사안은 훨씬 더 이해하기 쉬워집니다. 이미 오세임(D. J. Osheim)도 설명하고 있지만, 서양 수도원의 역사에 대한 기록에는 "수도원의 이상적 유형에 대해 말하겠다"라는 경향이 있는 것을 볼 수 있습니다. 그러나 이 기준이 왜 비구에게도 적용되었는지는 그다지 잘 모르고 있는 것 같습니다.

---

94 E. C. S. Gibson, "The Works of Johan Cassian", *A Select Library of Nicene and Post-Nicene Fathers of the Christian Church* II, 11, ed. P. Schaff & H. Wace (Grand Rapids, 1982), p.223.

2. 비구와 사유재산

1) 금은의 조항

비구가 모든 사유재산을 포기했다고 생각한 이유를 설명하기 위해 오직 하나를 꼽아야 한다면, 다양한 쁘라띠목샤(prātimokṣa, 波羅提木叉: 계의 조항) 중에서 일반적으로 비구에게 '금은의 취급'을 금한 것이라고 알려진 항목입니다. 그러나 이 항목은 현재까지도 너무나 여전히 오해받기 쉬운 항목입니다. 우선 첫 번째로, 불전 결집과 학파의 전개에 대한 여러 설이 존재하고 있는데, 이것이 어느 정도의 신빙성이 있는지는 모르겠지만, 이렇게 여러 설이 존재하고 있는 것은, 이 항목의 제정과 의미 때문에 초기 부파部派에서 비구들이 서로 팽팽하게 대립하고 있었다는 사실을 보여주고 있는 것입니다. 바이샬리에서 결집을 한 것은 '십사十事'의 마지막 항목 때문이었습니다. 대중부는 오직 이 항목만을 문제 삼고 있었습니다. 이 항목은 승가 자체에서 서로 일치를 보지 못했던 행위였거나 규칙이었습니다. 금은의 취급을 금지한 항목은 비구에 대해 정의하는 포괄적이며 유효한 특징도 아니고, 비구를 정의하며 진단을 내리는데 아주 유효한 특징이라고도 말할 수 없습니다. 현존하는 자료는 모든 논쟁에서 오염되었다고 생각해야 합니다.

① 금은 이외의 귀금속

다음 두 번째로, 이 항목에서 언급하고 있는 대상물로 보나, 이와 관련해 금지하고 있는 행동의 내용으로 보나 이것이 명료하다고는 말할 수 없습니다. 팔리율에서는 이 항목을 '금과 은'이라고 편의상 번역하는 자따루빠-라자따(jātarūpa-rajata)의 조항에 두고 있습니다. 대중부와 근본설일체유부의 율장에서도 마찬가지입니다. 그러나 피노트(M. L. Finot)의 설일체유부 텍스트에서는 '은(rūpya)'으로,[95] 심슨(G. von Simson)의 단편에서는 (j)ātaru〔pa〕rajata로 되어 있습니다.[96] 유감스럽지만 이들의 어떤 책을 읽어도 의미는 불투명합니다. 만약 자따루빠-라자따(jātarūpa-rajata)가 '금과 은'을 의미한다면, 이 금과 은이 정제되지 않은 금과 은인지, 가공한 상태이거나 가공하지 않은 상태의 금과 은인지, 화폐인 금과 은인지에 대해서도 알 수 있어야 합니다. 「경분별(經分別, Suttavibhaṅga)」에 삽입된 오래된 주석에는 적어도 '은'이 화폐를 포함하는 것으로 해석하고 있습니다만 이것은 하나의 견해일 뿐이고, 이것이 어느 정도를 나타내고 있는지도 모릅니다. 여기서도 금에 대해서는 어떤 것도 언급되어 있지 않습니다. 이 자따루빠-라자따가 얼마나 복잡한 단어인지는, 「의사衣事」에서 두 문장으로 잘 보여주고 있습니다. 이 두 문장은 명목상 승가에 속한 재산의 일부인 '금'을 언급하고 있습니다. 첫 번째 문장에서는 부자인 비구의, '하나는 탁발과 옷에서 생긴 것이며, 다른 하나는 환자를 위한 약에서 생긴 많은 금'으로부터 이루어진 재산을 언급하고 있습니다. 그러나 여기의 '금'은 자따루빠(jātarūpa)가 아닌, 더 일반적인 수바

95 M. L. Finot, "Le Prātimokṣasūtra des Sarvāstivādins", *Journal Asiatique* 104 (Paris, 1913), p.498.

96 G. von Simson, Prātimokṣasūtra der Sarvāstivādins (Sanskṛttexte aus den Turfanfunden 11) (Göttingen, 1986), p.226. 4.

르나(suvarṇa)가 사용되고 있습니다. 이 단어의 차이는 비구가 얼마나 정당하게 이런 재산을 축적하고 있었는지를 분명하게 설명하고 있는 것인데, 붓다 자신이 비구들 사이에서 이것을 분배하는 방법을 어떻게 가르쳤는지 설명하고 있는 것에서 볼 수 있습니다. 이 항목에서 자따루빠가 무엇을 의미하고 있든, 비구는 이러한 것을 갖고 있지 않았습니다. 그들은 수바르나를 갖고 있었는데 이를 부정하지 않았던 것도 분명합니다. 거듭 말하자면, 자따루빠가 무엇을 의미하든지, 가공되었든지 미가공(kṛtākṛta)이었든지와 관계없이 수바르나를 포함하고 있지 않다는 것이, 다음에 설명할 첫 번째 문장에서 분명하게 드러나고 있습니다. 여기서도 붓다는 아주 자세히 그들의 재산 중 다양한 물건들을 어떻게 하면 잘 분배할 수 있는지를 명확하게 설명하고 있습니다.

> 수바르나(suvarṇa)와 히란야(hiraṇya: 금을 의미하는 다른 단어)와 다른 〔귀금속〕은 가공된 것도 미가공인 것도 세 개의 몫으로 나누어야 한다. 첫 번째는 붓다를 위한 것이며, 두 번째는 법을 위한 것이며, 세 번째는 승가를 위한 것이다. …… 승가의 몫은 비구들에게 분배되어야 한다.

반복하면, 이 항목에 직접 저촉되지 않으면, 수바르나도 히란야도 이것이 가공되었든 가공되지 않았든 관계없이 자따루빠라고는 부르지 않았습니다. 우리는 여기서도 분명 배워야 할 것이 많이 있습니다.

② 비구는 금은을 '소유'할 수는 있지만, '손으로 잡는' 것은 할 수 없다

이 항목에서 거론한 금은의 성질도 엉성하지만, 이것의 금지가 어떤 것이었는지, 행동의 성질 또한 분명하지 않습니다. 바이샬리 결집을 설명할 때 등장하는 이 항목에 대한 라모뜨(É. Lamotte)의 설명에는, 이 항목에 어떤 혼란이 존재하고 있었다는 것이 반영되어 있습니다. 라모뜨는 '비구는 금도 은도 받아 들여서는(recevoir) 안 된다', 그들은 '받아(accepter)도 안 된다', 비구에게는 이것들을 '청하는 것이 허용되지 않는다', '금과 은을 사용하면' 비난받는 것처럼 '받아들인다', '받는다', '구걸한다'라는 것과 '사용한다'라는 것을 마치 모두 같은 뜻인 것처럼 말하고 있습니다.

이 항목의 여러 판본板本이 인도의 원어로 현재까지 전해지고 있는데, 이 항목 자체는 기묘하게도 놀라울 정도로 일관되게 서술되어 있습니다. 팔리어 판본도, 대중부, 설일체유부, 근본설일체유부의 범어 판본도 모두 금지한다는 행위를 표현하기 위해 ud√grah를 사용하고 있습니다. 이 항목의 팔리어 판본을, 리스 데이비드(T. W. Rhys Davids)와 올덴베르그(H. Oldenberg)는 '받아들이다(receive)'로,[97] 호너(I. B. Horner)는 '수중에 넣다(take)'로 번역하고 있습니다.[98] 그러나 범어의 udgṛhṇīte의 기본의미는 '들어 올리다(lift up), 위로 올려 두다(keep above), 옮기다(take out)' 등입니다. 프레비시(C. S. Prebish)는

97 T. W. Rhys Davids & H. Oldenberg, *Vinaya Texts* I (Sacred Books of the East 13) (Oxford, 1885), p.26.

98 I. B. Horner, *The Book of the Discipline* II (Sacred Books of the Buddhist 11) (Oxford, 1940), p.102.

이 항목에서 이 단어를 '획득하다(acquire)'로 번역하고 있습니다.[99] 이러한 번역은 이 항목과 밀접한 관련이 있는데 자칫하면 무시하기 쉬운 항목의 번역본과 대조해 보아도 이것들이 무언가 자연스럽지 못하다는 것을 알 수 있습니다. 두 번째 항목의 기본적인 서술은 실질적으로 처음의 항목과 같은데, 여기서는 완전히 같은 동사의 형태가 사용되고 있습니다. 그러나 이것은 '금과 은'이 아닌 종류가 다른 재산으로, 보통의 '보석'이나 '귀중품'으로 번역되는 라뜨나(ratna)를 언급한 것입니다. 두 번째 항목의 팔리어 판본을 번역할 때 데이비드와 올덴베르그는 동사를 '받아들이다'가 아닌 '손으로 잡다(pick up)'라고 번역했는데, 이편이 적당할 것입니다. 호너도 프레비시도 이렇게 하고 있습니다. 특히 여기서는 보석을 비구가 '손으로 잡는' 것으로 생각하지 않았습니다. 이것을 받았는지 소유했는지와 관련해서는 어떤 말도 하지 않았습니다. 그러나 문제는 말할 필요 없이 두 항목에서 매우 유사한 문맥 중에 사용되면서, 어떤 종류의 재산을 향해 있는 것 같은 동사動詞가 어떻게 전혀 다른 두 개의 의미가 될 수 있는지 하는 것입니다. 두 번째 항목은, 사원의 외부에서만 적용된다고 분명하게 서술되어 있으므로, 여기서 '손으로 잡는' 것의 의미는 실제로 뚜렷합니다. 같은 동사가 '금과 은'에 적용될 때 같은 것을 의미하는 것은 있을 수 있습니다.

만약 '금과 은'에 대한 항목이, 비구들에게는 '손으로 잡는' 것만을 금지할 확률이 높다면, 비구들이 이것을 사유私有할 수 있든 없든,

99 C. S. Prebish, *Buddhist Monastic Discipline* (University Park, 1975), p.70~71.

소유所有할 수 있든 없든 이 항목과 관계없는 것이 분명합니다. 그러나 이런 일에는 복잡 미묘한 문제가 존재하는데, 이와 같은 것을 다루는 『근본설일체유부율』의 다른 문장에서도 이것을 잘 보여주고 있습니다. 다음은 「약사藥事」의 텍스트입니다.

> 재가자 멘다까(Mendaka)는 "세존이시여, 노상路上에서 걸릴 수 있는 병에 대비해 까르샤빠나(kārṣāpaṇa) 화폐를 어느 정도는 소지해야 합니다"라고 말했다. "이것들을 소지해야(grahītavyā) 한다"라고 세존은 말했다. 세존이 "까르샤빠나 화폐를 어느 정도 소지해야 한다"라고 했을 때, 비구들은 이것을 누가 소지해야 하는지 몰랐다. "재가의 관리자(kalpikāra)가 〔소지해야〕 한다"라고 세존은 말했다. 하지만 재가의 관리자가 없었다. "〔그렇다면〕 사미가 〔소지해야〕 한다"라고 세존은 말했다.

③ 사미는 금은을 '손으로 잡을' 수는 있지만 '소유'할 수 없다

이 항목에 대해서는 존자 우빨리(Upāli)가 의문을 가졌습니다. 우빨리는 모든 전통에서 계율의 권위자로 손꼽히는 인물입니다. 그의 질문은 이 율장 곳곳에서 볼 수 있지만, 계율의 해석을 항상 명확히 하는 것과 관련되어 있습니다. 여기서 그는 사유재산을 소유한 비구가 아니라, 금을 '소지하고 있는' 사미沙彌에게 의문이 생깁니다. '사미는 까르샤빠나 화폐를 어느 정도 소지해야 한다'라는 항목을 붓다가 제정한 직후, 텍스트는 다음과 같이 말합니다.

존자 우빨리는 세존께 물었다. "세존은 '금과 은을 받지 않는 것(jātarūparajatāpratigraha)이 사미의 교육을 위한 제 열 번째 규칙이다'라고 말씀하셨습니다. 그런데 지금 세존은 '사미는 이것을 소지해야 한다(grahītavya)'라고 말씀하셨습니다. 이것의 의미는 무엇입니까?"

여기서 우빨리는 제 열 번째 교육 규칙(學處, śikṣapāda)과 붓다의 '새로운' 규칙 사이에 숨어 있는 잠재적 모순을 깨닫고 있습니다. 물론 이 열 번째 교육 규칙은 오로지 사미에게만 해당하는 것으로, 이 열 번째 교육 규칙의 표준적 표현(jātarūparajatapratigrahaṃ prahāya)에 어떤 모순이 들어 있다는 것에 주의하는 것이 중요합니다. 그러나 구족계를 받은 비구는 교육 규칙(학처)이 아닌 쁘라띠목샤(Prātimokṣa)의 규제를 받고, 이 구족계를 받은 비구를 규제하는 쁘라띠목샤 항목은, 비구들이 금과 은을 '받아서 취하는 것(pratigrahaṃ)'을 금하는 것이 아니라, 어느 쪽이든 '손으로 잡는 것(ud√grah)'을 금하는 것에 주의하는 것이 중요합니다. 우빨리는 이 사실을 알고 질문한 것입니다. 만약 모순이 있다면 이 모순은 비구와 관계있는 것이 아니라, 사미와 관계있는 것입니다.

우빨리의 질문에 대한 붓다의 대답은 꽤 엉뚱한 장난을 포함하고 있지만, '손으로 잡는 것(udgrahītavya)'과 '받아서 취하는 것(pratigraha)'을 구별하고 있습니다.

세존께서 말씀하셨다. 우빨리여, 나는 의도적으로 '받아 취한다'라

> 는 말을 사용한 것이다. 이것은 제대로 잡아야 하는 것이다(pratigraham udālin mayā sandhāyoktaṃ mā tv agrhyaṃ). 따라서 사미는 이것을 손으로 잡아야만 하는 것이다. 그러나 받은 것을 자신의 것으로 하면 안 된다(tasmāt śramanerakeṇodgrahītavyam/no tu pratigrahaṃ svīkartavyaḥ).

이 문장이 정확히 무엇을 의미하는지는 내버려 두더라도, 한 가지 확실한 것은 이것을 기록할 당시에는 비구와 사미 사이에 금전 문제가 매우 미묘해졌고, 복잡한 해석이나 논의가 의무적으로 위임되고 있었던 것입니다. 만약 문제가 조금 더 단순했다면 이런 일은 없었을 것입니다. 이 율장에서는 이것을 적어도 다음과 같이 해석하고 있습니다. 사미는 금전을 자신의 것이라면서 받을 수는 없었지만, 그는 금전을 손으로 잡을 수는 있었습니다. 하지만 비구는 반대였습니다. 비구는 금전을 손으로 잡을 수는 없었지만, 이것을 받을 수는 있었습니다. 사미는 '노상에서 걸릴 수 있는 병에 대비해 받은' 금전을 손으로 잡을 수는 있었습니다. 그러나 사미는 이것을 자신의 것으로 받아서 본인이 가질 수는 없었습니다. 이것은 분명 비구의 것이었습니다.

2) 금전과 관련된 기술

① 비구와 금전의 소유

이 밖에도 기본적으로 이와 같은 종류의 내용이 어떤 기교도 없이, 조금 더 소박한 방법으로 서술된 내용이 몇 개 있습니다. 이 중 하나는 「약사」에 있습니다. 이것은 위기에 처한 기혼남이 승가에 입문한 이야기입니다. 그는 재치도 없었고 학문도 없었습니다. 그는 득도得度는 했지만, '4바라이죄(pārājika)'에 대한 설명을 듣지 못했거나 이해하지 못하고 있었습니다. 이 텍스트의 요점은 '승가에 입문하면 즉시 4바라이죄에 대해 자세히 설명해 주어야 한다'라는 항목을 제정하는 것에 있었습니다. 어쨌든, 이제 비구가 된 그는 고향에 돌아가 아내를 방문합니다. 그녀는 자연스럽게 그를 유혹하고 그는 거기서 오랫동안 머무릅니다. 그가 떠나려 할 때 아내는 말합니다.

> "이 까르샤빠나 화폐를 노상路上에 대한 대비로 소지하세요(lam brgyas kyi zong)." "아내여, 비구는 돈을 만질 수 없는데(dge slong rnams dbyin la mi reg na) 이것을 어떻게 소지할 수 있는가?"라고 그는 대답했다. "글쎄요, 교육방식이 좋아요. 그래서 전혀 건드리지 않도록 좋게 만들어 줄게요, 소지하세요"라며, 그녀는 이것을 보따리에 넣고 석장錫杖 아래 끝에 묶었다.

이들은 잘했지만, 편찬자가 이런 상황을 침묵하고 대충 넘어갈 리 없습니다. 편찬자는 이 비구의 행동에 대해 "자만에 눈이 멀고, 욕망에 눈이 먼 인간은 무엇이든지 하는 것이다"라는 편찬 주해註解를 추가해 놓고 있습니다. 그러나 이런 행동 자체에 대해서는 어떤 비난도 하지 않고 금하지도 않고 있습니다. 오히려 간사한 비구 우빠난다는 그의 행운을 축복까지 하고 있습니다.

물론 돈을 싸서 석장錫杖에 묶는 이런 행동이나 의도는 돈을 '재가의 관리자'에게 맡기는 것과 다름이 없습니다. 현존하는 승가의 율장에서는 이런 계략을 알고 난 이후부터는 이것을 장려합니다. 실제로는 외부에서 더 교묘한 노력으로 이것을 고안해 내고 있습니다. 코삼비(D. D. Kosambi)는, "데칸(Deccan) 지방의 사타바하나(Sātavāhanas) 왕조시대에 동이나 주석 합금이나 빌런(billon)이나 납으로 만든 질 나쁜 작은 동전이 이상할 정도로 대량 출토되었다. 비구들에게는 이런 동전을 취급하는 것이 대수롭지 않게 허용된 죄라는 사실에서 이들과 어떤 관련성이 있을 것이다"라고 말했습니다. 공적으로 주조된 동전조차도 일부러 비구들이 취급하기 쉽게 만들었을 가능성도 있습니다. 이것은 비구들이 이 지방경제에서 주요한 역할을 담당하고 있었던 것도 보여주고 있는 것입니다. 코삼비의 지적을 지지하는 직접적인 증거는 한정되어 있지만, 나가르주나콘다(Nāgārjunakonda)에 있는 한 사원의 독방에서 발굴된 유물들을 살펴보면, 위폐나 공적公的으로 인가된 화폐로 작은 납 동전들이 사원에서 실제로 만들어진 것을 알 수 있습니다.

이 율장의 텍스트와 고고학 분야의 이런 자료들이 규칙과 관련된 서술을 어떻게 해석하고 있었는지는 내버려 두더라도, 이런 일에 이렇게 노력을 많이 기울여 왔다는 것은 금전에 대한 어떤 제약을 수반하는 규칙이 존재했다는 것을 보여주고 있는 것입니다. 그러나 이에 대해서는 조금 더 깊게 생각해 볼 부분이 몇 가지 더 있습니다. 지금까지 살펴본 규칙은 금전의 소유나 소유권이 아니라 금전의 신체적인 접촉에 적용되는 것이었습니다. 비구에게는 금이나 은을 손으로 잡는 것을 허용하지 않았지만, 이것을 소유하는 것이 과실은 아니었습니다. 비구에게 금전의 신체 접촉을 금하는 규칙은 결코 중요한 계율에 들어 있지 않습니다. 이 규칙을 위반하는 것은, 단지 하찮은 규칙을 위반하는 것에 지나지 않는 비교적 사소한 것이었습니다. 이 율장에는 이 규칙에 저촉되지 않도록 어떤 조치를 한 것을 언급한 문장의 수가, 이런 조치를 언급하지 않은 문장의 수보다 적겠지요. 이 율장의 문장은 금전의 취급에 대해서조차도 어떤 규제가 전혀 없는 것처럼 언급하고 있습니다.

우리는 앞에서 이와 관련된 내용을 하나 살펴보았습니다. 이것은 제따바나에서 그림을 본 브라만이 매우 값비싼 옷감을 기부한 내용입니다. 이 텍스트는 다음과 같은 붓다의 말로 끝나고 있습니다.

> 그러므로 사원에서 이런 종류의 옷감을 기부받으면, 이것을 판매해 까르샤빠나 화폐로 바꾸어야 한다. 이 까르샤빠나 화폐를 〔비구들에게〕 분배해야 한다.

여기에는 비구가 까르샤빠나 화폐를 받을 수 없다거나 취급할 수 없다는 것은 나와 있지 않습니다. 사실 위의 항목은 비구들이 두 가지를 다 할 수 있다는 전제를 근거로 한 것입니다. 「잡사」의 다른 내용에는, 이런 까르샤빠나 화폐가 법적으로 비구 개개인에게 완전히 속해 있다는 것을 분명하게 말해주고 있습니다. 이 텍스트에서는, 므리가라마따(Mrgaramata) 왕비가 비샤카(Viśākhā) 부인을 따라 비구에게 약을 보시하고 싶어 합니다. 하지만 붓다가 '왕궁에 가면 열 가지 위험이 있다'라고 말했기 때문에 비구들은 그녀의 집에 가려고 하지 않았습니다. 그래서 그녀는 향을 파는 상인(香商人)에게 까르샤빠나 화폐를 맡겨 놓고, 이것이 필요하면 상인에게 가라고 비구들에게 말했습니다. 상인은 왕비에게서 받아 맡게 된 돈으로 대금업을 하여 돈을 모았습니다. 상인은 비구가 찾아와 약용식藥用食을 주문하면 금전(hiraṇya, dbyin)으로 주었습니다. 여기서 비구들은 쁘라띠목샤가 존재하지 않는 식으로 행동하고 있습니다. 이들은 붓다가 금전을 받는 것을 금했다고 말하지 않고, "세존은 금전을 인정하고 계시지 않는다"라는 말만 하고 있습니다. 상인은 자신이 약용식 대신 금전으로 융통했기에, 만약 비구들이 금전을 받지 않는다면 자신은 파멸할 것이라고 말합니다. 만약 어떤 기부자가 비구들을 위해 상인에게 금전을 맡겼는데, 상인이 물건 대신 금전으로 건네주게 되고 비구들이 금전을 받지 않으면 기부자는 기부하는 것을 그만둘 것이고, 상인은 투자자본의 활용 기회를 잃어버리게 된다는 것을 이 내용은 의도하고 있습니다. 화폐경제에 근거한 아주 세련된 경제적 방법이 이 짧은 이야기 속에 담겨 있습니다. 이것은 상인의 이익이 비구들의 이익이 되도록 다양한 조합으로 금전을 공탁한 내용인데, 이 시대의 불자들이 기부한 내용이 새겨져 있는 비문들에서도 반복적으로 등장하고 있는 경제적 수법과 거의 같습니다. 비구들이 이 상황을 붓다에게 고하자, "비구는 기부자를 믿고 까르샤빠나 화폐를 받아 생각했던 대로 사용하면 된다. 이것이 후회의 원인이 될 수는 없다"라고 붓다는 말합니다.

여기서 다시 한번 주의해야 할 것은, 붓다는 비구들이 금전을 받는 것에 대한 과거의 항목에 대해서는 어떤 언급도 하지 않으면서 이 항목을 제정한 것입니다. 여기서는 옷감을 판매하게 된 항목처럼 과거에 제정했던 절차를 변경하는 그런 일은 하지 않습니다. 비구가 까르샤빠나 화폐를 받으면, 이것을 생각했던 그대로 사용하면 된다고 분명히 말하고 있는 것에도 주의해야 합니다. 내가 생각했던 그대로 어떤 일을 할 수 있다는 능력, 이에 대한 절대적 소유권이 규정되어 있는 것이 이 율장과 거의 모든 법체계의 특징입니다. 따라서 이 금전은 절대적으로 비구 개인에게 속해 있는 것입니다.

지금까지 보아 온 몇 가지 경우는, 비구 개인이 금전을 기부 받았고 그래서 소유하게 된 두 가지가 포함되어 있습니다. 지금까지는 사유재산과 관련된 것이었습니다. 그러나 이 외에도 승가에서 기부 받은 금전을 비구 개인에게 분배해야 한다고 언급하면서도, 이런 수취受取나 취급이 문제시되는 것은 전혀 언급하지 않는 텍스트가 있습니다. 여기서도 마찬가지로 쁘라띠목샤를 전혀 의식하지 않고 행동하는 것이 있습니다. 「율분별」과 「잡사」 텍스트에 좋은 예가 있는데, 이 텍스트는 재가의 기부자가 비용 중 일부를 지급하는 건축 현장에서 비구가 관리자·조직자·감독자로 근무하는 내용입니다. 이런 역할이나 관리는 '법의 협력자(法助伴, dharma-sahaya, chos kyi grogs)', '공덕의 협력자(punya-sahaya, bcodnanskyigrogs)'라고 불리는데, 이 역할은 두 가지 의미에서 의무적이었던 것 같습니다. 비구는 동료 비구·비구니 또는 재가자에게 '법의 협력자'가 되어 근무해 달라는 요청을 받게 되면, 비록 우안거 중이라도 이 업무를 맡아야만 했습니다. 재가의 기부자가 이런 협력자 없이 이 지역의 건축 작업에 착수하지 못했던 것은 분명합니다.

「율분별」에서는 탁발승이 전문용어로 '복업사(福業事, puṇyakriyā-vastu: 물질적 선행)'라고 불릴 수 있는 일을 재가자가 하도록 권장하고 있습니다. 재가자가 비구에게 무엇을 해야 할지 질문하면, 승가에는 욕실이 없으니 이것을 만들어야 한다고 비구는 대답합니다. 그러면 재가자는,

> "존자여, 저는 까르샤빠나 화폐는 갖고 있지만, 공덕의 협력자 역할로 근무해 줄 사람이 없습니다." "재가자여, 제가 당신에게 공덕의 협력자 역할을 할 것입니다." "존자여, 아주 좋습니다"라며 재가자는 까르샤빠나 화폐를 탁발승에게 준다. 비구는 승가에서 욕실 만들기에 착수한다.

계속해서 텍스트는, 비구가 공덕의 협력자 역할로 임금 노동자를 고용하고, 임금을 주고, 작업을 마쳐 책임을 완수했다고 말합니다. 물론 이런 업무에는 비구가 금전을 취급하며 지출하는 것을 동시에 수행한 몇 가지 일들이 있는데, 이에 대해서는 어떤 해석도 하지 않고 있습니다. 이것은 비구가 이런 업무를 맡아서 해주었으면 하는 기대를 안고 서술했을 것으로 생각합니다.

「잡사」의 텍스트도 「율분별」과 아주 많이 비슷하게 시작하고 있습니다. 탁발승은 '물질적인 것에서 발생하는 공덕을 짓는 무언가를' 재가자가 하도록 권유하고 있습니다. 여기서 비구는

> "재가자여, 당신은 승가를 위해 사원(vihāra)을 만들면 좋을 것입니다." "존자여, 저는 까르샤빠나 화폐는 가지고 있지만, 법의 협력자가 되어 근무해 줄 사람이 없습니다." "재가자여, 까르샤빠나 화폐를

주십시오. 제가 법의 협력자가 되겠습니다." "존자여, 그러면 좋습니다. 여기 까르샤빠나 화폐가 있습니다"라고 말하며, 그는 비구에게 까르샤빠나 화폐를 준다.

비구는 까르샤빠나 화폐를 처음에는 창고에 보관하지만, '건축 작업의 도구를 만들기 위해' 사용하라는 붓다의 지시를 받고, 사원을 건축하는 중에는 비구 개인의 용도에 맞도록 사용해도 된다는 지시까지 받습니다. 여기서도 금전은 주인이 몇 번이나 바뀝니다. 재가자는 이것을 비구에게 주고, 비구는 도구를 만들기 위해 금전을 지출하고, 사원을 건축하는 업무에 종사하는 동안 자신의 식량을 구하기 위해서도 금전을 사용합니다. 여기서는 금전을 취급하면 안 된다는 과거의 항목에 대해서는 어떤 언급도 하지 않으며 주석도 붙이지 않는데, 금전의 사용에 대한 붓다의 인가를 받고, 붓다에게서 배운 결과를 당연하게 실천하고 있습니다.

이상 '근본설일체유부의 비구는 금전을 소유하고 취급할 수 있었는지 없었는지'에 대해서, 일반적으로는 이것을 부정했다고 생각할 수 있는 자료들을 대략 살펴보았습니다. 이 부분은 지금까지 너무 많이 감추어져 왔습니다. 몇몇 상황에서는 비구가 적어도 금전을 직접 취급하는 것에 어떤 제약을 두었던 것이 분명합니다. 하지만 비구가 금전을 기부 받거나 소유하는 것에 대해서는 어떤 제약도 두지 않았다고 생각합니다. 기부 받는 금전에 대해 명확하게 제약을 둔 것은 단지 신입인 사미에게만 유일하게 적용되었습니다. 여기에는 비구의 특전을 지켜주고, 구족계를 장려하려는 의도가 들어 있습니다. 여기에는 청빈에 대한 맹세를 보여주는 것이 절대로 존재하지 않습니다. 이렇듯 금전의 취급을 부정한 문맥, 금전의 취급에 어떤 제약을 둔 규칙이, 실제로는 그렇지 않았던 방향을 보여주고 있는 것이라면, 비구 자신이 금전을 소유해도 되는 것을 인정한 긍정적 문맥에서라면, 비구가 당연히 금전을 소유한 것은 말할 필요가 없습니다.

② 비구가 부자였다는 증거

비구가 금전을 소유할 수 있었던 증거는 오랜 기간에 걸쳐 광범위하게 존재합니다. 이 율장에만 국한된 것도 결코 아닙니다. 비구 개인이 부자였다는 것을 보여주는 최초의 확실한 증거는, 올덴베르그가 팔리율 교정본을 처음 출판했던 것보다도 25년 전인 1854년에 이미 출판되었습니다. 이 증거는 커닝엄(A. Cunningham)이 출판한 산치(Sanchi)에서 출토된 230여 개 이상의 기부 비문들인데, 많은 비구·비구니가 적극적인 기부자였다는 것을 보여주고 있습니다. 이들은 단순한 재가자와는 달리 산치 비문에 기록되어 있는 기부액의 상당 비율을 부담했고, 실제로도 불탑의 장식품을 기부했습니다. 커닝엄이 1879년에 출판한 바르후트(Bhārhut)의 기부 비문에서도 똑같은 것을 볼 수 있습니다. 이것도 올덴베르그의 팔리율이 출판된 바로 그해입니다.

그러나 이 비문들에 대한 자료는 최근까지도 항상 주변부에 놓인 채 언급되지 않았습니다. 그러나 오늘날 쉽게 구할 수 있는 팔리율에서조차도, 비구들이 사유재산을 금전으로 소유했던 것을 보여주는 자료가 놀라울 정도로 많은 양이 수록되어 있습니다. 팔리율에는 동료 비구·비구니들이 자신이나 승가를 위해 사원을 건축할 때 다른 비구들이 맡을 책무를 규정한 것들이 기록되어 있는데, 이 항목에는 비구·비구니가 자신이 속한 승가에서 주요 기부자라는 것이 전제되어 있습니다. 여기에는 '탁발을 위한 새로운 철발우' 같은 물건을 받는다거나 소유하는 것을 금하는 항목이 있지만, 만약 이 물건이 '자신 또는 개인적 재산으로' 자신의 것이 되었을 때는, 이 금지 항목에서 배제하거나 적용하지 않는다는 내용의 항목들이 적어도 16개는 포함되어 있습니다. 그러나 아주 최근에도 이런 자료들이 너무 무시되어 왔습니다. 『근본설일체유부율』에는 이런 종류의 내용이 들어 있는 자료들이 더 많이 수록되어 있습니다. 이것을 무시할 수 없습니다.

3. 『근본설일체유부율』에서 언급한 사유재산

비구가 사유재산을 가지고 있었던 것을 증명하려면, 비구들이 사유재산을 보관하고 유지했던 증거가 되는 텍스트를 이 율장에서 볼 수 있는 다양한 내용을 예로 추출해 보는 것만으로도 충분할 것입니다. 먼저 이 율장과 부분적으로 같은 내용의 자료를 팔리율에서 예로 채택해 보겠습니다. 이 율장과 팔리율에는 동료 비구가 기부자가 되었을 때 맡아야 할 책무에 대해 상세히 언급한 내용이 있습니다. 그러나 이 율장에서는 이것 외에도 사방 승가에 원림園林이나 정사를 기부한 비구뿐 아니라 침대·침구·영대의연금永代義捐金·불탑·깃대(旗竿)·표적(幟)·깃발(旗) 등을 기부한 비구에 대해서도 언급하고 있습니다.

1) 비구는 손해를 보상할 의무가 있었다

히누버(O. von Hinüber)는, "'사만따빠사디까(Samantapāsādikā, 善見律毘婆沙)' 시대〔Buddhaghosa, 5세기 무렵〕에는 〔상좌부〕 비구들이 경제적 수단을 관리하는 것이 보통으로 있는 일이었다. 비구가 부주의로 승가의 물건을 분실했다면, 손해에 대한 배상의 의무가 부과되어 있었다는 사실도 제시되어 있다"[100]라는 것에 주의를 촉구하고 있습니다. 이 부분에 대한 몇 개의 비슷한 내용이 이 율장에도 있습니다. 다음에 제시하는 것은 이 중 가장 세련되지 못한 내용입니다.

> 한 비구가 다른 비구에게서 깔개를 빌렸는데, 그는 이 깔개 위에서 악몽을 꾸고 이것을 오물로 더럽히고 말았다. 그는 이 깔개를 그대로 돌려주려 했는데 빌려준 비구는 이것이 싫었다. "그것을 빨아서 돌려주면 된다"라고 세존은 말했다. 비구는 세탁해서 돌려주려 했지만 빌려준 비구는 받지 않았다. "그는 이것의 대가나 상대를 만족시킬 만큼의 것을 주어야 한다"라고 세존은 말했다.

2) 비구의 소지품도 과세 대상이었다

팔리율의 「경분별」에 삽입된 오래된 주석에는 '징세소徵稅所'에 대해, "왕이 여기를 왕래하는 사람들에게 세금을 받으려고 산길이나 강의 얕은 여울이나 마을 입구에 설치한 것(BD i 86)"이라고 정의되어 있습니

100 O. von Hinüber, "Buddhist Law According to the Theravāda-vinaya. A Survey of Theory and Practice", *Journal of the International Association of Buddhist studies* 18. 1 (1995), p.11.

다. 인도의 무너진 정치 정세와 걸어 다녀야 했던 비구들의 기질로 보아 그들이 만약 계속 걸식을 했다면 이런 요금소나 징세소를 자주, 또는 '마을 입구'로 들어갈 때마다 매일 마주쳤을 것이 틀림없습니다. 『근본설일체유부율』의 편찬자들뿐 아니라, 팔리율의 편찬자들도 비구는 이와 같은 세금을 당연히 내야 한다고 생각했습니다. "만약 이런 세금의 납부를 피한다면 악을 범하게 되는 것이다"라고 팔리율에 분명히 기록되어 있습니다. 『근본설일체유부율』도 비구들에게 이에 대한 해결책을 서로 나누도록 권하면서, 이들이 운반하는 짐에 대해서는 특히 세금을 내도록 가르쳤습니다. 지방을 돌아다니는 동안 두 장의 큰 옷감을 손에 넣은 한 비구와 관련된 이야기가 있습니다. "세존은 출가자도 부모님께 필수품을 드려야 한다고 말씀하셨다. 그래서 나는 이 하나는 아버지께, 다른 하나는 어머니께 드려야겠다"라고 비구는 생각합니다. 그러나 그가 부모님이 계신 사위성으로 가는 길의 징세소에 도착하면서 다음과 같은 실랑이가 벌어집니다.

> "존자여, 세금의 대상이 되는 물건을 가지고 계십니까?" "아니요, 가지고 있지 않습니다." "그러면 조금 보여주십시오"라며 징세관은 물건을 검색하기 시작했다. 그는 두 장의 큰 옷감을 보면서 "존자여, 당신은 법과 율이 잘 설해진 교단에 들어가셨는데, 두 장의 큰 면직물을 가지고 거짓말을 하십니까?"라고 말했다. "이것은 제 것이 아닙니다." "존자여, 그러면 누구의 것입니까?" "한 장은 아버지의 것이고, 다른 한 장은 어머니의 것입니다." "존자여, 여기에는 당신의 아버지도 어머니도 계시지 않습니다. 그러니 세금을 내고

이곳을 통과하십시오." 징세관은 비구를 장시간 억류했다.

비구가 사위성으로 돌아와 이 일을 붓다에게 고하자, "이 비구는 죄가 없다"라고 붓다는 말합니다. 그러나 이 말을 한 후 조금 수정할 것을 권합니다. "비구는 세금 징세관에게 부모님을 칭송해야 한다"라고 말한 뒤 계속해서 부모님에 대한 아들의 의무에 대해 널리 알려진 관용구를 말하는 방법도 가르칩니다. "이런 방법으로 부모님을 칭송했을 때, 만약 통행하게 해주면 이것으로 좋다. 만약 통행을 막으면 세금을 내고 통과하면 된다. 만약 이런 방법으로 수속 절차를 밟지 않는다면 죄를 범하게 된다"라고 붓다는 말하고 있습니다. 여기서는 말할 필요도 없이 근본설일체유부의 비구가 사유재산이나 자금을 소유하는 것에 대해 여러 가지 표현을 사용하며 지극히 당연한 것으로 인정하고 있습니다. 비구는 그가 가지고 있는 것에 대한 절대적 소유권이 있었으며, 자신이 마음먹은 대로 이것을 사용할 수도 있었습니다. 심지어 비구는 승가에 들어간 이후에도 부모에 대한 지원의 책임이 있었고, 이를 위한 자력도 있었습니다. 비구에게는 납세의 의무가 있었고, 납세할 자력도 있었습니다. 팔리율도 마찬가지입니다.

3) 비구는 부채를 갚을 능력이 있다고 생각했다

팔리율에는 부채負債가 있는 사람을 출가시키는 것에 대한 항목이 있습니다. 이 출가 의식집에는 출가 지원자에게 부채가 있는지 없는지를 물어야 한다고 되어 있습니다. 마찬가지로 『근본설일체유부율』의 출가 의식집에도 팔리율보다는 한층 더 완전한 형태로 질문이 기재되어 있습니다. 지원자에게 다음과 같이 묻고 있습니다.

> "당신은 액수와 관계없이 누군가에게 부채가 있습니까?" "부채가 있습니다." "승가에 들어와서 이것을 갚을 수 있습니까?" "없습니다"라고 말하면, "여기를 떠나십시오"라고 해야 한다. "있습니다"라고 하면, "과거에 승가에 들어왔던 적이 있습니까?" 등등을 물어야 한다.

라면서 이 출가 절차에 대한 설명을 계속하고 있습니다. 근본설일체유부의 승가는 이 출가 의식집의 형식에 따른 그의 대답을 근거로 출가를 허락하고, 비구가 된 후에는 액수의 많고 적음에 관계없이, 그가 출가할 때부터 가지고 있던 부채를 계속 갚아야 할 책임과 능력이 있다고 생각했음을 알 수 있습니다. 승가에서는 분명히 이런 지원자에게 그의 개인적 자산이나 사유재산의 포기를 기대하지 않았습니다.

4) 지명指名하여 기부한 것을 받으면 그 비구 개인의 것이 되었다

『근본설일체유부율』에는 다양한 점에서 팔리율과 공통되는 내용이 있지만, 이 중에서도 특히 비구의 사유재산 소유를 지극히 당연한 것으로 여기는, 『근본설일체유부율』만의 특징이 있는 텍스트가 여럿 있습니다. 이 텍스트들은 다양한 기부에 대해 언급하고 있습니다. 「의사」에는 여덟 종류의 기부에 대해 상세히 논의하는 것이 있습니다. 이 중에는 어떤 특정 비구에게 지정한 기부라고 불리는 것이 있습니다.

후원자에게서 받은 기부는 무엇인가? 비구가 여성이든 남성이든 중성이든, 누군가의 후원을 받고 안거에 들어간 경우, 후원자가 기부한 것이 무엇이든 이 비구 한 사람만의 것이 된다. 이것을 후원자에게서 받은 기부라고 부른다. 어떤 특정 비구에게 지정한 기부는 무엇인가? 어떤 것이든 독방이나 회랑이나 계단으로 지정하여 한정해서 분명하게 지명한 것으로, 이것은 그곳에 사는 비구 한 명의 것이 된다. 이것을 특정 비구에게 지정한 기부라고 부른다.

마찬가지로 「와구사」에서도 "누군가가 누군가에게 갚아야 할 은혜가 있고 이 사람에게 고마움의 표시를 할 경우, 이것은 이 사람에게만 귀속된다"라고 붓다는 제정하고 있습니다. 또 「율분별」에는 지정된 다양한 기부가 남용되어 발생하는 각종 죄를 아주 길게 열거하고 있는 내용도 있습니다.

어떤 비구가 한 비구에게 지정된 것을 자기에게 회향하면 이것을 회향한 것으로 그는 죄를 범하게 된다. 만약 그가 이것을 소유하면 그는 재산의 몰수를 수반하는 죄를 범하게 된다. 만약 비구가 한 사람을 지정해 기부한 것을 승가에 회향하면 회향하는 것으로 그는 죄를 범하게 된다. 만약 이것을 소유하면 그는 같은 죄를 범하게 된다.

승가로 지정해 기부한 것을 비구 개인에게 회향하는 것에 대해서도 마찬가지로 설하고 있습니다. 이 율장에는 재산과 관련된 규정이 엄중하고 세밀하고 분명하게 되어 있습니다. 주요한 원칙은 비구 개인에 속한 것(paudgalika)과 승가에 속한 것(sāṃghika)으로 구별되어 있습니다. 이 두 가지도 엄중하고 세밀하게 구분되어 있습니다. 「잡사」에는 비구 자신이 받은 것을 승가에 기부하는 것을 명확하게 금지한 것이 있습니다.

> 어떤 비구가 옷을 기부 받았는데 그는 이것을 집회에서 장로의 옆에 두고 승가에 양도했다. 옷을 맡긴 이 비구는 '이것은 승가에 기부된 것이다. 이것은 승가의 것과 합쳐진 다음 분배되어야 한다'라고 생각한 것이다. 그는 이렇게 생각하고 같이 합한 후 승가에 분배했다. 그리고 이 비구 자신은 원래의 가난으로 돌아왔다.

이것이 붓다에게 보고되었을 때 붓다는 "비구는 승가에 물건을 양도해서는 안 된다"라는 제정을 하면서, 비구 개인에게 기부 물건이 양도되는 것을 허락합니다. 그리고 이 항목은 다음과 같이 마무리되고 있습니다.

> 만약 비구가 자신이 기부 받은 것을 승가에 양도하고 승가가 이것을 분배하면 양쪽 모두 죄를 범하게 되는 것이다.

5) 비구는 인장을 가지고 있었다

이 율장에는 비구 개인의 사유재산을 법적으로 인정하는 텍스트가 여기저기 흩어져 있습니다. 이것은 모든 율장에서도 마찬가지일 것입니다. 이것은 승가의 물질문화를 보여주는 것으로 비구들의 사유재산을 표시하기 위한 인장의 소유를 공인한 것에서도 재차 확인할 수 있습니다. 「잡사」에는 다음과 같은 텍스트가 있습니다.

> 도적들이 사원의 창고와 개인의 승방 등에서 물건을 훔쳐 갔다. 또한, 다른 비구들의 소지품이 잘못 반입되었다. 이들은 자신이 받은 물건이 자신의 물건이었는지 알 수 없었다.

이것이 붓다에게 전해졌을 때, "이후로는 인정하므로 인장을 붙여야 한다"라며 붓다는 인장 사용을 제정합니다. 또한 "인장에는 승가의 것과 개인의 것으로 두 종류가 있다"라고 말합니다. 두 종류의 인장이 인도 불교사원 유적지에서, 현재도 가끔 대량으로 발견되고 있습니다.

6) 비구들은 도둑맞은 물건을 다시 샀다

비구들이 세금을 내거나 그들이 파손한 물건의 손해를 배상하기 위해 현금을 갖고 있었을 것으로 추측해 볼 수 있는데, 『근본설일체유부율』과 팔리율에서는 이것을 인정한 것 같습니다. 이 내용을 『근본설일체유부율』에서 살펴보면, 비구들이 이들의 물건을 훔쳐 간 사람들에게 어떻게 해야 하는지를 제정한 텍스트에서 확인할 수 있습니다. 이것은 꽤 흥미로운 텍스트입니다.

> 도둑들은 훔친 물건을 들고 사위성으로 가서 이것을 길거리에서 판매하려고 했다. 비구들이 이것을 눈치채고 도적들을 법정에 출두

시켰다. 도둑들은 구속되고 형이 집행되어 손발이 절단되고 구멍이 뚫리는 등 여러 가지 고통을 받았다. 비구들은 이것을 세존에게 보고했다. "그들을 법정으로 끌어내서는 안 된다. 이것보다는 오히려 우선, 그들에게 법을 가르쳐 교화해야 한다. 그런데도 그들이 물건을 돌려주지 않으면 반액을 지출하고 물건을 되찾아야 한다. 만약 이렇게 해도 그들이 물건을 돌려주지 않으면 전액을 지출하고 되찾아야 한다"라고 세존은 말했다.

7) 상속권에 대한 규칙

① 비구의 유산을 구두로 상속받으면 인정받지 못했다

비구들은 사유재산을 합법적으로 보유했는데, 이런 보유는 승가가 규칙으로 완전히 공인한 것으로, 『근본설일체유부율』에서도 특히 '재산법' 분야의 규칙과 관련된 해설에서 의심의 여지가 없을 만큼 명확히 확정해 놓은 것을 알 수 있습니다만, 이 율장에서 말하는 수많은 '상속권'과 관련된 규칙에서도 이것을 명확히 확정해 놓은 것을 알 수 있습니다. 상속권에 대한 문제는 다음에 더 자세히 취급하겠습니다. 여기서는 특별한 내용 하나를 채택하겠습니다. 승가의 유산으로 승인한 내용을 검토해 보면 좋을 것입니다.

여기서 다루는 텍스트는 조금 복잡하게 얽혀 있지만, 서술하는 방향은 뚜렷하게 드러나 있습니다. 어떤 재가자가 임종 직전에 그의 집에 있는 동산動産을 구두口頭로 증여한 것입니다. 그에게는 세 명의 아들이 있었는데, 그중 한 명은 비구가 되었습니다.

그래서 그는 친구, 친족, 형제, 이웃들에게 말했다. "여러분, 들어주십시오. 저에게는 위로는 두 명의 아들과 불교 사문으로 출가한 막내아들까지 세 명의 아들이 있습니다. 그러므로 우리 집의 재산은 그 무엇이라도, 그 어떤 작은 것이라도 모두 똑같이 나누어야 합니다."

비구가 된 아들은 아버지의 부고를 듣고 사위성으로 돌아옵니다. 비구는 막연한 후회와 부모님의 은혜가 생각나 울기 시작합니다. 이웃집 부인은 그를 보고, 그가 재산을 분배받지 못해 운다고 생각해 그도 구두口頭로 재산을 증여받았다고 알려줍니다. 그러나 비구는 「의사」에서 붓다가 제정한 항목을 인용하며, 구두로 증여받은 유산은 물려받을 수 없다고 말합니다. "세존은 '내가 죽었을 때, 이것은 그에게 주어야 한다'라고 말한 것은 증여의 행위가 되지 못한다고 말하고, 이것을 금지했다"라고 말합니다. 이것이 붓다에게 전해지자, 붓다는 초기에 제정한 항목을 다시 명확히 만들기 시작합니다. 이것은 중요한 것입니다. 붓다는 우선, 죽음을 앞두고 구두로 이루어진 재산의 증여가 인정되지 않는 항목은 비구들에게만 적용되는 것이라고 말합니다.

"비구들이여, 내가 말한 것은 재가자에게는 맞지 않는다. 이것은 출가자에게 말한 것이다"라고 세존은 말했다.

그리고 붓다는 계속해서

> 재가자가 여전히 집착하면서 죽는다면 이것은 포기한 것이 아니다. 그러므로 이 경우 재가자가 〔집착을 버려〕 '내가 죽으면 이것을 그에게 줄 수 있다'라고 생각했다면, 이것은 증여의 행위가 된다. 그는 출가자가 아니기에 이것을 받아들여야 한다.

여기서 붓다는, 지금 언급한 것이야말로 원래의 항목에서 의도했던 것이라고 말합니다. 붓다는 출가자가 구두로 유언한 것은 효력이 없지만, 이 항목이 재가자에게 적용되는 것은 아니라고 말합니다. 이 항목에서 사용한 용어의 의미는 범위가 매우 넓습니다. 지금 이 텍스트의 현실은, 한 비구의 아버지와 가족이 관련된 재산 양도가 화제話題입니다. 먼저 주석은 참고하지 않았습니다만, 여기서는 재산이 dhana, nor' 동산이라는 단어로 선택되어 있고, 비구의 아버지가 재산을 '가져와야 한다'라고 지시했으므로 이 텍스트의 단어와 문맥에서 재산이 동산이라는 것을 알 수 있습니다. 이 텍스트에서는 분명, 아마도 상속과 관련된 브라만법에 따라 이미 규정되어 있는 가옥·토지 등 다른 동종의 가족에 대한 재산은 포함하지 않았을 것입니다. 이 텍스트에서는 한 비구의 아버지와 관련된 내용을 동산이라는 단어를 사용하면서, 모든 재가자에게 확대 적용되고 있는 점에도 주의하는 것이 중요합니다. 이 항목은 한 가족이 소유한 동산에만 적용되는 것이 아니라, 구두로 유언한 모든 재가자의 동산에도 적용되는 것입니다. 이로부터 비구의 권리를 적용해 이익을 얻을 수 있는 유산의 범위를 넓게 확장한 것은 말할 것도 없습니다. 비구가 이런 재산을 가질 수 있는 권리를 주장하는 내용에 대해서는 이 텍스트의 마지막 문장에서 명료하게 설명되어 있습니다.

재가자가 비구에게 구두로 유언하고 동산을 물려주었을 때, 비구는 이것을 받아야 한다는 항목을 제정하면서, 붓다는 다음과 같이 덧붙이며 매듭짓고 있습니다.

> 또한 〔비구가〕 이것을 받으면 생각했던 그대로 〔자기의〕 재산으로 사용하면 된다.

이런 항목의 제정으로 상속받은 유산은 비구의 완전한 재산이 됩니다. 이의 사용에 대해서는 아무런 제약이 없습니다. 비구는 이것을 생각한 그대로 사용할 수 있습니다. 이것은 승가의 모든 율장에 정식으로 기록되어 있습니다.

② 비구의 유산 상속에 대한 다양한 항목

이 율장에서 제정한 규칙이 재가자와 관련된 유산만은 아닙니다. 실제로는 승가와 관련된 유산이 더 많이 언급되어 있습니다. 이처럼 유산의 존재를 전제로 했다는 이 사실 자체가, 근본설일체유부의 비구들이 사유재산을 소유하고 있었다는 확고한 증거입니다. 만약 비구 개인이, 그가 사유한 재산이 없었다면 유산을 남길 수도 없었겠지요. 우리는 비구 개인의 유산에 적용되는 규칙의 범위가 넓고, 숫자도 많음에 놀라게 됩니다. 승가의 유산을 취급하는 규칙의 적용 범위를 이해하기 위해 뒤에서 상세히 고찰하겠습니다만, 어떤 장소에서 살던 비구가 다른 장소에서 사망했을 때의 재산을 취급하게 되는 규칙도 설명하고 있음에 주의를 당부해 두고 싶습니다. 이것은 사망한 비구가 소속된 사원과 다른 사원의 경계 내를 두루 다니다가 사망한 비구의 유산에 대한 분배를 규정한 텍스트입니다. 비구가 사망하면서 그의 재산을 다른 비구들에게 위임하는 경우와 재가자의 유산을 분배하는 경우의 항목입니다. 앞에서 살펴본 것처럼 이 항목도 임종하는 비구가 다른 비구에게 구두로 하게 되는 재산의 증여를 금하고 있습니다. 사망한 비구가 생전에 다른 비구에게 위임한 재산은 그가 사망하면 다시 그의 것으로 복귀됩니다. 사망한 비구가 다른 비구에게 위임한 재산은 그가 사망했어도 위임받은 다른 비구의 재산이 되지 않고, 사망한 비구에게 계속 귀속되는 것입니다. 게다가 사망한 비구의 유산을 승가에서 분배하기에 앞서 이것을 정식으로 소유할 때 필요한 승가의 공식적인 업무를 규정한 몇 개의 항목도 있습니다. 여기에는 유산을 상속받기 위해 임종하는 비구를 간호한 비구의 권리를 한정해서 규정한 항목과 유산 분배를 받기 위한 필수조건으로, 사망한 비구의 장례식에 참석할 것을 요구한 항목과 사망한 비구의 유산을 분배하기에 적합한 때와 절차를 규정한 항목 등 다양한 분배방식을 규정해 놓은 항목이 있습니다. 이런 항목들을 목록으로 만들어도 모든 것을 결코 다 전해줄 수 없습니다. 여기서는 이런 텍스트의 느낌만이라도 전달하기 위해 짧은 내용 두 개를 인용하겠습니다.

> 안거에 들어가지 않은 비구가 안거 중인 비구들의 처소에 와서 사망했을 경우, 안거 중인 비구들은 그렇지 않은 비구들에게 사람을 보내, '당신들의 비구가 사망했다. 여러분들은 그의 발우와 옷을

받아야 한다'라고 알린다. 안거 중인 사람들이 이 유산을 분배한다면 이것은 〔정당하게〕 분배한 것이 아니고, 이것은 나쁘게 분배한 것이다. 그렇지 않은 사람들이 분배하면 이것은 분배한 것이며, 올바르게 분배한 것이다. 〔두〕 집단이 서로 섞여 분배하면 이것은 분배한 것이 아니라, 나쁘게 분배한 것이다. 사방 승가에 회향하면 이것은 올바르게 회향한 것이다.

여기서 말하는 자세한 내용은 매우 다방면에 걸쳐 이 텍스트의 전형을 이루고 있지만, 이런 내용 자체는 당분간 그다지 중요하지 않습니다. 비구 개인의 유산과 관련된 규정에 포함된 세세한 항목이나 이것들이 보이는 빈도, 비구의 유산을 취급하면서 기울인 세심한 배려 등 이런 것들을 보면, 이 율장의 편찬자들이 이런 일들을 중요하게 여겼고 미묘한 일이라고 여겼던 것이 틀림없습니다. 이들은 비구의 유산을 어떻게 하면 가장 잘 취급할 수 있는지에 대해 매우 많은 배려를 하고 있습니다. 바야흐로 이것은 비구의 사유재산이 근본설일체유부의 승가제도에서 얼마나 많은 역할을 하고 있었는지를 보여주고 있는 것입니다. 다음 텍스트는 비구가 사망했을 때 그의 재산을 분배했던 방식이 승가를 구성하는 여러 방면에 끼쳤던 영향을 보여주고 있습니다.

③ 건축지도감독관이었던 비구의 유산 분배

여기서 사용하는 예는 나바까르미까(navakarmika)로, 건축지도감독관이었던 비구의 유산과 관련된 것입니다. 건축지도감독관이었던 비구의 방은 기부에 대해 기록한 비문 중 처음으로 언급된 것인데, 이 비구는 상당한 지위에 있던 방사房舍였던 것 같습니다.

> 장소는 사위성이었다. 그때 건축지도감독관이었던 비구가 사망했다. 비구들은 후회하지 않도록 그의 옷과 발우를 분배하지 않았다. 비구들은 이것을 세존에게 말했다. 세존은 "승가 전체를 모으고, '이것은 〔증여는 여러 대상을 향해 이루어진다〕 복합분배(sambhinnakārī)를 하는 경우인가? 아닌가?'라는 것을 생각해야 한다. 만약 이것이 복합분배의 경우라면, 승가에 속한 것을 불탑에 속한 것이라고 한다거나 불탑에 속한 것을 승가에 속한 것이라고 한다면 이것은 법에 맞지 않는다. 그의 발우·옷·직물용 금전은 불·법·승 삼보에 속한 것으로 비구들에게 분배되어야 한다. 붓다에 속한 것은 부처님께 공양 올리거나 향실이나 탑에 새로운 세공細工을 해야 한다. 법에 속한 것으로는 붓다의 말씀을 필사하거나 이것은(법에 속한 것) 사자좌 위에서 사용되어야 한다. 이것이 만약 복합분배의 경우가 아니라면 모든 유산은 비구들에게 분배되는 것이 당연하다. 이러면 후회의 원인은 없어진다"라고 말했다.

여기에도 자세한 내용이 들어 있는데 상당한 액수와 관련되어 있음을 보여주고 있습니다. 사망한 비구 개인의 유산이 불·법·승 삼보로 나누어지는 것이 가능할 정도로 상당히 고액이라고 예측해 볼 수 있습니다. 승가의 비구들에게 분배될 뿐 아니라 탑이나 향실을 수리하거나 새롭게 무언가를 만들거나 성전聖典을 필사筆寫할 수 있는 자금

등으로 제공될 만큼 많은 액수라고 예상해 볼 수 있습니다. 여기서도 사망한 비구 개인의 유산 중 일부는 금전인데, 이런 맥락에서 '발우와 옷'이라는 표현을 문자 그대로 받아들이면 안 되는 것이 분명합니다. 이것은 사망한 비구의 사유재산에 대한 포괄적 표현으로 아마도 완곡한 표현일 것입니다. 실제로 하나의 '발우와 옷'을 여러 명의 비구에게 분배하는 것은 불가능하고, 탑을 수리하거나 텍스트를 필사하기 위해 사용하려면 먼저 현금으로 바꾸기 위해 판매해야 한다는 것에도 주의해야 합니다. 『근본설일체유부율』을 포함한 몇몇 율장에도 사망한 비구의 유산을 매각하는 것에 대한 언급이 있습니다. 지금의 텍스트에서는 '옷감을 위한 자금(cīvaracīvarika)'이 사망한 비구의 유산에 대한 성질·내용·규모를 말해주고 있습니다. 이런 유산의 성질·내용·규모는 비구들이 소유했던 사유재산의 정도를 짐작해 볼 수 있게 해주는 가장 확실한 지표를 제공해 주고 있습니다. 사망한 승려의 유산을 전문적으로는 '사망자의 재물(mṛtapariṣkāras, mṛtapariṣkārikas)'이라고 부르는데요, 이 율장에는 몇 가지 다른 말로 표현되어 있습니다. 비구 무라빠르구나(Mūraparguna)의 유산도 건축지도감독관(navakarmika) 비구의 유산과 같은 말로 표현되어 있습니다. 이것은 '발우와 옷, 옷감을 위한 자금(pātracīvaraṃ sacīvaracīvarikam)'으로 구성되어 있습니다. 유감스럽지만 '옷감을 위한 자금'은 일반적인 합성어가 아닙니다. 에저튼(F. Edgerton)은 찌바리까(cīvarika) 부분에서 무라빠르구나와 건축지도감독관 비구의 유산에 대한 위의 내용만을 인용하고 있을 뿐입니다. 그의 찌바리까에 대한 정의는 완전히 티베트어 번역에 근거한 것인데, '옷의 가격(代價, gos kyi rin du bcas pa)'이라고 되어 있습니다. 물론 이것은 문맥에 맞지 않습니다. 이 문맥에서는 찌바리까가 '옷의 가격(price)'을 의미하는 것 같지는 않고 오히려 옷이나 옷감에 해당하는 기금(funds)을 의미하는 것 같습니다. 여기서 완곡한 말투를 사용하는 것은 있을 수 있습니다. 이렇게 볼 때 비문에 나오는 찌바리까는 분명 금전을 의미하는 것입니다.

텍스트에서는 일반적이지 않지만, 나시크(Nashik)와 칸헤리(Kanheri)에서 출토된 비문에서는 찌바리까(cīvarika)라는 단어가 특히 자주 보입니다. 칸헤리 출토 비문 No. 16에는 '영구기부금(akhayanivī)'이라는 단어가 새겨져 있고, 이로부터 발생하는 이익 중 16까르샤빠나는 안거 중 특정 동굴에 거주하는 비구에게 찌바리까로 주어야 한다고 분명히 밝혀 새겨 놓았습니다. 나시크(Nashik)에서 출토된 두 개의 비문에서도 이 찌바리까가 12까르샤빠나인데 거의 같은 말을 하고 있습니다. 나시크와 칸헤리에서는 이 액수가 매년 지출되고 있었습니다. 옷감용으로 지정되었지만, 반드시 꼭 이 용도로 사용될 필요도 없었고 전혀 사용되지 않았을지도 모릅니다. 이 율장에서는 찌바리까가 유산 중 일부로 등장하고 있으며, 일반적으로는 저축도 할 수 있었던 것이 틀림없는 사실이라는 것도 증명하고 있습니다. 출가한 기간이 길어 유명해진 비구의 경우는 상당액의 저축도 쉽게 할 수 있었습니다. 이 율장은 이런 저축을 예견하고 있었고 게다가 이에 대한 평가도 있었던 것으로 보입니다. 이것을 보여주는 한 예로, 사원의 유산과 관련된 다음의 경우가 있습니다.

④ 임종을 지켜본 비구의 상속권

이 텍스트에는 임종하는 비구를 간호해 준 비구가 갖게 되는 상속권과 관련된 내용이 있습니다. 비구가 사망하자, 붓다는 우선 일반적 규칙으로 "여섯 종류의 소지품은 환자를 간호해 준 비구에게 주어야 한다. 이 나머지는 비구들에게 분배되어야 한다"라는 항목을 제정합니다. 여기서 말하는 여섯 종류는 비구의 '표준적 소지품' 목록에 포함되는 것도 있지만, 「잡사」에서 말하는 '비구 한 사람이 필요로 하는 여섯 종류의 소지품'인, 여섯 종류가 거의 확실합니다. 발우鉢盂·여수낭濾水囊·삼의三衣·좌구坐具입니다. 이 텍스트에서 주의할 것은, 이 비구가 표준적 소지품보다 많은 것을 소유한 것이 전제되어 있다는 것입니다. 게다가 이 소지품을 비구 전원에게 분배할 수 있다고 생각했으므로, 이 '유품'이 분명 거대한 유산일 가능성도 있습니다. 비구는 '여섯 종류의 소지품'조차도 다양한 양으로 소유할 수 있었습니다. 질병에 걸린 비구의 경우와 일반적인 비구의 경우가 다르다는 것을 보여주는 것은 아무것도 없습니다.

붓다가 제정한 일반적 항목들을 어떤 특정 분야에 속한 비구의 유산에 적용해 본다 해도, 이런 문제들이 해결되지는 않으므로 계속 개선되어야 했습니다. 텍스트는 이 직후를 다음과 같이 설명하고 있습니다.

> 고명高名하고 부자인 다른 비구들이 사망했다. 이들의 소지품, 비구로서의 소지품, 생명을 유지하던 소지품이 상당히 있었다. 이것들은 집회에서 장로의 옆에 쌓아 올려졌다. "여섯 종류의 소지

품은 간호해 준 비구가 가져야 한다"라고 세존은 말했다. 그러자 간호해 준 비구는 계속해서 가장 좋은 것을 가졌다. "가장 좋은 것을 가져서는 안 된다"라고 세존은 말했다. 비구들은 가장 나쁜 것을 그에게 주었다. "그가 가장 나쁜 것을 가져서는 안 되고, 중간 정도의 것을 가져야 한다"라고 세존은 말했다.

여기에는 놀라울 정도의 인간미가 들어 있지만 이건 별개로 하고, 이 작은 텍스트에는 몇 가지 흥미로운 점이 있습니다. 사망한 비구들이 '명시되지 않은 소지품', '비구로서의 소지품', '생명을 유지하는 소지품'이라는 세 종류의 재산을 소유하고 있었다는 것을 보여주고 있는 것입니다. 이 세 종류에 어떤 것이 포함되어 있는지는 잘 모르겠습니다. 「잡사」에는 "육군비구들은 그들이 원하는 것이 무엇이든, 발우든 옷이든 걸망이든 물잔이든 허리띠든, 여기에 있는 비구로서의 소지품이 무엇이든 내기의 대상으로 삼았다"라는 내용이 있습니다. 이와 비슷한 종류의 목록들이 「율분별」에는 옷감에 더해 '발우든 옷이든 걸망이든 물잔이든 허리띠든, 어떤 종류의 소지품이든' 이런 식으로 열거되어 있습니다. '비구로서의 소지품'에는 발우, 옷, 걸망 등이 포함되지만, 티베트어 번역에서 'tsho ba'i yo byad로 여겨지는 생명을 유지하는 소지품은 이것과는 다른 것으로 보입니다. 여기에 명시되어 있지 않은 소지품이 무엇을 가리키는 것인지는 상상하는 것 이외에는 알 방법이 없습니다.

이 텍스트에는 이 규칙을 입안立案했던 한 사람이거나 여러 비구가 좋은 것, 보통인 것, 별로 좋지 않은 것이라는 '여섯 종류의 소지품'을 어느 정도는 어떤 특정 비구들이 소유하고 있을 상황을 상정想定하고 있는 것으로 나와 있습니다. 이 텍스트에서는 이러한 비구들이 위와 같은 소지품을 상당량 갖고 있던 것도 엿볼 수 있습니다. 그러나 여기서 가장 흥미로운 점은 이 비구들이 어떤 비구들이었는가 하는 것입니다.

4. '복덕'의 의미

1) 부자로 유명했던 비구들

이 비구들은 즈냐따-마하뿐야(jñāta-mahāpuṇya)로 '고명高名하고 공덕이 많은 비구'라고 불렸습니다. 페르(L. Feer)는 '저명하고 덕이 넘치는 사람'이라고 번역했습니다.[101] 그러나 마하뿐야(mahāpuṇya)가 이 말 그대로를 의미하지 않는다는 것은, 이 합성어가 다른 텍스트에서 빈번하게 등장하고 있는 문맥을 보면 거의 확실해집니다. 결코 '덕으로 가득 채워지지 않는' 비구 우빠난다에게 이 단어가 사용되었을 때는 특히 그렇습니다. 마하뿐야만을 분리해서 이해하는 것은 어렵지만, 이 율장에서는 즈냐따-마하뿐야가 어떤 것을 의미하는지 정도는 알려주고 있습니다. 즈냐따-마하뿐야인 비구는 그가 소유한 물건이 상당한 양에 이르는(bahavaḥ pariṣkārāḥ) 비구입니다. 이런 비구는 대량으로 기부 받는 인물, 대량으로 기부 받는 힘을 가진 인물입니다. 그는 '부자이며 유명'합니다. 다양한 자료에서 이것을 확인할 수 있지

---

101 L. Feer, *Avadāna-çataka. Cent légendes bouddhiques* (Paris, 1891), p.2.

만, 팔리율의 텍스트에서는 가장 재미있는 방법으로 사용되어 있습니다. 여기서는 부자인 매춘부가 자기 자신을 재산이 많은(bahubhaṇḍā), 자산이 많은 사람(bahuparikkhārā)으로 부르고 있습니다. 이렇게 '자산이 많은 사람'이 지금 우리가 다루고 있는 즈냐따-마하뿐야 비구와 같은 것임은 말할 필요도 없습니다. 호너(Horner)는 이 팔리어를 '나는 많은 재산을 가졌으며 유복하다'라고 번역했습니다. 그러나 지금은 이 말의 느낌을 읽어내는 데 너무 이렇게 저렇게 폭넓게 탐색할 필요가 없습니다. 이 율장에 나오는 텍스트 하나만으로도 즈냐따-마하뿐야의 의미를 확인할 수 있습니다. 이뿐만 아니라 여기에는 결정적으로 승가의 유산이 어떤 내용이었는지도 생각해 볼 수 있을 정도로 분명하게 설명되어 있습니다.

우빠난다의 임종과 관련해서는, 그가 질병에 걸려 사망한 후 그의 유산이 분배되는 과정에 이르기까지를 장황하게 설명하며 기록하고 있습니다. 이와 관련한 자세한 내용, 특히 분배와 관련된 자세한 내용은 뒤에서 설명하겠습니다. 여기서는 우빠난다와 그의 유산에 대한 분배를 어떻게 묘사하고 있는지에 대해 주의하면 됩니다. 우빠난다의 머리에 종기가 생겨 의사가 기〔액상의 버터〕의 탕약을 처방했을 때, 우빠난다는 이 상황을 이용하여 가능한 한 많은 기와 옷감을 모으려고 합니다. 이것이 끝내 그에게는 사망의 원인이 되는데, 그는 이런 일을 굳이 해서 성공적으로 잘 마칩니다.

우빠난다는 유명하고 부자이다. 그는 자신이 거주하고 있는 지역의 사람들과 제자들을 여러 곳에 파견했다. 이들은 몇 잔의 기〔액상의 버터]를 병에 청하고, 상처를 묶을 옷감도 청했다.

유명하고 부자인 우빠난다는 여기서도 많이 기부 받는 사람이며 이렇게 기부 받는 힘까지 가진 사람이었습니다. 그가 많은 제자나 학생을 데리고 있었던 것도 분명하지만, 이것보다 더 인상적인 것은 유명하고 부자였던 이 우빠난다가 소유하고 있던 유산입니다.

우빠난다는 대량의 금과 삼백천三百千의 돈을 갖고 있었다. 어떤 것은 발우나 옷감으로부터, 어떤 것은 질병과 관련된 약으로부터, 그리고 세 번째 것은 가공했거나 가공하지 않은 금으로부터 [얻을 수 있었던] 것이다.

이것은 물론 상당히 많은 유산이어서 비구와 왕이 분쟁하는 원인이 되었고, 이에 대한 분배를 요구하는 6개 도시의 비구들까지도 논쟁에 참여하게 되는 원인이 되었습니다. 그러나 이렇게 많은 유산이 결코 비판의 대상이 되지는 않았습니다. 이런 유산이 규칙을 어긴 것이며 이런 축재가 죄악이라고 생각한 흔적은, 어디서도 찾아볼 수 없습니다. 실제로 이것은 탐욕으로 악명 높은 비구 우빠난다가 남긴 유산으로 여겨지는데, 여기서 몇 가지 점에 유의해야 합니다. 우빠난다는 탐욕을 부리는 것으로 악명이 높아 혹평을 자주 받았고 비웃음도 샀지만, 승가에서 추방당하는 일은 결코 없었습니다. 그는 승가의 제도를 제대로 준수하고 구족계를 수지受持한 비구로 생애를 보냈습니다. 어떻게 말하면, 우빠난다라는 등장인물은, 편찬자들이 율장을 편집할 때 마음속에 그리던, 승가에서 발생할 수 있다고 예상했던 모든 종류의 일들을 표현하고 구현한 인물인 것 같습니다. 우빠난다는 율장의 편찬자들이 일어날 수 있다고 예상했던 일들을 구현한 등장인물입니다. 우빠난다의 유산을 둘러싸고 일어난 일은 획기적인 경우로 이 율장의 다른 텍스트에서 그대로 인용되고 있습니다. 이 사건으로부터 국가는 사망한 비구의 유산에 대해서는 그 어떤 것도 요구할 권리를 갖지 않는다는 지극히 중요한 원칙이 확립됩니다. 그리고 사망한 비구의 유산을 분배하기에 적합한 시기와 절차를 규정하는 가장 포괄적인 규칙도 낳게 됩니다. 승가에서는 우빠난다의 막대한 유산 때문에 사유재산을 이렇게 축적한 것에 대한 비판의 기회를 가졌을 것으로 생각할 수도 있겠지만 실제로는 그렇지 않았고, 오히려 이런 일에 신속하게 대처하는 항목을 제정하는 기회로 삼았습니다.

우빠난다만이 '유명하고 부자'라고 불리었던 비구는 아닙니다. 승가에서 가장 위대한 여러 유명한 비구도 이렇게 불리었습니다. 또한, 우빠난다를 이렇게 묘사한 것이 『근본설일체유부율』만의 특징도 아닙니다. 팔리율에서도 우빠난다는 적어도 4회에 걸쳐 '대복덕자(大福德者, mahāpuñña)'로 등장합니다. 등장할 때마다 이 말은 물질적 재산을 얻게 되는 그의 소유물이나 능력과 관련해서 사용되었습니다. 이 중 3회는, 어떤 기부자가 '우빠난다에게 기부하고 싶다고 생각하고 있다'라고 말하는 것을 언뜻 들은 어떤 비구가 우빠난다에게 가서 "존자 우빠난다여, 당신은 대복덕자입니다. 어느 때 한 남자가 그의 아내에게 '우빠난다 스승에게 옷을 드려야겠다'라고 말했습니다"라고 말합니다. 이렇게 세 번은 어떤 비구가 들은 것에 기초해 우빠난다를 대복덕자라고 부른 것이지, 우빠난다 스스로가 이렇게 부른 것은 아닙니다. 다른 비구들이 기부 받을 수 있는 능력과 대복덕을 동일시한 것입니다. 또 다른 하나의 경우에는 우빠난다 자신도 분명하게 둘을 동일시하고 있습니다. 이 텍스트에 의하면, 우빠난다는 예전에 사위성에서 안거를 보냈습니다. 이 안거가 끝날 때 몇 곳을 방문했고, 이 몇 곳에서 옷감을 분배받는 일에 참여했습니다. 그가 사위성으로 많은 옷감을 가지고 돌아왔을 때, 마침 그 자리에 있던 비구들이 앞에서 말한 것과 같이 기부 받는 능력과 대복덕을 동일시하는 환호성을 질렀습니다. "존자 우빠난다여, 당신은 대복덕자입니다. 당신에게는 많은 옷감이 쌓여 있습니다"라고 비구들이 말합니다. 그러나 우빠난다는 "존자들이여, 나를 위한 복덕이 어디에 있습니까?"라는 혼잣말을 합니다. 그리고 그는 자신이 했던 일을 그들에게 말해줍니다. 이와 비슷한 내용이 팔리율의 텍스트에도 반영되어 있습니다. 이 텍스트에서는 육군비구들이 옷감을 훔칩니다. 이들이 옷감을 가지고 나타났을 때, 비구들은 "존자들이여, 당신들은 대복덕을 지니고 계십니다. 왜냐면 당신들에게는 많은 옷감이 쌓여 있기 때문입니다"라고 말합니다. 여기서도 육군비구들은 "우리를 위한 복덕이 어디에 있습니까?"라며 그들이 했던 일을 설명합니다.

육군비구들의 예는 특히 흥미롭다고 생각합니다. 여기서도 물질적 재산의 소유와 복덕자를 동일시하고 있는데, 마찬가지로 물건을 부당하게 얻더라도 복덕자와 동일시하게 되는 것을 자동으로 연결하는 상황을 보여주고 있습니다. 우빠난다와 육군비구들이 보인 반응은 이런 동일시를 부정하기보다는 이런 동일시를 기묘한 방법으로 보충하는 것에 주의해 주셨으면 합니다. 여기서는 비구들이, 자신들이 사용하는 방법과는 다른 방법으로 재산을 소유하는 능력이야말로 대복덕자인 비구가 가진 본래의 의미이며 정의라고 생각한 것을, 표면적으로는 전혀 언급하지 않고 있습니다. 본래의 의미인 복덕자는 일반 비구들이 재산을 모으는 방법으로는 얻을 수 없다는 생각에서, '우리를 위한 복덕이 어디에 있습니까?'라는 혼잣말로 보여주고 있는 것에 불과합니다.

2) 가난해서 세상에 알려지지 못한 비구들

팔리율에서는 이것과 밀접하게 관련 있는 비구의 특징으로 유명하고 부유한 비구와 반대되는, 복덕이 적어 거의 알려지지 않은 비구들의 특징과 관련해서도 소개하고 있습니다. 이들은 언제나 가난했습니다. 팔리율의 「경분별」은 육군비구들 중 두 명을 수행하는 비구를 '새롭게 출가한', '복덕이 적은 사람'으로 묘사하고 있습니다. 이것은 이들이 가난했음을 의미하는 것으로, 이어지는 '보잘것없는 사원의 침상과 침구와 궁핍한 음식, 이들은 이것을 받았다'라는 설명으로 분명해집니다. 여기에는 '복덕이 적은' 비구가 적어도 두 가지와 서로 관련되어 있다고 설명되어 있습니다. 하나는 이들이 사원에서 보잘것없는 침구와 음식을 받게 된 것으로 명확히 한 것이고, 다른 하나는 이들 자신의 소유물이 아무것도 없는 것을 넌지시 말한 것으로 드러낸 것입니다. 특히 후자를 높이 평가하지 않은 것이 분명합니다.

『근본설일체유부율』에서도 이런 두 종류의 비구를 많이 언급하고 있습니다. 앞에서 이미 보았듯, 「의사」에는 병으로 죽어가는 동료 비구를 위해, 그 비구의 이익을 위해, 그 비구를 대신해 붓다에게 예경禮敬하는 것을 비구에게 부과하는 아주 흥미로운 내용이 존재합니다. 앞에서 이미 살펴본 것이지만, 병으로 죽어가는 동료 비구를 위해 이런 일을 할 때 필요한 자금을 어떻게 조달할 것인지에 대한 특별한 지시가 있습니다. 우선 기부자를 먼저 찾아야 합니다. 만약 기부자를 찾지 못하면 승가의 재산을 이용하게 됩니다. 만약 이것도 불가능하다면 붓다의 영구기부금을 사용하거나 불탑이나 향실의 장식품을 몇 개 정도 매각하게 됩니다. 이것은 하나의 용도로만 지정된 재산을 다른 용도로 전용轉用하는 것을 엄격하게 금지한 규정에 예외를 둔 것입니다. 이런 규정에 대한 효력을 중지시키는 것은, 아주 특수한 상황에서 기인하고 있습니다. 이런 예외적인 규칙이 발생한 것은 중병에 걸린 어떤 비구가 자신을 위해 간호하거나 자신을 위한 공양에 비용을 지출할 수 없었기 때문입니다. 이 비구는 '거의 세상에 알려지지 않은 사람(alpajñāta)'이었습니다. 그는 약도 없었습니다. 일반적으로 비구는 간호를 받을 수 있는 충분한 자금과 자신의 의식儀式을 집행할 자금을 조달할 수 있는 수단이 있다고 생각하고 있었습니다. 그러나 '거의 세상에 알려지지 않은 사람'은 이 어느 것도 하지 못합니다. 너무 가난하기 때문입니다. 이것이 '거의 세상에 알려지지 않은 사람'의 의미입니다.

이 율장에서는 병에 걸린 비구에 대해 가장 많이 알려진 이야기를 언급할 때, '거의 세상에 알려지지 않은' 이 비구들을 언급합니다. 여기에는 병든 비구를 간호해 주는 붓다의 이야기가 있습니다. 사원의 회화가 배치되는 규정을 보면, 이 내용은 시약원施藥院의 벽에 그려져야 합니다. 이 텍스트에서는 붓다가 고찰古刹을 방문했을 때, '중병에 걸려 자신의 똥오줌 속에 누워 있는' 간호해 주는 사람도 없는 비구를 보게 됩니다. 이 비구도 '거의 세상에 알려지지 않은 사람'입니다. 여기서도 이 비구의 상황과 이 말의 의도가 뚜렷이 묘사되어 있습니다. 이 사건을 계기로 비구가 병에 걸리면 스승과 제자는 서로 간호해야 하는, 상호의무를 갖는 규칙이 제정됩니다. 이 텍스트는 '거의 세상에 알려지지 않은' 비구들의 모습을 생생하게 묘사하며 끝맺고 있습니다. 여기서는 승가가 간병인을 제공합니다. 이런 제공이 없으면 가난한 비구들은 간병인을 얻지 못할 것이 분명하기 때문입니다. 이들은 가난해서 제자도 없기 때문입니다.

3) 유명한 비구와 무명인 비구

이 율장의 몇 곳에서는 '거의 세상에 알려지지 않았고', '복덕이 적은' 비구와 '유명하고 부자인' 비구를 한 문장 속에서 언급하고 있습니다. 여기서는 특히 많은 것을 알 수 있습니다. 이 문장은 두 범주에 속하는 비구들의 대조적인 특색을 나란히 배치해 보여주고 있습니다. 「경분별」에 나오는 문장은 이것의 전형적인 예입니다. 이 문장은 함께 여행하는 두 비구를 묘사하고 있습니다. 한 문장에는 "장로 비구는 유명하며 많은 재산이 있었지만, 새내기 비구는 거의 세상에 알려지지 않아 옷을 구할 때도 어려움을 느낄 정도였다"라고 설명되어 있습니다. 또 다른 문장에는 한 비구는 '유명한', 문자 그대로 '대복덕자'라고 설명되어 있습니다. 그는 훌륭한 많은 발우와 옷·걸망(鉢袋)·물잔·허리띠(帶)를 가지고 있었습니다. 다른 비구에 대해서는 "거의 세상에 알려지지 않았고, 거의 복덕도 없었다"라고 설명되어 있습니다. 계속해서 그가 "애를 써서 삼의三衣를 구했지만, 옷도 보잘것없었고 허리띠(腰布)마저도 매우 낡았다"라고 명료하게 그의 특색이 설명되어 있습니다.

이렇게 대조적인 특색에 대한 설명이 결코 「경분별」에만 한정된 것은 아닙니다. 「잡사」에서도 이와 비슷한 것을 볼 수 있습니다. 여기서도 두 비구가 함께 여행하는 것으로 끝을 맺고 있습니다. 역시 장로 비구는 많은 재산을 소유하고 있음이 특색입니다. 새내기 비구는 '거의 세상에 알려지지 않았고', 삼의三衣 이외에는 아무것도 없었다고 언급되어 있습니다.

때로는 비구니에 대해서도 이런 특색이 대조를 이루는 것이 있습니다. 사타법捨墮法 제30조에서 벌금이 부과되는 제5조(受非親尼衣戒)는, 옷을 교환할 때를 제외하고는 친족이 아닌 비구니로부터 옷을 직접 받는 것을 금하고 있지만, 예외로 「경분별」에서는 "비구니가 유명하고 부자이며, 그녀가 그것(옷감)을 비구 앞에 두고 '존자여, 저는 비슷한 물건을 가지고 있으므로 존자는 부디 자비慈悲로 받아주십시오'라고 말한 후 뒤도 돌아보지 않고 간다면, 이 경우는 죄가 없다"라고 말하고 있습니다. 다른 텍스트에서는 '거의 세상에 알려지지 않은'이라든가, '복덕이 적은'이라고 분명하게 서술되어 있지 않지만, '보시를 거절하고', '몹시 고생하는' 비구니와 과거에 남편이었던 '유명하고, 보시나 옷이나 침구나 약이나 필수품이라는 대복덕을 얻은' 비구와 대조시켜 놓고 있습니다. 이런 이유로, 기근이 들었을 때 비구의 손에 얼마간의 보시가 있으면 비구는 보시의 절반을 이전의 아내였던 비구니에게 나누어주어야 한다는 항목이 제정되었습니다. 이 텍스트가 구문構文을 완전히 갖추었다고는 말하기 어렵지만, 당면한 목적에 있어서 보다 중요한 것은, 비구가 얻을 수 있었던 '대복덕'은 비구가 받은 보시나 옷이나 침구 등 이외의 것이 아니라는 것을 이 텍스트가 보여주고 있다는 사실에 있습니다.

지금까지 살펴본 내용은 적어도 두 가지로 정리될 수 있습니다. 하나는 이 '대복덕'이 가진 본래의 의미로, 인물의 종교적인 학식이나 고결함을 강조한다 해도 현재까지 전해지는 『근본설일체유부율』이나 팔리율이 편찬된 시대에는 '대복덕'이 본래의 의미로 쓰이지는 않았고, 반드시 개인이 소유하고 있었던 물질적 재산의 총액과 관련해서 쓰이고 있었다는 것입니다. 다른 하나는 다음과 같이 말할 수 있습니다. 『근본설일체유부율』의 편찬 시대에 종교적인 학식이나 고결함 등의 자체를 평가할 즈음, 적어도 사회적으로는 '대복덕'이 물질적 재산의 소유 정도로 결정되고 있었다는 것입니다. 어쨌든 우리는 거의 같은 지점에 도달했습니다. 이런 승가제도에서 '당신은, 당신이 소유한 것이다'라는 것입니다. 당신이 위대하면, 당신은 그만큼 많은 것을 소유한 것입니다. 이 공식은 반대였을지도 모릅니다. 우리가 지금까지 살펴본 내용이 어떤 경우에도 전부는 아닙니다만, 물질적 소유는 승가에서의 지위가 결정되는 한 가지 요인으로 인정되던 법랍法臘과 겹치거나 병행되고 있습니다. 이것이 전부라고는 말할 수 없지만, 역시 부자로 유명한 비구들은 선임先任 비구이거나 법랍이 오래된 비구입니다. 이것은 가장 유명한 비구들도 마찬가지입니다.

4) 붓다도 샤리뿌뜨라도 마우드갈야야나도 마하까샤빠도 부자였다

초기불교의 비구 중 샤리뿌뜨라와 마우드갈야야나만큼 유명한 사람은 없습니다. 그러나 붓다보다 더 유명한 사람은 없습니다. 이 세 사람은 『근본설일체유부율』에서 문맥은 달라도 언제나 거의 비슷하게 매우 부유한 사람으로 묘사되어 있습니다. 「의사」에서 샤리뿌뜨라는 매우 부유했기 때문에, 어느 시골의 한 사원에 머물면서 보시로 받은 '500장의 면직물'이 필요하지 않을 정도였습니다. 그는 면직물을 사원의 비구들에게 주었습니다. 이 일은 하마터면 승가의 규정을 위반한 것으로 앞으로 해결해야 할 필요가 있는 위험한 전례前例로 남을 뻔했습니다.

> 어느 시골 마을에 한 재가자가 있었다. 그는 사원을 짓고 많은 음식을 대접했다. 존자 샤리뿌뜨라가 시골을 두루 다니다가 이 사원에 도착했다. 재가자는 그에게 음식을 차려 대접하고 500장의 면직물을 기부했다. 그러나 샤리뿌뜨라는 이 500장의 면직물을 사원에 기부하고 떠났다.

비구가 자신이 기부 받은 것을 승가(saṃgha)에 기부해야 한다고 생각하지 않는다는 사실을 제외하면, 여기서는 아무 문제가 없습니다. 이 텍스트는 샤리뿌뜨라가 사원(vihāra)에 기부한 것을 지적하면서도, 샤리뿌뜨라의 위반을 이렇게 교묘하게 피해간 점에도 주의를 기울였으면 합니다. 문제는 샤리뿌뜨라의 두 제자가 이 사원을 방문했을 때 발생합니다.

그때 샤리뿌뜨라와 함께 생활하던 제자 중 리쉴라(ṛṣila)와 리쉬닷따(ṛṣidatta) 두 비구는 시골을 두루 다니다가 마을에 도착했다. 재가자는 두 비구에게도 음식을 차려 대접한 후 500장의 면직물을 기부했다. 이 지역의 비구들은 그들에게 "존자들이여, 당신들의 스승은 재가자로부터 500장의 면직물을 받았습니다. 하지만 우리만이 분배를 받았습니다. 이번에도 기부 받은 것은 우리만의 것이 되어야 합니다"라고 말했다.

이 지역의 비구들은 샤리뿌뜨라의 기부가 전례라고 생각하고, 이를 근거로 자신들의 권리라고 요구했습니다. 그러나 샤리뿌뜨라의 제자들은 스승의 기부가 기존의 원칙이라고는 생각하지 않았고, 면직물이 스승의 사유재산이었던 것처럼, 자신들은 스승과 다르다고 생각했습니다. 스승은 재산이 많았기에 우연히 그렇게 기부할 수 있다고 생각했습니다. 여기에는 두 비구가 이렇게 기부할 입장이 못 된다는 것이 의도되어 있습니다. 두 비구는 "스승은 유명하고 부자이십니다. 그가 때로는 당신들만을 기쁘게 하는 일을 할 수 있습니다"라고 말합니다. 텍스트는 '그들이 서로 대립하고 있었다'라는 설명을 하고 있습니다.

문맥은 매우 다르지만, 이 율장에서는 붓다의 입멸 직후 일어난 사건을 설명하는 텍스트에서, 마하까샤빠(Mahākaśyapa, 大迦葉)에 대해 다음과 같이 설명하고 있습니다.

그때 지상에는 네 명의 대장로大長老가 있었다. 존자 아즈냐따까운딘야(ājñātakauṇḍinya)와 존자 마하쭌다(Mahācunda)와 존자 다샤바

후까샤빠(Daṣabahukaśapa)와 존자 마하까샤빠(Mahākaśyapa)가 있었다. 이들 중 존자 마하까샤빠는 유명하고 부자여서 옷과 발우와 침구와 약과 소지품을 소유한 사람이었다.

마하까샤빠가 얼마나 부자였는지는 붓다의 시신을 위해 마을에서 공양한 것을 그가 완전히 다시 뜯어고쳤다는 사실로 텍스트에서 직접 보여주고 있습니다. 공양물에는 특별히 필요한 일정량의 면심지(綿芯), 500장의 면직물, 화장火葬에 필요한 향나무가 포함되어 있습니다. 여기서는 이런 장례용품을 준비하는 것이 꾸쉬나가라(Kuśinagara) 마을 전체가 걸린 일이었지만, 마하까샤빠가 가진 재산이 마을 전체의 재산을 능가한다는 것을 분명하게 말해주고 있습니다. 장례식에는 많은 경비가 필요했기 때문에 네 명의 장로 중 단 한 명인 마하까샤빠를 '유명하고 대복덕자인 사람'으로 주의 깊게 배치한 후 묘사했다고 생각하면 거의 틀림없습니다. 그렇지 않다면 비구들의 이름을 이런 식으로 열거한 것이 이상합니다. 이 텍스트는 독자들에게 마하까샤빠는 이런 것이 가능하다는 것을 미리 알려주고, 게다가 모든 사람이 알기 쉬운 말인 물질적 소유물이나 재산이라는 표현으로 그의 지위까지도 분명하게 해두려는 두 가지를 동시에 하고 있습니다. 마하까샤빠는 교단에서 사실상의 장長이 되려고 했기 때문에, 이 텍스트에서 붓다를 묘사한 것처럼 그를 묘사한 것도 별로 놀랄 만한 것은 아닙니다. 붓다도 부자이면서 유명했기 때문입니다.

붓다도 그가 기부 받은 것으로 형용하지만, 「잡사」의 도입부를 보면 물질적 소유물과 지위와의 관련성이 승가에서뿐 아니라, 다른 경쟁 종교집단과의 사이에서도 작용한다는 것은 저절로 이끌어지는 결론입니다.

> 붓다 세존은 왕사성 죽림의 다람쥐 사육원에 머물고 있었다. 왕·대신·브라만·재가자·도시 사람들·시골 사람들·부자·중요한 상인·무역상들은 세존을 공경하고 존경하고 칭송하고 우러러보았다. 그러므로 세존은 옷·시식施食·침구·약·소지품을 기부 받을 수 있었다. 그러나 많은 다른 종교집단은 왕·대신·브라만·재가자·도시 사람들·시골 사람들·부자·중요한 상인·무역상들이 공경하지 않고 존경하지 않고 칭찬하지 않고 우러러보지 않았다. 그러므로 그들은 옷·시식·침구·약·소지품을 기부 받을 수 없었다.

여기에는 매우 솔직한 설명이 들어 있습니다. 공경받고 존경받는 사람은 물질적 재산을 기부 받고, 그렇지 못한 사람은 기부 받지 못하고 있습니다. 개인의 종교적·사회적 지위가 물질적 재산으로 평가되고 있습니다. 이 둘을 분리하는 것은 매우 어렵습니다. 비구 개인은 승가 공동체에서도, 그가 소속된 사회에서도 자신이 소유하고 있는 것으로 결정되었습니다. 사람이 많이 소유하고 있으면 사람의 가치는 그만큼 커지는 것이 분명합니다. 그렇지 않다면 이것은 반대가 됩니다.

물질적 재산과 승가에서의 지위와의 관계 또는 이것들을 동일시하는 것이 얼마나 일상적이었는지, 붓다 자신도 그가 기부 받은 것으로 얼마나 일상적으로 특색 지어졌는지, 이런 상황은 현존하는 『아바다나샤따까(100가지 이야기)』의 범어 텍스트를 살펴보아도 알 수 있습니다. 『아바다나샤따까』의 범어 텍스트에는 100개의 텍스트가 있고, 하나하나에 똑같은 관용적 표현 형식이 갖추어져 있습니다만, 이제는 우리에게도 완전히 익숙해진 도입부입니다.

> 붓다 세존은 왕·대신·브라만·재가자·도시 사람들·시골 사람들·부자·중요한 상인·무역상·신들·용·야차·아수라·가루라·긴나라·마후라가들이 공경하고 존경하고 칭송하며 숭배하고, 신들·용·야차·아수라·가루라·긴나라·마후라가들에게 찬양받으실 세존은 유명하고 부자여서 옷·발우·침구·약·소지품을 가지고 이러저러한 장소에서 제자 대중들과 함께 머무르고 계셨다.

붓다도 이렇게 유명하고 부자여서 물질적 재산의 수납자로 특색지어진 것이 『아바다나샤따까』의 범어 텍스트에서 100번 나오고 있습니다. 이것은 율장뿐 아니라 교단의 보조적인 문헌들이 이것을 어떻게 취급했든, 물질적 재산과 승가에서의 지위는 긴밀한 관계를 형성해 왔고, 인도불교 중기에는 널리 퍼져 있었다는 것을 증명해 주는 것으로 생각됩니다. 스파이어(J. S. Speyer)는 『아바다나샤따까』의 범어 텍스트를 서기 100년 전후의 것으로 보고 있습니다. 빈테니츠(M. Winternitz)는 2세기의 것으로 보고 있습니다. 한편 바그치(P. C. Bagchi)는 그의 활약 시기가 서기 220~252년으로 여겨지는 오吳의 우바새 지겸支謙이 한역한 것에 『아바다나샤따까』의 관용적 표현 형식의 도입부가 보이지 않는 것에 특히 주목하고, 현존하는 범어 텍스트가 그만큼 이른 시대의 것도 아니니, 지겸이 번역한 시기 이후의 것임이 틀림없다고 보고 있습니다.[102] 지겸이 고의로 관용적 표현 형식의 말을 생략했거나 제외한 것이 아니라는 가정도 상식을 벗어난 것은 아니니, 이 도입부는 아마도 인도불교 중기시대에서도 초반보다는 더 후반에 해당하게 되겠지요. 이런 것에도 불구하고 이것은 우리가 문제 삼고 있는 시기에 있는 것이 확실시됩니다. 그러나 붓다가 유명한 대복덕자로 묘사될 수 있는 단 한 명의 비구는 아니었기 때문에 『아바다나샤따까』가 시대적으로 어느 시대라고 평가되어야 할지 고민일 때, 이 도입부만이 유일한 관심사는 아닙니다. 이 텍스트에는 결코 존경받았다고 말할 수 없는 등장인물이 적어도 한 번은 등장합니다. 붓다와 노승老僧, 이 둘을 똑같은 말로 형용하면서 기묘하게 배치한 방법에서 다양한 것을 파악해 볼 수 있습니다.

『아바다나샤따까』의 49번째 아바다나도 다른 99개의 아바다나와 같이 붓다가 왕과 대신과 부자들로부터 존경받으며, 유명하고 대복덕자이며, 발우·옷·소지품의 수납자라고 형용하면서 시작되고 있습니다. 그러나 이 아바다나에서 이렇게 형용한 사람은 붓다가 아닙니다. 이렇게 붓다와 똑같은 방식으로 묘사된, 이 아바다나의 주인공은 비구가 된 부유한 상인입니다.

> 그리고 그는 승가에 들어온 후, 유명한 대복덕자가 되어 옷과 발우와 침구 등의 수납자가 되었다.

---

102 P. C. Bagchi, "A Note on the Avadānaśataka and Its Chinese Translation", *Visva-Bharati Annals* 1 (1945), pp.56~61.

그러나 이 비구는 다음에 흥미로운 방법으로 묘사되어 있습니다.

그는 소지품을 얻고 나서도 반복해서 얻은 것으로 부자가 되었다.
하지만 그는 동료 비구들에게는 나누어주지 않았다.

이 비구는 자기의 인색함 때문에 소지품에 집착하다 죽음에 이르렀고, 손과 발과 눈이 너무나 불쾌하게 변형된 몸을 가진 아귀가 되어 그의 승방으로 환생합니다.

이 텍스트는 같은 페이지에서, 같은 말로 인색한 비구와 붓다를 같이 묘사하고 있습니다. 지금까지 거의 분명했던 것들이 이 이야기 때문에 다시는 의심할 수 없는 사실이 되었다고 생각합니다. 이 말 그대로, 어쩌면 본래의 의미와는 다르게 '대복덕자'는 이 율장에서 '대복덕자'라고 불린 사람의 정신적 특징을 말한 것이 아닙니다. 인색한 비구가 문자 그대로든 비유로든 '대복덕자'로 불리는 것은 있을 수 없는 일입니다. 그러나 그가 '부자'라고 불리는 것은 당연한 일입니다.

이 텍스트는 다른 의미에서도 흥미롭습니다. 무엇보다도 우선 비구들이 부자가 될 수 있다는 사실, 이런 재산이 비구 개인에게 속한다는 사실, 이것이 아주 당연하게 묘사되어 있다는 사실이 흥미로운 것입니다. 지금까지의 텍스트에서는 이것을 분배할지 분배하지 않을지의 여부는 그들이 결정하는 것이라고 서술되어 있었습니다. 지금까지 살펴본 바에 의하면 이런 종류의 재산을 취득하는 것을 반대하는 규칙도, 이런 재산의 분배를 반대하는 규칙도 없습니다. 하지만 재산을 분배해 주지 않는 것이야말로 승가의 규칙을 위반한 것으로, 모든 사원에서 제재制裁하거나 절차에 따라 처벌하는 승가의 규칙을 위반하고 있는 것임에 주의해야 합니다. 여기서는 재산을 분배해 주지 않는 것이 악취惡趣로 태어나는 처벌을 받는 도덕적인 죄가 됩니다. 텍스트에서 악惡이라고 판단한 것이 재산의 축적이 아니라 재산을 나누어주지 않는, 특히나 그 인색함에 있었음을 다시 한번 확인해 볼 수 있었습니다. 여기서 붓다는 인색함과 관련되어 있는데, 세 가지 이유 때문이라고 텍스트는 말하고 있습니다. 첫 번째는 '그(사망한) 좋은 집안의 아들(인색한 비구)을 돕기 위한' 것이고, 두 번째는 '제자들에게 두려움이 스며들게 하려고' 한 것이고, 세 번째는 '인색함의 비참한 결과를 분명하게 해주려고' 한 것입니다. 하지만 재산의 축적에 대해서는 한마디도 서술하고 있지 않습니다. 또한, 이것은 "그러므로 비구들이여, 인색함을 제거하도록 노력하라"라고 훈계하는 텍스트에서도 서술되어 있지 않습니다. 샤리뿌뜨라와 마하까샤빠라 해도, 붓다라 해도 위대함은 물질적 재산을 소유한 사실로 묘사되어 있습니다. 이렇게 되어 있는 한, 비구에게 물질적 재산을 버리라고 권할 수는 없습니다.

제4장 비구의 업무와 생활을 위한 노동

1. 다양한 업무와 금지된 업무

1) 비구의 업무 목록(1)

이 율장이나 이에 대한 해설서나 근본설일체유부 관련 문헌을 편찬한 사람들은, 비구가 혼자서 명상 수행을 하면 불규칙한 생활이 되기 쉽고 이를 감독하기도 어렵기에, 재가자들에게 비난받을 수 있는 이런 고행을 결단코 장려하지 않았습니다. 실제로도 특별히 금지한 예가 있습니다. 그러면 이 비구들이 어떤 일을 하면서 시간을 보냈는지, 어떤 일을 했는지 이 율장이나 해설서에는 설명이 있을 것입니다. 이런 문헌들에는 근본설일체유부의 편찬자들이, 일반 비구들의 업무를 무엇이라고 생각했는지 직·간접으로 보여주는 다양한 내용이 있을 것입니다. 이런 것이 처음부터 끝까지 일관되어 있다고는 말할 수 없겠지요. 하지만 대강으로라도 비구들의 업무가 어떤 것이었는지 살펴본다면, 이 율장에 어떤 문제가 숨어 있는지를 어느 정도 알 수 있을 것입니다.

「잡사」에는 육군비구라는, 너무나 통속적이고 지극히 인간적인 비구들의 입을 빌려 비구들이 어떤 업무를 맡고 있었는지를 말해주는 것이 있습니다. 육군비구들이 짐을 지고 운반하는 것을 본 재가자와 브라만은, "존자여, 우리는 때때로 부모님이나 자녀나 아내를 위해 짐을 지고 운반합니다. 당신들은 누구를 위해 이 짐을 지고 운반합니까?"라는 비난을 합니다. 여기에는 야유가 담겨 있는데, 비구가 육체노동에 종사한다는 것에 향해 있습니다. 이 문제는 다음에 더 심도 있게 고찰해 보겠습니다만, 여기서 지금 흥미로운 것은 육군비구들이 보인 반응으로, 자기들을 정당화하는 그들의 말입니다. "여러분, 우리도 스승을 예경하고, 승가를 부양하고, 환자를 간호하는 등 많은 일을 하고 있습니다"라고 말한 것입니다. 불교의 비구도 재가자와 브라만처럼 그들의 '가족'을 위해 해야 할 일이 많다는 것입니다. 이 육군비구들의 말에는 '스승'이 '부모님'으로, '승가'는 '자녀'로, '환자'는 '아내'로 고안考案되어 있습니다. 재가자와 브라만처럼 비구도 '업무' 때문에 짐을 지고 운반하는 것이 필요할 때도 있다는 것입니다.

이를 전해 들은 붓다는 "지금부터는 비구 스스로 짐을 지고 운반해서는 안 된다"라는 항목을 제정합니다. 하지만 육군비구들이 이것을 비구의 업무라고 생각한 것이 잘못되었다고는 말하지 않습니다. 뒤에서 설명하겠습니다만, 다른 텍스트에서는 비구들이 하는 모든 행동을 인정하고 장려까지 하고 있습니다. 이 「잡사」 텍스트는 비구의 다양한 업무 중 적어도 하나의 예를 보여주고 있습니다. 하지만 이보다 더 근본적인 것은 자신이 맡은 업무가 자신의 신분을 증명해 주는, 특정 업무를 맡은 것이라고 비구들이 생각했다는 것입니다. 이것이 이 율장에 담겨 있는 기본적인 생각입니다. 티베트어로 번역된 텍스트에서는 karaṇīya, karma, kriyā를 일, 노동, 근무, 업무, 직업을 의미하는 bya ba로 사용하고 있습니다. 비록 이 단어를 은유적으로 사용했다 해도, 이 단어를 사용했다는 사실 자체만으로도 비구의 역할을 어떻게 규정하고 있었는지에 대해 중요한 무언가를 말해주고 있는 것입니다. 무엇을 은유한 것인지는 잘 모르겠습니다만, 이 율장에서 이런 종류의 단어를 적잖이 볼 수 있는 자체는 지울 수 없는 사실입니다.

2) 출가 이전에 했던 일은 금지

이와 유사한 단어나 비슷한 문제는 「잡사」에 또 있습니다. 여기서는 재가자의 장長이나 한 가정의 생계 담당자가 교단에 들어왔을 때 발생한 문제에 관해 서술하고 있습니다.

> 세존이 대기적大奇蹟을 나타냈을 때, 외교도外教徒들은 면목을 완전히 잃게 되었다. 신들과 사람들은 기뻐했고, 선인들은 기분이 고양高揚되었다. 그리하여 제국의 상인들이 마을과 마을이나 도시나 국가에서 사위성으로 와 교단으로 출가했다. 이들의 아들이나 딸이나 아내나 친구나 친척이나 형제들은 이들을 찾아 사위성으로 왔다. 이들은 비구가 된 상인들을 찾아와 "존자들이여, 당신들은 지금 교단으로 출가했습니다. 당신들이 만약 여기에 계속 머무른다면, 우리는 어떻게 살아가야 합니까?" 하지만 교단으로 출가한

상인들은 계속 여기에 머물렀다. 이들을 찾아온 사람들은 "그러면 당신들은 여기서 우리에게 훈련을 시켜주어야 합니다." "좋다. 그렇게 하자"라며 비구들은 이들에게 장사를 가르치기 시작했다.

이러자 재가자와 브라만은 이에 대해 너무 빈정거리는 투로 말합니다.

이들 모두는 〔출가했으면서〕 상인〔의 일을 하려는 사람〕들이 도대체 어떻게 교단에 들어간 사람들의 〔비구로서의〕 일을 할 수 있다는 것일까? 〔그런 여유가 있을까?〕

이런 비난을 들은 결과, 붓다는 다음에 설명할 상당히 많은 예외사항을 제정하게 됩니다. "비구는 출가 이전의 직업을 갖는 것도 이전의 장사 도구를 보관하는 것도 안 된다"라는 항목을 제정하게 됩니다.

3) 비구의 업무 목록(2)

여기서는 비구들이 어떤 문제나 관심 분야와 관련된 업무를 했다고 볼 수 있습니다. 이는 처음에 인용한 문장과 비슷합니다. 우리가 명료하게 인식하기는 곤란합니다만, 이 율장의 편찬자들은 비구가 일반 육체노동자나 기술자들과는 다르다는 것을 분명하게 구별하려고 애썼고, 이를 유지하기 위해 항상 배려까지 했던 것으로 보입니다. 이들은 일반 사람들이 두 직업을 혼동하기 전에 미리 예방해야 한다고 느꼈던 것 같습니다. 사실, 비구와 일반 기술자가 직업 용어를 어느 정도 공유했다는 것은 말할 필요도 없습니다. '배우다(śikṣati)'라는 동사를 비구들은 수행할 때 사용했고, 직공織工이나 활 제작자나 기계공은 도제 훈련을 할 때 사용했습니다. 비구들의 스승도, 일반 장인들의 스승도 아사리(阿闍梨, ācārya)나 화상(和尙, upādhyāya)으로 불렸습니다. 이는 상당수의 비구가 노동자 계급 출신이었고, 한때는 기술자였거나 다양한 업종에 종사하던 상인이었다가 출가한 상황을, 이 율장의 편찬자들이 어느 정도는 알고 있었고 이를 항상 숙지하고 있었던 사실과도 관련 있습니다. 이 부분도 뒤에서 자세히 고찰하겠습니다. 비구가 어떤 활동을 하면 비구라고 규정되는지는 제쳐두더라도, 이 율장의 편찬자들이 '비구'를 '직업'으로 여기고 있었던 것도 분명합니다. 비구가 어떤 일반적인 업무나 특정 업무를 맡아야 한다고 생각한 것을 보면 그렇습니다. 물론 이것들이 어떤 것이었는지에 대해서는 여러 의견이 있습니다.

앞에서 살펴본 내용에는 일반적 육체노동자의 업무나 기술자의 업무와 비구의 업무를 구별하고, 둘이 혼동되는 것을 방지하려는 의도를 담아 둔 것 같습니다. 실제로 이런 업무들은 비구를 규정하는 하나의 방법이 될 수 있습니다. 육군비구들의 예에서는 비구의 업무가 스승을 예경하는 것이고, 승가를 부양하는 것이고, 환자를 간호하는 것이라고 열거하면서 하나의 목록으로 보여주고 있습니다. 이것은 이 율장에서 말하고 있는 일부 비슷한 업무목록 중 하나일 뿐입니다. 샤리뿌뜨라의 유골을 처리하는 내용에서는 아주 다른 업무도 등장하고 있습니다.

「잡사」에는 샤리뿌뜨라의 유골을 처리할 때, 비구 아난다와 재가자

아나타삔다다가 승가와 아나타삔다다 중 도대체 누가 유골을 관리하는 것이 더 적당한지에 대해 끊임없이 협상하는 장면이 있습니다. 여기서는 가장 필요한 부분만 간략하게 서술하겠습니다. 샤리뿌뜨라가 사망했을 때, 신입인 쭌다(Cunda)가 장례식인 '유골 공양(śarīra-pūja)'을 해서, 샤리뿌뜨라의 철발우(鐵鉢)와 옷과 유골을 왕사성으로 운반해 아난다에게 전해줍니다. 아난다가 사위성에 도착했을 때, 아나타삔다다는 샤리뿌뜨라의 사망 소식과 함께 '존자 아난다가 그의 유골을 바로 옆에 가지고 있다'라는 이야기를 듣게 됩니다. 그는 아난다가 있는 곳으로 가서 샤리뿌뜨라와의 특별했던 관계를 주장하면서, "저는 유골 공양을 하고 싶습니다"라며 유골을 요구합니다. 아난다도 거의 비슷하게 자기의 요구를 반대로 말하면서 공양은 자신이 한다며 유골을 내주지 않습니다. 아나타삔다다는 붓다가 있는 곳으로 가서 중재를 요청합니다. 붓다는 최종적으로 "훌륭한 비구의 유골은 승가의 경계 내에 두어야 한다"라는 항목을 제정합니다. 붓다는 재가자인 아나타삔다다의 편에 서서 아난다에게 말합니다.

> 아난다여, 너는 샤리뿌뜨라의 유골을 재가자인 아나타삔다다에게 주어야 한다. 그가 공양하게 하여야 한다. 재가자나 브라만은 이런 것을 통해 믿음을 갖기 때문이다. 아난다여, 네가 이렇게 유골을 공양하는 것만으로는 내 가르침에 이바지할 수 있는 이익이 없으며, 너 자신에게도 이익이 되지 않는다. 그러니 너는 다른 사람을 교단으로 맞이해 그들을 득도시켜 주고, 승가에서 필요로 하는 것을 주고, 비구로서의 여러 가지 일들에도 도움을 주어야 한다. 경을 암송해야

할 때는 경을 암송하게 해야 하며, 그들이 몸을 지키게 훈련해야 한다.

이렇게 '비구의 업무'와 관련해 '스승을 예경하고, 승가를 부양하는' 것이 공동체적인 승가의 행위라면, '새로운 구성원을 승가로 이끌고, 그들에게 필수품을 주고, 그들에게 사제師弟의 관계를 교육하고 전수하는' 것도 또 다른 '비구의 업무'가 되는데, 이것은 더 엄밀하고 조직적이며 길드 지향적인 행위라고 할 수 있습니다. 다른 내용을 살펴보면 비구가 꼭 해야만 하는 일로 또 다른 목록이 있습니다.

2. 업무와 안거

1) 업무는 안거보다 중요하다

비구의 업무(karaṇīya)를 에저튼(F. Edgerton)은 일(affairs)이라든지 업무(matters of business)라고 정의했는데, 이에 대한 흥미로운 내용이 「안거사」에 있습니다. 이것이 흥미로운 것은 붓다 자신이 과거에 제정한 항목을 스스로 수정하면서 이유까지 설명하고 있기 때문입니다. 붓다는 일찍이 "안거에 들어간 비구는 경계 밖으로 나와서는 안 된다"라고 선언했습니다. 이 항목이 절대로 폐기되지 않은 것은 분명합니다. 하지만 어쩔 수 없이 꽤 대폭적인 타협을 하게 됩니다. 「안거사」에는 비구들이 이미 제정된 계율을 준수하다가 물질적인 지원을 놓친 사건이 있습니다. 이것이 붓다에게 보고되었습니다.

세존은 스스로 생각했다. 아! 내 제자들은 옷감과 음식의 기부가 필요하구나. 비구들이 편안하게 생활할 수 있도록, 기부자의 보시를 살릴 수 있도록 7일간의 유예猶豫를 공인해야 할까? 업무 때문이라면 7일간의 인가를 받고 외출하는 것을 허가해야겠다.

여기서는 두 가지 이유로 항목이 수정되는 것을 분명하게 볼 수 있습니다. 첫 번째는, 비구들이 편안하게 생활하게 하려고 수정하는 것에 무엇보다 먼저 관심을 기울였습니다. 두 번째는, 기부자의 보시가 반드시 활용된다는 것을 보장하기 위해 수정했습니다. 다음에 설명할 내용은 근본설일체유부의 승가제도에서 중심을 차지한 중요한 관심사입니다. 이 항목을 수정하면서 외출 기한을 오로지 7일간으로 한정하면서 반드시 업무상이어야 한다는 제약을 단서로 붙였습니다.

「와구사」에서는 외출은 '업무에 따른' 것이어야 한다고 정확하게 설명하고 있습니다. 한 비구가 자신이 맡은 업무를 처리하느라 사원에 늦게 도착해서 침구를 할당받는 것에 대한 설명이면서, 비구의 업무에 대해서도 대략 두 가지 범주를 보여주는 것입니다. 「와구사」에서는 우빠난다가 침구 할당이 반쯤 끝났을 무렵 승가에 도착합니다. 그는 침구 할당은 법랍(年功) 순이어야 한다고 주장합니다. 이런 상황에서 붓다는 "승가나 불탑과 관련된 업무로 외출했던 비구에게는 법랍 순으로 침구를 할당해야 한다. 그렇지 않을 때는 도착한 차례대로 할당해야 한다"라는 항목을 제정합니다. 지금 본 「와구사」와 「안거사」에서도 karaṇīya는 에저튼의 말대로 일(affairs), 업무(matters of business), 의무(duties)라는 세 가지 의미를 모두 포함하고 있습니다. 무엇을 선택하든

대체로 취향이나 문맥에 맞추면 되겠습니다. 이런 것은 모두 근본설일체유부의 비구가 각자 소속된 사원에서 외출해야만 하는 업무상의 의무를 인식하고 허가해 주었다는 것을 보여주고 있는 것입니다. 「와구사」에서는 이런 의무가 대체로 승가나 불탑 중 어느 한쪽의 업무와 관련된 것으로 보고 있습니다. 「안거사」에서는 더 자세히 서술되어 있는데, 승가와 불탑 둘 모두와 관련된 사례가 인정되어 있습니다.

「안거사」에서는 우선 비구가 승가 구성원의 범주에 속하는 우바새·우바이·비구·비구니·식차마나·사미·사미니 등에 대한 의무를 다해야 한다는 취지로 설명하고 있습니다. 여기서는 비구의 의무가 일반 대중에게까지는 미치지 못하고 있습니다. 이렇게 구성원의 범주를 열거한 후, 비구가 안거 기간에 합법적으로 외출할 수 있는 다양한 경우도 열거하고 있습니다. 같은 것이 반복되기는 합니다만, 때로는 흥미로운 설명도 있습니다.

> 우바새(남성인 재가 신자)에 대한 의무란 무엇인가? 재가자가 아내를 맞이하여 자립하기를 원한다고 하자. 그는 많은 옷감과 음식을 준비하고 비구에게 사람을 보내 "와 주십시오. 그리고 존자들은 이것을 누리십시오"라고 말한다. 비구는 정식으로 7일간의 〔허가〕를 받아 우바새에 대한 의무를 다하기 위해 외출해야 한다. 이것이 우바새에 대한 의무이다. 또 별도로 우바새에 대한 의무가 있다. 재가자가 사방 승가를 위해 사원을 세우길 원한다고 하자. …… 재가자가 이 사원에 침구를 기부하길 원한다고 하자. …… 재가자가

이 사원에 영구기부금을 마련하길 원한다고 하자. 〔그 어떤 경우에도〕 재가자는 옷감과 음식을 준비하고 비구에게 사람을 보내 "와 주십시오. 그리고 존자들은 이것을 누리십시오"라고 말한다. 비구는 〔어떤 경우라도〕 정식으로 7일간의 〔허가〕를 받고 우바새에 대한 의무를 다하기 위해 외출을 해야 한다. 이것이 우바새에 대한 의무이다.

또한, 별도로 우바새에 대한 의무가 있다. 재가자가 이 사원에 여래의 유골을 가지고 불탑을 세우길 원한다고 하자. …… 재가자가 이 불탑에 깃대를 세우는 후원자가 되기를 원한다고 하자. 양산·기·번을 세우기도 하고, 백단이나 사프란을 칠하는 후원자가 되기를 원한다고 하자. 〔그 어떤 경우에도〕 그는 비구에게 사람을 보내 "와 주십시오. 그리고 존자들은 '법의 협력자'가 되어 주십시오"라고 말한다. 비구는 〔어떤 경우라도〕 정식으로 7일간의 〔허가〕를 받아 우바새에 대한 의무를 다하기 위해 외출해야 한다. 이것이 우바새에 대한 의무이다.

또한, 별도로 우바새에 대한 의무가 있다. 사부四部의 경전 중 어떤 부部에 대한 경전을 설명해 주어야 하는 우바새를 위한 의무가 발생한다고 하자. 그는 많은 옷감과 음식을 준비하고 비구에게 사람을 보내 "와 주십시오. 그리고 존자들은 이것을 누리십시오"라고 말한다. 비구는 정식으로 7일간의 〔허가〕를 받아 우바새에 대한 의무를 다하기 위해 외출해야 한다. 이것이 우바새에 대한 의무이다.

비구가 초대받으면 외출해야 한다는 말을 이렇게 계속 길게 하고 있습니다. 우바새는 후회하는 생각이 들면, 비구에게 사람을 보내 "와 주십시오. 존자들은 제가 후회하고 있는 생각을 제거해 주십시오" 라고 말합니다. 우바새에게 사악한 생각이 들거나 하면, 비구는 이것을 없애기 위해 외출해야 합니다. 승가가 우바새에게 '발우를 뒤집어' 그를 승가와의 관계에서 추방하고 싶거나, '뒤집은 발우를 원래대로 되돌리어' 그와의 관계를 회복하고 싶거나, 우바새가 말기의 병에 걸려 승가에 사람을 보내 "와 주십시오. 존자들이 저에게 말을 걸어주셨으면 합니다"라는 경우에도 비구는 외출해야 합니다.

이렇게 비구로서의 업무나 의무가 열거되고 있는데 이것이 끝이 아닙니다. 이 텍스트에는 여성이 독립하여 집을 짓는 일은 없으므로 이것은 별도로 하겠습니다. 이것을 제외하고는 우바이(여성인 재가신자)에 대해서도 같은 의무가 있습니다. 이어서 비구들 사이에서의 의무도 열거하고 있습니다. 비구들 사이에서 완수해야 하는 의무 중 첫 번째는 대체로 우바새와의 의무와 같은 항목들입니다. 개개의 비구들이 우바새와 똑같이 사원을 짓고, 침구를 기부하고, 영구기부금을 마련하고, 사리탑을 세우고, 여기에 양산·기·번을 세우고, 백단이나 사프란을 칠하는 등의 후원자가 되는 일을 해야 한다고 설명되어 있습니다. 이렇게 개개의 비구들도 우바새와 같이 많은 옷감과 음식을 준비하고 비구들에게 사람을 보냅니다. 이것은 승가의 경계(境界, sīmā)를 넘는 것에 대한 취급입니다. 이렇기에 의무를 부과하는 기부자인 비구는 의무를 부과받는 비구의 사원에 소속되지 않은 것이 분명합니다. 우바새의 기부 목록과 비구의 기부 목록을 비교해 보면 차이점이 하나 있습니다. 우바새보다 비구 쪽이 더 인심이 좋아 보이고 더 부유한 기부자로 보입니다. 오직 비구만이 원림(園林, ārāma)을 기부할 수 있다고 생각한 것 같습니다. 부유한 비구는 토지까지 소유했을 수도 있다는 것을 볼 수 있습니다. 비구가 비구들 사이에서 완수하여야 하는 의무 중 첫 번째인 이런 의무는 다른 사원에 속한 비구 개인의 기부나 종교적인 실천과 관련되어 있습니다. 두 번째로 살펴볼 의무는 의무를 부과하는 승가와 관련되어 비구가 실천해야만 하는 것입니다.

또한, 비구에게는 다른 의무가 있다. 승가는 한 비구에 대해 견책, 죄의 판결, 추방, 재가자의 죄에 대한 제거, 죄를 은폐한 것에 대한 정직停職, 행실을 바르게 하지 못한 것에 대한 정직, 잘못된 견해를 없애 버리지 못한 것에 대한 정직 등을 결정할 다양한 의무가 있다. 승가는 비구들에게 사람을 보내 "와 주십시오. 존자는 법의 편이 되어 주십시오"라고 말한다. 한 비구는 정식으로 7일간의 〔허가〕를 받아 비구의 의무로 외출해야 한다. 이것이 비구가 갖는 의무이다.

이어지는 내용으로는 위와 같은 처벌목록을 승가에서 작성한 후, 비구들에게 사람을 보내 "와 주십시오. 오셔서 존자들에게 말을 걸어주십시오. 이것〔말〕이 비구들을 회복시킬 것입니다"라고 말합니다. 마지막으로는 우바새에 대한 의무와 같이, 비구가 말기 병에 걸렸을 때 갖게 되는 의무에 관해 서술하고 있습니다. 지위에 따라 약간의 예외는 있을 수 있지만, 비구가 비구니·식차마나·사미·사미니에 대해서도 대체로 같은 의무를 갖게 된다고 짧게 요약하면서 끝나고 있습니다.

이것은 어디로 보나 놀라운 텍스트입니다. 이 율장에서 규제規制한 비구들은 더할 나위 없이 아주 바빴을 것이 틀림없습니다. 이들은 우바새의 결혼식, 우바새나 우바이의 죽음, 다른 사원과 이 사원의 불탑 기공식이나 준공식, 불탑 기부에 대한 의식, 경전 독송, 다른 사원의 다양한 행사 등 비구 자신이 소속되어 있는 사원과는 특별한 관계도 없는 광범위한 일에 참석해 줄 것을 요청받은 것 같습니다. 게다가 많은 역할도 맡도록 요청받은 것 같습니다. 승가에서는 비구들에게, 기부자가 기부한 물품을 활용해야 하고, '법의 협력자'에 대한 역할을 맡아야 하고, 후회하는 것을 제거해 주어야 하고, 잘못된 생각을 소멸시켜 주어야 하고, 사원의 구성원에게 집행하는 징벌의 증인이 되어 이것을 집행해야 하고, 말을 걸어주어야 하고, 마음이 내키면 올바른 편에 서거나 그들을 지원해야 한다는 것들을 기대하고 있었습니다. 이런 역할이 무엇이든, 비구 개인이 자유롭게 선택할 수 있는 것은 아니었습니다. 모든 것은 의무였습니다. 이것은 비구 자신이 소속되어 있는 경계로 소속 사원의 경계 내부만이 아니라, 소속 사원의 외부에 있는 개개인에 대해서도 의무를 갖는 것이었습니다. 이런 의무 때문에 생겨난 다양한 역할은 자신과 직접 관련된 공동체에 대한 의무 중에서 부수적으로 따라오는 또 다른 의무였습니다. 이것은 비구의 직무 내용 설명서에 서술된 업무 중 일부였고, 비구의 업무 중 일부였습니다. 아울러 이 율장의 편찬자들이 옷감을 교역의 수단으로 생각하고 있었던 것에 특히 주의를 기울여 보면, 비구를 초대할 때 사용하고 있는 정형화된 어구인 '옷감을 누리십시오'는 단순히

'비구가 해야 하는 것'을 의미하는 것이 아니며, 단순히 비구의 업무이기만 한 것도 아니었습니다. 이것은 '비구가 옷감이나 음식의 형태로 보수를 받았다'라는 것을 의미하고 있는 것입니다. 이런 설명을 보면, 비구들 스스로가 이런 업무를 당연히 해야 할 의무로 받아들이고 있었다는 것을 알 수 있습니다.

2) 안거 중 외출할 수 있는 기간

비구가 자신의 경계 내에서 허락받는 외출 기간을 보면, 이 일로 꽤 먼 곳까지 다녀와야 하기에 최장 7일 이내로 업무를 처리한다는 의미가 담겨 있습니다. 앞에서 언급한 불탑이나 승가와 관련된 업무로 외출하는 비구들을 「와구사」에서 보았듯, 이런 업무를 맡아 외출하는 비구가 자신의 생활용품을 정돈해야 하는 정도의 기간이 필요한 것입니다.

초대받은 이상 업무를 맡아야만 하는 비구의 역할 중 하나를 채택해 보아도 그렇습니다. 한 비구가 불탑을 건축하거나 향을 바르기 위해 초대받은 것은, 기부자를 위해 '법의 협력자'가 되어 근무해 달라는 의뢰를 받은 것입니다. 법의 협력자나 '공덕의 협력자'에 대해서는 이미 살펴보았습니다. 「율분별」과 「잡사」에도 거의 같은 맥락으로 사용되어 있습니다. 예를 들면 후자의 경우에는, 재가자가 '물질에서 발생한 공덕(福業事)을 베풀기 위해 무엇을 하고 싶다'라고 희망했을 때, 비구는 재가자에게 승가를 위해 사원을 건축하자고 말합니다. 재가자는 필요한 자금은 있지만, '법의 협력자'가 되어 근무해 줄 사람이 없다고 대답합니다. "재가자여, 자금을 주십시오. 제가 당신을 위한 법의 협력자가 되겠습니다"라고 비구는 말합니다. 내용이 진전됨에 따라 재가자의 계획대로 법의 협력자가 된 비구에게는 자금을 받아 관리하고, 건축 자재를 조달하고, 사원이 완성되는 것을 지켜보는 책임이 있다고 설명되어 있습니다. 이 텍스트의 주된 목적은 법의 협력자가 되어 근무하는 비구는 건축용으로 지정된 자금 중 일부를 자신의 생활비로 충당해도 좋다고 인정하는 항목을 제정하는 것에 있습니다. 따라서 이 비구는 자신이 맡은 역할을 분명히 완수하기 위해 근무 기간을 다 채웠을 것입니다. 여기서 '사원'이 의미하는 것과 건축물의 크기는 잘 모르겠습니다만, 사원 대부분은 대체로 소규모일 것이라고 예상합니다. 당시에 일주일 정도면 한 사원을 만들 수 있었다고 생각하는 것이 결코 비현실적인 것은 아닙니다.

「율분별」에서도 거의 이와 같은 방식으로 시작되는 내용이 있습니다. 여기서는 '공덕의 협력자'라고 되어 있습니다. '증기 욕실(jentāka)'이라는 작은 건물을 짓고 있는 내용입니다. 여기서도 '공덕의 협력자'가 되어 일하는 비구에게 자금을 위탁하고 있습니다. 이 비구는 임금 노동자를 고용하여 그들에게 임금을 주고 일을 제대로 하도록 감독하는 역할을 맡고 있습니다. 「안거사」에 따르면 이런 종류의 일은 비구에게 중요한 것으로 정당한 업무 중 일부이며 의무였습니다. 이 텍스트에서는 이런 업무의 중요성을 보여주면서 어떤 활동을 우선시했는지까지도 암시해 주는 예가 몇 가지 있습니다.

3) 안거 중에는 어떤 일을 했을까?

「안거사」에 열거된 것들을 살펴보면, 비구의 업무나 의무를 중요시한 것이 분명하게 드러나고 있습니다. 이런 만큼 비구는 이런 업무를 처리하기 위해 안거를 중단해야만 했습니다. 이런 의미에서 비구가 처리해야 할 업무는 안거보다 더 중요하게 여겨졌습니다. 비구들이 안거 기간 중에 무엇을 했는지는 놀라울 정도로 알려진 것이 없습니다. 하지만 두 종류의 범어 판본이 현존하는 이 율장의 텍스트에는 흥미로운 것이 있습니다. 첫 번째 판본은 길기트(Gilgit) 사본 중에 보존된 것으로 「피혁사」의 일부입니다. 두 번째 판본은 『디뱌바다나』에 있습니다. 길기트 사본의 두트(N. Dutt)판인 필사본(manuscripts)과 여기에 부합하는 티베트어 번역을 조합해서 교정하면 다음과 같이 번역할 수 있습니다.

> 붓다 세존의 제자들에게는 다음과 같은 기본 규칙이 있었다. 아샤다월(Āṣāḍha: 6~7월)에는 안거를 시작한다. 까르띡월(Kārtik: 10~11월)의 보름달의 날에는 두 번의 모임을 한다. 아샤다월에 안거를 시작하는 첫날에 모인 사람들은 다양한 주의사항(manasikāraviśeṣa)들을 채택하고 이해한 후, 여러 곳의 마을이나 읍·시·왕의 영지 등에서 안거에 들어가고, 까르띡월의 보름달의 날에 〔다시〕 모여 자신들이 배운 것을 윗사람들에게 설명하면 그들은 질문한다. 대제자大弟子들에게도 이것은 같다. 여기서 존자 마하깟야야나(Mahākatyāyāna, 摩訶迦旃延)의 곁에서 함께 머무는 사미나 비구들은 다양한 주의사항들을 채택하고 이해한 후, 여러 곳의 마을이나 읍·시·왕의 영지 등에서 안거에 들어가고, 3개월의 우기가 지났을 때 옷 만드는 것을 마치고, 자신의 발우와 옷을 들고 존자 마하깟야야나에게

갔다. 그들은 도착하여 존자 마하깟야야나의 발밑에 예배하고 옆에 앉았다. 이렇게 앉고 나서 이들이 배운 것을 설명하면 윗사람들은 질문했다.

『디뱌바다나』에 현존하는 이 텍스트의 판본은 상당히 후대에 전승된 문헌을 기초로 한 것입니다. 길기트 사본이나 티베트어 번역과는 다르기 때문입니다. 가장 큰 차이점은 안거를 시작할 때 비구들이 채택하고 이해한 후 마지막에 음미해야 하는 것과 관련되어 있습니다. 길기트 사본에서는 '주의(manasikāra)', '마음의 초점이 되는 것들(mental foci)'인데, 『디뱌바다나』에서는 uddeśa-yoga-manasikāra입니다. 길기트 사본의 manasikāra는 『근본설일체유부율』의 이 텍스트나 다른 텍스트에서도 정확하게 규정되어 있지 않습니다. yoga는 「포살사」에 명확하게 규정되어 있는데 육체의 부정을 관찰하는 것으로 종종 일련의 부정〔관〕과 연결됩니다. uddeśa는 명상 수행보다는 학습의 방향을 가리키는데, manaskāra와 같이 대략 규정되어 있습니다. 에저튼(F. Edgerton)은 uddeśa를 '설명, 해설, 〔교리의〕 진술'로 번역하고 있습니다. 이 단어가 연구나 학습과 관련된 것은 『디뱌바다나』와 길기트 사본에서도 볼 수 있는 또 하나의 중요한 차이점입니다.

길기트 사본에서는 비구들이 안거가 끝나는 마지막 날 모여서 "자신들이 배운 것을 설명하면 윗사람은 질문한다"라고 서술되어 있습니다. 반면 『디뱌바다나』에 이 관용구가 처음 보이는 부분에서는 "윗사람이 경과 율과 요약(mātṛkā)에 대해 질문한다"라고 서술되어 있습니다. 이들은 안거 기간에 참여한 수강자들에게 삼장의 지식을 물었습니다.

길기트 사본은 비구들이 안거를 시작할 때, 여러 가지 '마음의 초점이 되는 것들'을 부여하고 있습니다. 안거가 끝날 때는 여기서 배운 것을 시험 삼아 질문하고 있습니다. 이런 수행이 비구들에게는 안거 기간 중의 관심사였다고 생각합니다. 『디뱌바다나』는 이런 종류 중 하나의 확장을 보여주고 있습니다. 『디뱌바다나』에는 이런 수행을 요가(yoga)로 해석되는 특정 실천 방법이나 어떤 종류의 텍스트에 정통해야 한다는 것이 추가되어 있습니다. 이런 것들은 비구들이 관심을 가졌던 활동입니다. 그러나 이것은 앞에서 자세히 설명한 「안거사」에 나오는 비구들의 다양한 업무보다도 우선시되었던 활동은 아닙니다. 이런 내용은 조직에서의 업무나 의무가 개인의 종교적 관심이나 성장보다 더 우선시되었고, 더 우위에 있었다는 것을 분명하게 보여준 한 예입니다. 여기서는 비구가 세상 사람들의 한 생애 주기에 따른 다양한 행사에 참여하기도 하고, 불탑과 승가와 관련해 건축 관련 일을 하거나 의식儀式과 관련된 일을 하는 것이 '명상'이나 '학습'보다도 먼저였다는 것을 뚜렷하게 볼 수 있습니다. 안거는 '명상'이나 '학습'을 가장 쉽게 행할 수 있는 일정 기간이었는데, 이 명상이나 학습이 다른 곳의 비구들에게는 '의무'였습니다.

3. 명상과 독송

1) 비구의 업무와 명상·독송과의 관계

「잡사」에는 비구 난다가 평평한 돌 위에 걸터앉아 사랑스러운 아내 순다리(Sundari)를 생각하면서 그녀의 모습을 그림으로 그리는 내용이 있습니다. 그보다 연장자인 비구 마하까샤빠는 그에게, 지금 무엇을 하고 있느냐고 묻습니다. 난다가 대답하자 까샤빠는 "존자여, 세존께서는, 비구에게는 명상하고 독송하는 두 가지의 일이 있다고 말씀하셨습니다. 그런데 이곳에 앉아서 어떻게 아내를 그림으로 그릴 수 있습니까?"라고 말합니다. 여기서 까샤빠는 붓다가 두 가지의 일(karaṇya: bya ba)이 있다고 한 말을 인용하고 있습니다. 여기서 '일'이라고 한 번역은 앞에서 용무나 업무로 번역했던 것과 같은 말입니다. '명상(bsam gtan)'은 아마도 dhyāna를, '독송(gdon pa)'은 아마도 paṭhanti를 번역한 것이겠지요. 두 수행의 특징은 뒤에서 자세히 설명하겠습니다. 여기서 까샤빠의 말에는 다른 모든 것을 제외한 두 가지만이 비구가 해야 할 유일한 의무로, 그림 그리기는 제외된 것처럼 보이는 것에 주의해야 합니다. 이것을 전해 들은 붓다가 "그러므로 비구는 그림을 그려서는 안 된다"라고 말한 것으로 확인할 수 있습니다. 또한, 비구들은 그림 그리는 것과 관련되어 모든 것이 금지된 것을 처음부터 알고 있었던 것처럼 말하고 있습니다. 그러나 이 내용이 여기서 끝은 아닙니다. 명상하고 독송하는 것이 비구의 의무일지라도 비구가 해야만 하는 업무 중 유일한 업무는 아닙니다. 붓다가 그림을 그려서는 안 된다고 금지했을 때는, 아마도 그림 그리는 것에 색을 칠하는 것도 포함되어 있었을 것입니다. 그래서 비구들은 '여래의 머리카락이나 손톱을 봉납한 불탑에도 향을 바르거나 뿌리는 것을' 하지 않았습니다. 붓다는 언제나 그렇듯 이미 답을 알고 있습니다. 그러면서도 비구들이 불탑에 향을 바르거나 뿌리지 않는 이유를 아난다에게 묻습니다. 아난다가 상황을 설명하면, 붓다는 그것이 의미 있다는 듯 원래의 항목을 변경합니다. "그러므로 향을 바르고 뿌리는 것을 해야 한다. 그러나 유정有情의 모습을 그려서는 안 된다"라고 항목을 변경합니다. 여기서는 명상하는 것과 독송하는 것이 비구의 업무입니다만, 불탑에 향을 바르거나 뿌리는 것도 업무로 추가되어 있습니다. 여기서도 역시 비구가 두 가지 일에 관여하는 것을 말하고 있습니다.

이 율장에는 붓다가 제정한 규칙이나 이에 대한 설명을 비구들이 이해하지 못했거나 오해한 것을 묘사한 것이, 아마도 수백 장면에 이를 것입니다. 지금 설명하고 있는 그림 그리기와 관련된 내용도 규칙을 오해했던 경우 중 하나입니다.

'청소'의 가치에 대해 말할 다음의 내용에서도 또한 역시 붓다의 설명을 오해한 비구들의 이야기가 나옵니다. 이것은 육체노동의 가치를 인정한 것과 관련 있고, 더 일반적인 문제와도 관련이 있어서 좀 더 자세한 내용은 뒤에서 또 설명하겠습니다. 이 율장에서는 청소와 관련해 비구가 청소하면 다섯 가지 공덕을 얻을 수 있다는 붓다의 말을 빈번하게 언급하고 있습니다만, 여기서는 「잡사」 내용으로만 한정해서 고찰하겠습니다. 붓다의 이 말은 분명 의외의 결과를 가져오는 원인이 됩니다.

> 세존이 "청소에는 다섯 가지 공덕이 있다"라고 말했을 때, 장로들은 모두 명상하던 것과 독송하던 것을 버리고 제따바나를 청소하기 시작했다.

이렇게 되자, 붓다는 이것을 의도했던 것이 아니라고 서둘러 덧붙입니다.

> 내가 말한 것은 장당사(掌堂師, upadhivārikā)를 맡은 책임자들에게 한 것이다. 장로들에게 말한 것은 아니다. 이와는 반대로 잘 설해진 법과 율의 승가로 들어온 비구의 일은 명상하는 것과 독송하는 것 두 가지이다.

명상하는 것과 독송하는 것이 비구의 일임을 다시 한번 분명하게 말한 것입니다. 이것은 언뜻 보면 모든 비구에게 적용되는 것으로 육체노동이 비구의 업무에서 제외된 것으로 보입니다만, 어느 쪽도 아닙니다. 붓다는 분명히 장로(Sthavira)들에게만 말한 것입니다. 이 가르침은 그들에게만 말한 것입니다. 만약 이 가르침이 지위를 구분하려고 새롭게 화제話題로 삼은 것이라면, 붓다의 이 가르침은 승가가 전문화된 조직으로 나아가게 되는 분야의 새로운 화제가 되겠지요. 만약 청소가 장로 비구들의 일이 아니라면, 장당사 비구의 업무라는 것이 아주 당연하겠지요. 그러나 그렇지도 않습니다. 여기서 끝이 아니기 때문입니다. 청소하는 것은 모든 비구가 해야 할 업무 중 하나이면서, 때로는 모든 비구가 어떤 의식까지 치르면서 해야 할 업무라고 계속 설명하고 있습니다.

> 세존은 "내가 말한 것은 장당사를 맡은 책임이 있는 사람들이다"라고 말하고, 이 비구들이 제따바나 전체를 청소할 수 없을 때, "필요에 따라 장당사의 책임을 맡은 비구가 청소해야 한다. 이 밖에 8일과

14일에는 간데(사원의 종)를 울리고 사원의 모든 비구가 청소를 해야 한다"라고 말했다.
세존은 "8일과 14일에는 간데를 울리고 사원의 모든 비구가 청소해야 한다"라고 말했고, 몇몇 비구들은 빗자루로 청소를 하면서 쓰레기에 대한 말을 주고받았다. 이때 제따바나에 사는 도깨비와 다른 비구들은 이들을 비난했다. "청소할 때는 법에 적합한 사려 깊은 말을 하든지, 성자의 침묵을 지키든지 어느 한쪽을 선택해야 한다"라고 세존은 말했다. 비구들이 제따바나를 청소할 때 이들의 몸은 땀투성이가 되었다. 믿음이 없는 사람들이 이들을 보고 비난했다. "땀을 흘리고 쓰레기를 버렸을 때 목욕하고 싶은 사람은 목욕해야 한다. 목욕하고 싶지 않은 사람은 물로 몸을 닦고, 손과 발을 씻고 사원으로 들어와야 한다"라고 세존은 말했다.

이야기는 계속됩니다.

세존이 "사원을 청소하는 것뿐만 아니라 붓다의 말씀을 암송하며, 〔제따바나〕 주위를 걸어야 한다"라고 말했을 때, 몇몇 비구들은 한 곳에 성수를 뿌리고 이곳을 쓸어 의식의 장소〔만다라〕를 만들었다. '이곳을 걷는 것은 좋지 않다'라고 생각해 걷지 않았다. 여기서 세존은 "성선聖仙의 게偈를 암송하면서 이곳을 걸어야 한다. 그러면 후회의 원인이 되는 것은 없다"라고 말했다. 향실의 그림자가 비치고 불상과 불탑과 깃대(旗竿)의 그림자가 〔비치면〕, 성실하고 정직한 비구들은 이 위를 걸어가려 하지 않았다. "비구들이여, 그림자는 견고한 것이 아니기에 성선의 게를 암송하면서 이 위를 걸어도 된다. 그러면 후회의 원인이 되는 것은 없다"라고 세존은 말했다.

비구들에게는 두 종류의 일이 있다고 서술한 기록과 아주 가깝게 이것과 나란히 이러한 청소 등 부가적인 업무 규칙이 있는 사실과 이것들이 서로 뒤섞여 있는 사실로 보아, 이런 규칙의 성질에는 『근본설일체유부율』의 편찬자들이 이 기록에 문자 그대로의 의미나 한정적인 의미도 인정하지 않으면서, 어떤 의도도 개입시키지 않았다는 것을 알 수 있다고 생각합니다. 이들은 하나의 표어로는 표현할 수 없는 다양하고 복잡한 승가를 관리할 수 있는 규칙을 알고 있었거나 만들려고 했던 것 같습니다. 명상하는 것과 독송하는 것이 비구의 두 가지 의무였다 해도, 이는 많은 의무 중 단지 두 가지에 불과했던 것입니다. 청소는 적어도 정기적으로 해야만 하는 모든 비구에게 부여된 의무였습니다. 이때 쁘라띠목샤(Prātimokṣa, 波羅提木叉)의 제정이 필요하게 됩니다. 청소는 간데의 소리를 신호로 시작하는 조직적 활동입니다. 청소는 당연히 해야 할 의무라고 비구들이 분명하게 생각했고 이는 일종의 의식화된 활동이기도 했습니다. 청소 중에는 대화를 금지한다는 모종의 제약도 부과되어 있습니다. 이는 승가의 장례식에 참석해야만 하는 것과 같이, 아마도 이와 같은 이유로 어떤 형식을 수반하는 목욕으로 마무리를 해야만 한 것 같습니다. 이런 후에 비구들은 사원의 정원을 돌며, 어떤 절차에 따라 보행 같은 것을 하면서 붓다의 말씀이나 성선의 게도 암송하고 있습니다. 이것은 일반적인 방법으로 정해진 날짜에 사원을 청소하는 것인데, 물리적인 청소는 빗자루로 하고 정신적인 청소는 붓다의 말씀이나 성선의 게를 암송하면서 한 것입니다. 하지만 비구가 이런 모든 것을 선택해서 행하는 것은 불가능합니다. 이것은 그가 오로지 비구이기 때문에, 승가의 일원이기 때문에 맡아서 처리해야 하는 의무입니다. 여기서는 장당사(upadhivārikā)가 문제입니다. 장당사는 그가 해야 할 청소도 완벽하게 하지 못하고 있기 때문입니다. 하물며 그가 명상하고 독송하는 시간을 가졌을 거라고는 생각할 수도 없습니다. 명상하고 독송하는 것이 적어도 이 비구의 업무는 아니었을 것으로 생각합니다. 또 다른 데서 서술한 장당사를 보면 이들은 많은 특권을 가진 중요한 지위에 있었던 비구들임을 알 수 있습니다.

이런 문맥을 살펴보면 '비구의 업무는 두 가지이다'라는 것이 모든 비구에게 적용되지 않았던 것이 분명합니다. 이 텍스트가 비구는 두 가지 업무로 명상과 독송만이 있었다는 것을 말하고 있다고는 생각하지 않기 때문에, 이것을 의도하고 있는 것이 아니라고 말할 수 있습니다. 이 밖에도 비구가 명상하거나 독송만 했다는 것을 의미하거나 기대하고 있었다고는 볼 수 없는, 도저히 이해하기 어려운 예가 또 있습니다. 「율분별」에 나오는 두 가지를 인용해 보겠습니다.

이 「율분별」에 언급된 사례로는, 젊은 비구 우빠세나(Upasena)가 그의 스승이 써준 소개장을 가지고 다른 스승을 찾아가는 흥미로운 내용이 있습니다. 스승은 우빠세나를 받아들이기에 앞서 그에게 질문합니다. "비구에게는 명상과 독송 두 가지가 있다. 그대는 명상하는 것과 독송하는 것 중 어느 쪽을 선택하고 싶은가?" "저는 명상을 선택하고 싶습니다." "좋다"라는 대화를 합니다. "스승은 그에게 가르침을 전수했다. 우빠세나는 제따바나의 묘지(시체를 버리는 장소)에 가서 열심히 노력하여 모든 번뇌를 버리고 아라한과를 얻었다"라는 설명이 있습니다. 그는 오랫동안 묘지에 머무른 것 같습니다. 우빠세나가 아라한이 되었을 때 그의 형제가 찾아왔는데, 그의 형제는 그가 묘지에 있다고 전해 듣습니다.

「율분별」에는 이 텍스트에서 불과 몇 장 뒤에 승가에 들어오려는 젊은 비구의 이야기가 또 하나 있습니다. 이 젊은 비구도 그를 받아주려는 스승으로부터 '비구에게는 명상과 독송 두 가지가 있다', '나는 명상가인데 너는 어느 쪽을 선택하겠느냐?'라는 질문을 받고 대답합니다.

> "스승이시여, 저는 독송을 하겠습니다." "좋다. 아들이여, 너는 삼장을 독송해라." '독송에는 많은 책을 가진 스승이 필요하다. 이 스승은 나에게 독송을 가르칠 수 없다. 그러니 다른 곳으로 가야 한다.' 젊은 비구는 이렇게 생각하고 다른 곳으로 갔다. 그는 삼장을 독송하여 통달하고 언변이 자유자재한 설법가가 되었다.

이것으로 '비구에게는 명상과 독송, 두 가지가 있다'라는 말이 모든 비구에게 그대로 적용되지 않았다는 것이 분명해집니다. 이 내용을 살펴보면, '명상과 독송'을 '명상하거나 독송하거나'로 이해할 수 있고 비구들이 보통은 하나의 명상, 하나의 독송으로 생각했다는 사실도 알 수 있습니다. 「율분별」에서 지금까지 인용한 두 텍스트는, 젊은 비구들이 명상하거나 독송하거나 둘 중 하나만 선택할 수 있다는 취지의 질문을 받고 있습니다. 이들이 두 가지 다 선택할 수 없었던 것은 분명합니다. 이 둘을 다 선택할 수 있다는 것은 선택지 안에 들어 있지 않습니다. 또한, 두 번째로 살펴본 젊은 비구의 선택은 그를 받아들인 스승이 처음에 했던 선택으로, 이런 선택이 특정 결과로 이어진다는 것도 선명하게 보여주고 있습니다. 이 스승은 '명상가'였기에 젊은 비구에게 독송을 가르칠 수 없었습니다. 스승 자신도 명상과 독송 두 가지를 동시에 하지 않았기 때문입니다. 젊은 비구는 독송을 배우기 위해 다른 스승의 곁으로 가야 했습니다. 하지만 이것으로 끝나지 않고 완전 별개의 장소로 가야만 했을지도 모릅니다. 비구들이 명상하는 것과 독송하는 것 두 가지에만 종사했을 거라고는 누구도 생각하지 않았고, 요구하지도 않았던 것을 보여주는 것으로 이보다 더 좋은 예는 없겠지요. 여기에는 명상하는 것이나 독송하는 것을 선택하면 각기 다른 두 결과로 아라한이 되거나 삼장의 지식을 얻는다고 분명히 묘사되어 있습니다. 어느 한쪽이 다른 한쪽보다 더 우위에 있다고 암시하는 것은 전혀 없습니다. 그러나 명상하는 것은 여기서도 묘지와 관련되어 독특한 관계가 유지되고 있습니다. 명상가는 자신이 득도시킨 사람의 훈련에는 직접 참여하지 않는 사람으로 묘사되어 있습니다.

만약 명상과 독송이, 비구에게는 하나의 선택에 불과하다는 것을 입증하고 싶은 더 확실한 확증이 필요하다면, 이 중 어느 한쪽이 필수인 것을 명료하게 말해주고 있는 몇몇 내용에서 더 찾아볼 수 있습니다. 특히 「잡사」가 좋은 예입니다.

「잡사」에는 독송의 상대적인 중요성과 '의존 관계의 의무'에 대해 직접 언급한 것이 있습니다. 이 관계에 대해서는 이미 언급했고 뒤에서도 언급하겠지만, 이것은 '서로를 도와주기 위해, 환자를 간호하기 위해' 붓다가 제정한 것입니다. 시자侍子는 후원자인 스승을 돌보고 간호해야 하는 어려운 의무를 수반하게 되는데, 이를 매우 엄격하게 관리한 것을 분명하게 볼 수 있습니다.

> 세존은 "독송하는 스승을 정중히 모셔야 한다"라고 말했다. 그곳에 있을 때, 독송하는 스승과 후원하는 스승이 병으로 쓰러졌다. 이때 비구들은 둘 중 어느 쪽을 더 정중히 모셔야 할지 몰랐다. 비구들은 이것을 세존께 말씀드렸다. 세존은 말했다. "가능하면 두 스승의 시중을 들어야 한다. 그러나 불가능하다면 후원해 주는 스승의 시중을 들어야 한다. 독송하지 않는 것은 지장이 없지만 후원해 주는 스승 없이 지내는 것은 허용되지 않기 때문이다."

여기서는 비구의 두 가지 업무 중 하나로 여겨지는 독송을 하지 않아도 된다고 명확히 말하고 있습니다. 비구는 독송하지 않고도 그냥 넘어갈 수 있습니다. 하지만 후원하는 스승 없이 지내면 그냥 넘어갈 수 없기에, 모든 비구에게 꼭 필요한 것은 후원하는 스승입니다. 지방의 일부 사원에서는 후원하는 스승이 없는 비구를 방문해 밤을 보내는 것을 금하는 항목까지 제정하고 있습니다. 모든 비구에게는 후원하는 스승이 반드시 있어야 한다는 의무를 제정한 결과, 명상하거나 독송하는 것과는 관계없는 또 다른 의무가 또 어쩔 수 없이 강요되고 있습니다. 사정이 이런 이상, '비구의 업무는 명상과 독송이다'라는 것이 일종의 말뿐이었음을 쉽게 이해할 수 있습니다. 하지만 근본설일체유부의 비구들이 이 율장으로부터 요구받았던 그들의 업무를 이렇게 간단히 말할 수는 없습니다.

2) 명상·독송과 관련된 다양한 잡일

지금까지 살펴본 텍스트에서는 '일', '용무', '의무'라는 용어를 분명히 사용하고 있지만, 이것과는 다르게 의무가 포함된 단어를 표면적으로 사용하지 않았지만, 의무에 대한 지시와 같은 것을 몇 종류로 말해주는 것이 있습니다. 여기에는 명상하거나 독송하려는 시간의 확보가 필요할 때 공교롭게도 명상하거나 독송하려는 것과는 관계없이 오히려 반대인 업무들에 맞추어야 하는, 시간을 단단히 조여 왔을 것이 틀림없는 새로운 의무가 또 만들어졌습니다. 이런 업무는 당연하게 인정되었기에 거부할 수 없는 것이었는데, 이렇게 되는 과정을 설명해 주는 것이 있습니다. 여기에는 특히 어떤 특정 업무를 지시받지 않은 비구들이 대수롭지 않게 시간을 보내고 있는데, 이 율장의 편찬자들이 이것을 어떻게 생각하고 있었는지도 보여주는 것이 있습니다.

우리는 이미 다른 주제와 관련해서 이런 두 내용을 살펴보았습니다. 어떤 부분에서는 재산과도 관련되어 있습니다. 「와구사」에는 숲속에 거주하는 것을 붓다가 다양하게 칭찬하는 것이 서술되어 있습니다. 그래서 몇몇 비구가 숲속에서 살기 시작합니다. 여기서는 이런 비구의 인원수가 많지 않은 것에 주의해야 합니다. 여기서도 분명 예상외의 결과가 발생합니다. 결국, 이들은 도둑의 습격을 당합니다. 이 사건은 아주 또 다른 결과를 가져옵니다. '이들이 도둑을 맞아 어쩔 수 없이 재가자나 브라만의 집으로 옷을 구하러 가게 되고, 그래서 설법이나 독송이나 풍송이나 요가나 정신통일을 소홀히 하게 된' 것입니다. 이렇게 숲속으로 이주한 것이 미처 예상치 못한 반대의 결과를 가져왔음은 말할 필요도 없습니다. 설법하거나 독송하는 것을 사실상 포기하게 된 것입니다. 여기서는 상황이 급박히 돌아갔으므로 비구의 의무보다는 일상생활 용품을 구하러 다니는 일에 중점을 둡니다. 「와구사」의 해결책은 승가의 가치관을 보여주고 있다는 의미에서도, 승가의 일상생활을 보여주고 있다는 의미에서도 흥미로운 것입니다. 붓다는 이런 사정을 전해 듣고 다음과 같이 말합니다.

"숲속에 사는 비구들을 위해 거처를 마련해야 한다"라고 세존이 말했으므로 비구들은 사적인 영역(aprakāśe)에 장소를 마련했다. 숲속에 사는 한 비구가 자신의 발우와 옷을 그곳에 두고, 문을 잠그고 열쇠(ṭādaka)를 가지고 나가 버렸다. 다른 숲속에 사는 비구들은 그곳을 사용할 수 없었다. "숲속에 사는 비구들은 공적인(公用) 영역(prakāśe sthāne)을 마련해야 한다"라고 세존은 말했다.

비록 여기가 아닌 다른 어디에서는 비구들에게 최초로 자신의 옷과 발우를 훔쳐 간 도둑에게 구애되어서는 안 된다고 충고를 했어도, 이의 해결책으로 일상생활 용품에 관심을 가지게 된 것을 부정하지 않으면서, 이런 관심에 대한 편의까지 도모하고 있습니다. 이렇게 해서 숲속에 사는 비구들은 소지품을 보관하기 위해 사원 안에 특정 장소까지 만들어야 할 필요가 생겼습니다. 하지만 또 다른 대안도 필요해졌습니다. 이렇게 편의를 도모한 결과, 사원에는 시설들이 갖추어지고 설비들이 정돈되었습니다. 이런 해결 방법을 보면서 두 가지 텍스트가 생각났습니다. 하나는 「약사」에 등장하는데, 냄새에 너무 민감한 비구 바이랏따싱하(Vairaṭṭasiṃha) 이야기입니다. 그가 편안하게 명상할 수 있도록 사원을 향이나 화환으로 아름답게 장식하여 꾸며도 된다는 것을 당연하게 인정한 내용입니다. 다른 하나는 「와구사」인데, 숲속에 사는 비구가 재산을 도둑맞은 후 사원을 지키는 감시견을 기르게 된 이야기입니다. 여기서는 감시견을 돌보는 일에 최소한 한 명의 비구를 지명해야 한다는 해결책을 제시했습니다. 앞에서 다루었던 「와구사」에서도 숲속에 사는 비구들이 명상이나 독송을 열심히 수행할 수 있도록 지원하기 위해 다른 비구들이 그들의 재산을 지켜야 하는 책임을 맡았습니다. 이런 결과는 숲속에 사는 비구들에게도, 다른 비구들에게도 또 각각 수행해야 할 의무가 추가되었습니다.

이 율장에는 편찬자들이 마음속에 그리고 있었던 사원을 우연히 엿볼 수 있는 내용이 있습니다. 이 사원에는 공적인 영역과 사적인 영역이 있었습니다. 적어도 사적인 영역은 문과 자물쇠와 열쇠로 지키고 있었습니다. 여기서도 사원의 재산과 관련된 생각과 관심을 볼 수 있습니다. 근본설일체유부의 사원은 문을 닫을 수 있었습니다. 숲속에 사는 비구가 열쇠를 가지고 다녔다는 것은 우리에게 너무나 뜻밖의 일입니다.

다음은 앞에서 살펴본 「의사」인데, 부유한 비구 우빠난다의 죽음과 관련된 내용입니다. 여기에도 정형화된 어구가 있는데, 역시 재산과 관련되어 있습니다. 우빠난다는 막대한 유산을 남기고 사위성에서 사망합니다. 사위성의 비구들은 그의 장례를 치르기 위해 왕들에게 대항해 유산 상속권을 얻어낸 후 분배를 시작합니다. 하지만 이때 다른 다섯 도시의 비구들이 도착해 자신들도 서로 분배를 받겠다고 주장하며, 이미 분배된 유산을 거둬들여 다시 분배해야 한다고 계속 요구합니다. 이렇게 무질서했던 결과, 지금 우리가 보고 있는 텍스트에는 "유산을 거둬들여 다시 분배하느라 비구들은 설법이나 독송이나 풍송이나 요가나 정신통일을 소홀히 하게 되었다"라는 정형화된 어구가 남아 있습니다. 이의 해결책도 역시 붓다가 말하고 있습니다. 여기에는 비구가 정당한 몫의 분배에 참여하는 것의 정당성도 확실하게 인정되어 있고, 사망한 비구의 재산과 관련된 정당한 몫도 확실하게 인정되어 있습니다. 이것이 문제라는 비난은커녕, 이것이 문제라는 거론조차도 하지 않습니다. 문제는, 사망한 비구의 유산분배에 정당하게 관여할 수 있는 이런 관계가 명상하거나 독송하는 등 비구로서 당연히 해야 할 일들을 소홀히 할 때 발생한다는 것입니다. 어느 쪽이 더 중요한지는 결정할 수 없습니다. 다양한 형태의 명상이나 독송을 결코 소홀히 하지 않도록 조치를 하지만, 이것 때문에 비구들은 명상하거나 독송하는 것과는 아무런 관계가 없는 다른 많은 업무도 맡아야 했습니다. 붓다는, 비구가 만약 사망한 비구의 유산분배에 참여할 것을 주장한다면 그는 승가 전체에서 운영하는 다섯 가지 활동에 참석해야 한다는 항목을 제정합니다. 그는 비구의 장례식에 참가해야 합니다. 승가에서 주최하는 『무상삼계경(無常三啓經, Tridaṇḍaka)』의 독송에도 참석해야 합니다. 승가에서 주최하는 묘(廟, caitya)

의 예배에도 참석해야 합니다. 승가에 주(籌: 산가지)를 나눠주는 행사에도 참석해야 하고, 승가 전체에서 진행하는 의식儀式에도 참석해야 합니다. 승가에서 주최하는 다른 행사에도 참석해야 합니다. 이런 활동에 참석하다 보면, 그렇지 않아도 이미 소홀히 한 독송 등을 할 수 있는 시간이 절대적으로 부족하게 됩니다. 사원에서는 이렇게 시간이 필요한 행사들에 비구가 참석하기를 요구하고 있기에, 승가에서 벗어나 얼마간의 시간이라도 혼자 명상에 전념하려는 비구는 좌절하게 됩니다.

위의 두 내용에서 볼 수 있는 비구들의 태만에 대한 정형화된 어구는 이 율장 전체의 다양한 맥락에서 볼 수 있습니다. 「비구니율분별」에서는 까다로운 비구니들이 방석 때문에 불평하는 내용이 있습니다. 그녀들은 방석이 너무 크다, 너무 작다, 너무 길다, 너무 짧다라면서 차례로 물리치고는, 드디어 새롭게 만들어야 한다는 결론에 이릅니다. 그녀들이 이런 방법으로 일했기에 "많은 일을 하게 되어 더 많은 일이 생겼으므로, 그녀들은 설법이나 독송이나 풍송이나 요가나 정신통일을 소홀히 하게 되었다"라고 말합니다. 여기서는 새롭게 '마음의 심상을 가라앉히는 것'을 덧붙이고 있습니다. 여기서도 해답은 언제나 그랬듯 붓다에게 귀속됩니다. 붓다는 거의 늘 똑같이 이 행동을 금하지 않습니다. 붓다는 방석 만드는 일이 비구니의 '일'이라거나, 이런 일이 적당하지 않다거나 하는 것 등을 분명하게 말하지도 않습니다. 오히려 붓다는 방석의 표준 크기를 정해줍니다. 비구니들 스스로가 만족할 만한 크기를 결정할 필요가 없습니다. 붓다는 필요한 업무를 기준화해서 헨리 포드(Henry Ford)처럼 시간을 절약합니다.

「잡사」에도 이렇게 정형화된 어구가 있는데, 여기서는 더 극적인 결말을 맞고 있습니다. 이 텍스트는 하나의 사건을 취급하고 있습니다. 육군비구들이 다른 비구들의 실수나 허물을 고발하는 것에 지나치게 열중하는 모습으로 등장하고 있습니다. 다른 비구들이 이들을 무서워한 결과 "어찌할 바를 모르게 되고, 체력을 소모해 쇠약해지고, 몸이 노작지근하여 설법이나 독송이나 풍송이나 요가나 정신통일을 소홀히 하게 되었다"라는 설명이 있습니다. 말할 필요도 없이 이 율장에서는 '고발하는 것(codayati)'이, '생각나게 하는 것(smārayati)'일 뿐 아니라 행동을 교정矯正하고 육성하는 수단의 일부로 필요하면서도 정당한 행위라고 보았습니다. 붓다는 이것을 분명하게 금하지도 않았고 비구의 의무 중 일부분인 것에서도 제외하지 않았습니다. 붓다는 항상 그렇듯, 이것이 단지 질서 정연하게 순서대로 진행될 수 있도록 말하고 있을 뿐입니다.

몇 가지 예에서 쉽게 이해할 수 있듯, 비구들이 명상하거나 독송하는 것을 소홀히 하게 된 것을 살펴보면, 온갖 쓸데없는 일에 핑계를 댈 때이거나 정당화시킬 때 사용하게 된 상투적 수단이 된 것을 알 수 있습니다. 이것으로 명상하거나 독송하려는 목표가 적어도 수사적修辭的 가치가 있었음을 알 수 있습니다. 이것들이 확실히 성취될 수 있도록 보호해 주고 보장해 줄 필요가 있다고 말하면 사람들은 승복하기 때문입니다. 이 율장의 편찬자들도 상당수의 비구나 비구니들이 명상하거나 독송하는 것보다는, 오히려 옷이나 발우나 방석을 만드는 등 재산을 늘리는 일을 더 중요하게 생각한 것을 알고 있었거나 그들도 이것을 더 비중 있게 생각한 것 같습니다. 이 율장이 대상으로 삼은 비구들을 살펴보면, 명상하는 것만이 이들의 관심사가 아니라는 인상을 받게 됩니다. 독송하는 것도 그렇습니다. 필자가 알기로는, 이 율장에는 비구가 명상하거나 독송하는 것 이외의 다른 업무를 소홀히 했다고 말하는 텍스트는 없습니다.

만약 비구가 명상하거나 독송하는 것을 반드시 실천할 수 있도록 보장받으려 했다면, 적어도 이렇게 하려고 노력한 요구가 정말로 있었다면, 이 텍스트에서 명상하거나 독송하려는 것이 비구의 출가 동기라고 말했던 것과 매우 어긋나 있는 것은 아닙니다. 그러나 이런 수행을 보장해 주기 위해 강구된 방안들은 이미 살펴본 것처럼, 생각만큼의 결과를 가져오지 못했습니다. 이것들은 명상하거나 독송하려고 고안된 것임에도 불구하고 비구들에게는 이것과는 전혀 다른, 관계없는 활동에 참석하도록 자주 요구받는 결과를 가져왔습니다. 붓다의 말을 빌려 나온 해결 방법도 명상하거나 독송하는 것이 아니라, 다른 업무를 처리하는 것으로 결단코 금하지 않았습니다. 여기서도 이것은 비구가 해서는 안 되는 일이라고 결코 분명하게 언급하지 않습니다. 비구가 생물生物의 그림을 그리면(paint) 안 되었지만, 불탑에는 도료를 칠할(paint) 수 있었습니다. 비구니는 자기 스스로 방석의 크기를 결정할 수 없었지만 만들 수는 있었습니다. 실제로 이 율장의 편찬자들은 비구에게나 비구니에게 명상하거나 독송하는 활동 이외의 광범위한 활동에 참석해 줄 것을 기대하고, 요구하고 있었습니다.

지금까지 보아 온 표어와 정형화된 어구 이외에도, 실제로 비구들이 무엇을 하면서 시간을 보냈는지를 이 율장의 편찬자들이 기록하고 있는 것들을 보면서, 이제 적어도 우리가 어떤 가르침을 받을 수 있다고 생각되는 내용이 한 종류는 있다는 것을 알게 되었습니다. 여기에는 많은 사람이 사원을 방문하기도 하고 비구를 만나러 오기도 하는 장면에 대한 설명도 많이 있습니다. 이런 장면에 대한 설명은 사원을 방문한 다양한 방문객들이 눈으로 직접 보기도 하고, 주의를 기울이기도 한 것에 대해 비구들이 어떤 생각을 했고, 그리고 꽤 많은 경우에는 방문객들이 보인 반응에 대해서까지도 비구들이 어떤 생각을 했는지를 우리에게 알려주고 있습니다. 승가에서는 사원의 방문객들에게 많은 물건을 공개했는데, 이 공개를 위해 비구들이 많은 일을 하게 된 것도 인정하고 있습니다. 그리고 사원 자체든 사원에서 운영하는 행사든 이런 다양한 양상에 대해, 아마 여러분은 이제 더는 놀라지 않게 되었을 것입니다.

4. 기부 받기를 유도하는 여러 가지

1) 명상과 독송

이 율장에는 사원 방문객들이 명상하거나 독송에 전념하는 비구들을 사원에서 보게 된 것과 관련해 설명하는 것이 물론 있지만, 이런 장면은 아주 드물게 있습니다. 「잡사」를 보면 다음과 같습니다.

> 사위성에는 가끔 제따바나에 가는 재가자가 살고 있었다. 그는 제따바나에서 비구들이 명상하거나 독송하는 모습을 보았다. 이때 재가자는 비구들의 이런 모습이나 실천이나 성과를 보고 깊이 감동했다. '제따바나에는 몇 분의 비구가 있는지를 묻고, 이들을

초대해서 음식을 대접하자'라고 그는 혼자 생각했다.

이렇게 명상하거나 독송해서 얻게 되는 경제적 이익이 이런 종류의 텍스트에서는 오히려 부적절한 것들과 관련되어 있습니다. 이런 수행은 한 개인의 비구가 얻게 될 결과와는 관련 없고, 오히려 이를 목격한 재가자의 입장으로 영향받게 될 것과 관련 있습니다. 비구들의 업무는 사원 방문객들에게 감동을 주어 그들을 기부자로 만드는 것입니다. 「잡사」를 보면 다음과 같습니다.

> 사위성에 사는 한 브라만이 어떤 사정으로 외출하게 되었다. 그는 정오가 되도록 여러 곳을 돌아다녔기에 피곤한 상태에서 제따바나로 들어갔다. 그는 제따바나에서 멋있는 방석을 펼쳐 놓고 근사한 식사가 준비되는 것을 보았다. 그는 이것을 보고 깊이 감동했다. 그는 매우 고가의 옷감을 두르고 있었는데, 이것을 한쪽에 앉은 장로의 측면에 깔개로 쓰도록 내놓았다.

여기서도 멋있는 방석과 근사한 식사가 명상하거나 독송하는 비구들의 모습이 만든 결과와 똑같은 효과를 가져오고 있습니다. 두 텍스트에서는 방문자가 '깊이 감동했다'라는 동일 표현을 사용하고 있습니다. 그리고 여기서 그들은 지갑을 열었습니다. 또한, 멋있는 것과 근사한 것은 더 멋있는 것과 더 근사한 것을 가져왔습니다. 여기서는 형용사에 주의했으면 합니다. '멋있는' 방석과 '근사한' 식사가 '매우 값비싼' 선물이라는 결과를 가져온 것입니다. 여기서 우리는 이 율장의 편찬자들이 조직 경제와 자금 조달에 대해, 거의 보편적이라고도 할 수 있는 원칙을 인지하고 있었다는 것도 어쩔 수 없이 알게 됩니다.

서양 수도원 역사의 연구자라면, 시토회(Citeaux)의 베르나르도(Bernardus)가 『테오도리키의 수도원장 기욤에게 보낸 편지(Apologia ad Guillelmum abbatem S. Theodorici)』에서 그와 동시대를 살았던 몇몇 수도자들에게, 그들이 수도원의 재산을 과시하고 있는 것에 대해 "이렇게 물건은 물건을 부르고 돈은 돈을 부른다. 어떤 법칙에 의한 것인지는 모르겠지만, 재산이 풍부하게 보이면 보이는 만큼 그렇게 헌금獻金을 기꺼이 하게 되는 것이다"라는 비난과 같은 요소가, 이 텍스트에도 존재하는 것을 짐작할 수 있겠지요.

2) 사원의 미술품

베르나르도는 수도원의 미술에도 이와 같은 비난을 하고 있습니다. 이 율장에는 편찬자들이 미술의 매력과 매력적인 미술이 사원의 수입이 될 가능성이 있음을 알고 있었던 것을 증명해 주는 내용이 있습니다.

> 재가자 아나타삔다다는 제따바나를 사방 승가에 기부했다. 이 사원 안팎에 아름답게 색칠한 그림을 그렸다. 사위성에 사는 수많은 사람은 재가자 아나타삔다다가 제따바나 안팎에 아름답게 색칠한 그림을 그려 이 사원을 더할 나위 없이 뛰어나게 만들었다는 소식을 들었다. 이 소식을 들은 수많은 사람은 제따바나를 구경하려고 방문했다. 이때 사위성에는 한 브라만이 살고 있었다. 왕도, 대신도, 이 지방의 사람들도 이 브라만을 보고 감탄하며 "이 브라만은 아름답

다"라고 말했다. 그는 왕궁에서 매우 값비싼 면직물을 받았다. 어느 날 그는 이 면직물을 몸에 걸치고 훌륭한 제따바나를 보러 갔다. 그는 제따바나를 보자마자 깊이 감동했다. 그는 몸에 걸친 이 면직물을 사방 승가에 기부했다.

미술이 사람들을 끌어들인다는 것을 이 율장의 편찬자들이 몰랐을 리 없습니다. 이것이 바로 주제입니다. 이 텍스트는 사원의 미술에 대해 무언가를 알 수 있게 하는 절호의 기회까지 제공하고 있습니다. 이 율장에는 아나타삔다다가 제따바나를 장식한 것에 대해 언급한 두 개의 텍스트가 있습니다. 하나는 사원에 색칠한 것인데, 여기에 사용한 파랑·노랑·빨강·하양 등의 색채와 관련된 내용입니다. 다른 하나는 구나쁘라바의 『율경』에 범어로 요약본이 남아 있는데, 사원 특유의 그림과 배치를 아주 자세히 서술한 내용입니다.

세존은 말했다. "밖의 문에는 손에 수레를 들고 있는 야차를 그리고, 현관 입구에는 사위성의 기적과 5취五趣의 윤회를 그리고, 복도에는 『자따까말라(Jātakamālā)』를 그리고, 향실 문에는 손에 화환을 들고 있는 야차를 그리고, 집회소에는 법을 결집하고 있는 다양한 장로들을 그리고, 식당에는 손에 음식을 들고 있는 야차를 그리고, 귀중품실 문에는 손에 철로 만든 갈고리를 들고 있는 야차를 그리고, 수리실水利室에는 손에 물병을 들고 모든 종류의 장신구를 몸에 걸친 용을 그리고, 목욕탕이나 찜질방에는 『데바따수뜨라(Devatasutra)』의 정경情景이나 일련의 지옥도를 그리고, 진료실에는 환자를 시중드는 여래를 그리고, 옥외 화장실에는 두려움을 불러일으키게 고안된 불타는 대지를 그리고, 비구 개인의 방문에는 해골과 두개골을 그려야 한다."

우리는 이런 그림을 그리게 된 여러 가지 목적 중 하나가, 적어도 설교하기 좋게 하려고 그린 것은 아닐까 하는 추측을 해볼 수 있습니다. 하지만 그림의 내용이 어떤 것이든 설교는 사원을 방문한 재가자에게 하는 것이 아닙니다. 틀림없이 사원에서 생활하는 비구들에게 하는 것입니다. 재가자의 출입이 허용되지 않았을 장소인 비구들만이 단체로 육체적 접촉을 하는 대중목욕탕이나 개인 욕실 등에서 지옥불이나 유황의 흔적이 고스란히 남아 있기 때문입니다. 한편으로는 우리도 미술에 이런 기능이 있다는 것을 확실히 인정합니다. 그러나 이 율장의 편찬자들은 다른 것을 보고 있습니다. 이들은 설교하는 말이 아니라, 미학적인 말을 사용하고 있습니다. 아나타삔다다는 '그림이 없기에, 이 사원이 아름답지 않다〔durdarśana, mi sdug ste: 보기 흉한, apriya: 기분이 좋지 않은, aśubha: 아름답지 않은 등등〕'는 생각을 하고, "세존이시여, 그림이 없기에 제따바나는 아름답지 않습니다"라고 붓다에게 말합니다. 이 텍스트에서는 브라만이 제따바나에 간 이유를 "제따바나의 그 아름다움을 보러 갔다"라고 설명하고 있습니다. 티베트어 번역의 ltad mo(훌륭함)은, 범어의 kutūhara와 매우 비슷한 āścarya를 번역한 것이 거의 틀림없습니다. kutūhara는 '호기심을 키우는 것, 흥미로운 것, 재미있는 것', '훌륭한, 이상한'의 의미이고, āścarya는 '깜짝 놀랄', '놀라운', '불가사의', '경이로운' 등의 의미이기 때문입니다. 편찬자들은 이런 뜻으로 그림이 갖는 의미를 부여했고, 이런 이유로 그림이 그곳에 존재하도록 만들었습니다. 이런 미술품은 비구들의 명상이나 독송과 마찬가지로 방문객들에게 어떤 인상을 주게 됩니다. 사원의 방문객들이 그림을 보고 받는 충격은, 비구들이 명상하거나 독송하는 모습을 보고 받는 충격과 완전히 일치합니다.

미술이 사람을 끌어당긴다는 것을 만약 이 율장의 편찬자들이 알고 있었다면, 그들은 미술품을 전시해서 아름다움을 과시하면 과시할수록 기부 받고, 사원이 아름다우면 아름다울수록 아름답고 값비싼 것을 기부 받고, 이것이 또 하나의 연결고리로 구축된다는 것도 이해하고 있었을 것입니다. 이 텍스트에는 이런 것이 의도되어 있습니다.

사원의 방문객들은 명상하거나 독송하는 비구의 모습을 보고 음식을 대접했습니다. 훌륭한 방석과 근사한 식사가 차려진 것을 보고 매우 값비싼 옷감을 기부했습니다. 제따바나의 놀랄 만큼 아름다운 그림을 보고는 아주 고가일 것이 틀림없는 면직물을 기부했습니다. 면직물이 얼마나 고가였는지, 면직물을 분배해서 비구 개인이 어느 정도를 손에 쥐었는지는 이 텍스트 전체를 읽으면 잘 알게 됩니다. 이를 살펴보면 첫째, 면직물은 원래 왕궁에서 받은 선물입니다. 둘째, 브라만은 이 텍스트의 후반부에서는 이것을 되돌려 받고 싶어 합니다. 그러나 이 셋째, 이 부분이 다수를 차지하는데, 붓다는 이렇게 기부 받은 것을 계기로 그동안 기부 받은 옷감에 대해 제정했던 기존의 항목을 변경합니다. 기존의 항목에는 기부 받은 모든 옷감은 비구들에게 평등하게 분배되어야 한다고 제정되어 있었습니다. 그러나 이 문제의 면직물은 분명히 너무 비싸서 자를 수가 없었습니다. 값비싼 면직물을 기부 받은 것을 계기로 붓다는 비구들에게 "이후에는 승가가 이런 종류의 옷감을 기부 받으면 모든 것을 판매해 화폐로 바꾼 후 화폐로 분배해야 한다"라며 변경해 시행하라고 말합니다. 승가는 이제 이것과 비슷한 기증품을 받으면 기증품을 화폐로 바꾸어야 합니다.

사원의 방문객들이 사원에서 다양한 것들을 보게 되면, 이런 것들로 인해 더 다양한 종류의 것들을 기부하게 될 것입니다. 이렇게 되면, 이렇게 받은 기부가 우연히 단순하게 기부 받은 산물이 아니게 됩니다. 이것은 적어도 최소 등급을 설정해 놓고 계산한 것이 됩니다. 여기에는 미술품의 전시가 이 정점에 있는데, 비구들이 하는 명상이나 독송은 이다음 위치마저도 계산되어 있지 않습니다. 노골적으로 말하면, 미술의 존재는 사원에게도, 비구 개인에게도 수입원의 역할을 한 것입니다. 이것이 사원에 미술품이 왜 존재하는지, 사원의 그림을 설명하는 텍스트가 왜 후반부로 갈수록 사원에 미술품이 설치되어 있는지를 반드시 확인하는 규칙에만 할애되어 있는지를 알려주는 지극히 타당한 이유 중 하나가 됩니다. 화재나 수해로부터 그림을 보호하려고 마련한 규칙은 짓궂게도 사원에 그림이 그려진 구역을 비구도 사용하지 못하게 출입을 금하거나 제한하게 되었습니다. 이렇게 되면, 비구들에게는 이런 미술품들이 고마운 것이 아니라, 불편한 것이 틀림없습니다. 그러나 이런 불편함은 경제적 이익으로 상쇄되었겠지요.

3) 승가가 소유한 고가高價의 부동산

이 율장을 보면, 제따바나에서는 사원의 재산을 과시하며 미술품을 전시하고 있는데, 승가와 비구들이 많은 부를 쌓은 사례가 이것만이 아님을 기억해야 합니다. 이미 제따바나 자체가 매우 고가의 자산이라는 것은 너무 많이 알려진 사실이기에 오히려 잊어버리기 쉽습니다. 「와구사」에서는 아나타삔다다가 제따바나에 '억(koṭi)'의 〔금화〕를 지출하는 이야기가 있습니다. 자칫하면 우리는 이 금화의 숫자에 아나타삔다다의 위대함과 경건함을 강조하려는 의도가 있다고 잘못 읽을 수 있습니다. 그러나 앞에서 이미 살펴보았듯, 이 율장의 편찬자들은 무언가 다른 것을 읽고 있습니다. 이들은 이런 엄청난 고가의 재산을 얻었으니 앞으로 더 많은 사람을 사원으로 부를 수 있고, 이로 인해 현금이 확보될 기회가 증대될 것이기에, 드러내놓고 말하면, 더 많은 부富를 가져다줄 것과 다름없는 붓다의 승인承認과 연결해놓고 있습니다. 「와구사」에는 이것이 잘 드러나 있습니다.

> 재가자 아나타삔다다는 1억〔의 금화〕로 이곳을 가리고, 제따(Jeta) 태자로부터 제따바나를 사서 세존을 수장으로 하는 승가에 기증했다. 그리하여 여러 각 지방에서는 경건한 순례자들이 사위성으로 왔다. 이들 중 몇 명은 대단히 감동하여 말했다. "존자여, 저희도 성스러운 승가를 위해 제따바나에 무언가를 하고 싶습니다." "대가를 치르고 토지를 매입하면 그렇게 할 수 있습니다." "존자여, 어느 정도입니까?" "상당한 액수의 금화입니다."

텍스트는 이런 몇 가지 흥미로운 제한을 붙여, 붓다에게 이런 거래를 공인시키고 있다는 것을 앞에서 이미 말했습니다. 여기서도 매우 고가인 사원의 부동산이 여러 각 지방의 많은 방문객을 불러 모았습니다. 여기서는 비품이나 회화는 어떤 것도 접촉하지 않았습니다만, 적어도 몇 사람은 감동하여 이 사업에 참여하고 싶어 합니다. 이렇게 되기를 원한 결과였기에 방문객들은 이 계획에 말려들어 꽤 큰 대가를 치릅니다. 사원은 많은 재산을 소유하면 할수록 더 많은 재산을 모읍니다. 사원의 아름다움도, 재산도, 미술도 모두 같은 결과를 가져옵니다. 이런 결과 중 또 하나는 분명 심미적 요소입니다.

4) 사원이 위치한 자연환경의 아름다움

인도의 불교사원 유적을 근대에 발견한 사람들이나 다수의 연구자는, 이 사원이 위치한 자연환경이 아름답고 훌륭하다는 것에 주목했습니다. 아주 옛날 커닝엄(A. Cunningham)은 사트다라(Satdhara)에 대해 다음과 같이 말했습니다.

> 상류의 경치는 내가 인도에서 본 것 중 가장 아름다운 하나였다. 하류에는 바이샬리의 맑은 에메랄드빛 물이 흐르고 있었다. 한쪽 기슭은 처진 나무들과 험준한 절벽으로 빛이 가려져 어슴푸레했고, 다른 한쪽 기슭은 한낮의 태양이 빛나는 것처럼 비치고 있었다. 이렇게 아름다운 장소를 선택했다면, 불교의 비구들 스스로가 '법' 이라는 이름으로 우러러본 자연의 아름다움을 민감하게 감수해야 했었음을 보여주고 있었다.

아우렐 스타인(Aurel Stein)은 나루(Naru)의 불교 유적에 대해 다음과 같이 말하고 있습니다.

그러나 이것은 고대 불교 비구들이 사원을 선택할 때 얼마나 주의했으며, 사원시설을 어떻게 배치해야 할지를 알고 있었다는 것을 참으로 명료하게 보여주는 좋은 예이다. 타나(Tana)로 내려가는 비옥한 계곡의 위용, 여기저기 솟아오른 그림 같은 바위산, 높이 우뚝 솟은 전나무와 삼나무 숲, 옆에는 솟아오르는 샘물이라는 희귀한 하사품, 모든 것이 서로 조화를 이루어 이 땅에 매력을 더하고 있었다. 열반으로 미래의 지복至福을 구하지 않는 사람조차도 이 땅을 충분히 즐길 수 있었다.

이렇게 자연의 아름다움까지 고려해 사원의 위치를 주의 깊게 선택한 것은, 사원경제와 비구의 불로소득이 관련되어 있었기 때문입니다. 이 율장에는 편찬자들이 두 가지가 관련되어 있다는 것을 눈치채고 있음을 보여주는 텍스트가 몇 개 있습니다. 특히 하나는 사원을 방문한 사람들에게 감명을 주어 그들이 기부하게 만드는 것이 사원의 역할이었다는 것을 우리에게 가르쳐 주고 있습니다. 여기서 말하는 사원의 역할은 앞에서 본 것과는 다른 역할입니다. 이 특이한 텍스트는 「의사」에 있습니다.

어느 시골의 작은 마을에 한 재가자가 있었다. 그는 사원을 세웠다. 이곳에는 단 한 비구만이 우안거에 들어갔다. 그러나 그는 활력이 넘쳤다. 그는 매일 사원에 소똥을 바르고 깨끗하게 청소했다. 사원은 이렇게 잘 정돈되었고 마을과 떨어진 조용한 곳에 있었다. 이곳에는 온갖 종류의 나무들이 있어 오리나 도요새, 공작이나 앵무새,

구관조나 뻐꾸기 등 다양한 새들의 부드러운 노랫소리로 가득 찼고, 각양각색의 꽃이나 과일로 장식되어 있었다. 그런데 어느 날, 대부호인 상인이 사원에서 하룻밤을 보내게 되었다. 그는 이렇게 잘 정돈되고 깨끗한 사원과 이렇게 아름다운 숲을 보고 매우 감동했기에 지금까지 비구 승가라는 것을 본 적이 없는데도 즉석에서 아주 많은 것을 사원에 기부했다.

여기서 대부호인 상인은 비구들이 명상하거나 독송하는 모습을 본 재가자와 똑같이 감동했습니다. 상인의 반응에 대해서도 다른 재가자와 똑같은 말을 사용하여 표현하고 있습니다. 그러나 우리가 앞에서 살펴본 훌륭한 방석이나 근사한 식사, 심지어는 놀랄 만큼의 아름다운 그림을 본 브라만처럼, 이들 비구의 모습에서 감명을 받지는 못하고 있습니다. 여기서는 대부호인 상인이 비구의 모습을 보지 않은 것을 분명하게 서술하고 있습니다. 그는 단지 사원의 아름다운 자연환경과 잘 정돈되고 청결하게 유지된 외형에 반응한 것에 지나지 않습니다. 그는 사원의 아주 훌륭한 미적 가치에 감동한 것이지 종교적 기능에 감동한 것이 아닙니다. 여기서도 사원의 경치는 이 율장에서, 봄(春)의 공원이나 정원이 주는 자연의 아름다움을 묘사하기 위해 반복적으로 사용한 단어들로 묘사되어 있는데, 이 사원도 그 공원이나 정원이 묘사된 것과 비슷하게 묘사되어 있습니다. 이상하게도 현재까지 인도 문학과 관련해서는 연구가 많지 않습니다만, 이 텍스트는 종교적인 면에서도 세속적인 면에서도 공원이 푸르게 우거진 것에 대한 풍부한 묘사들로 가득 차 흘러넘치고 있는데, 이는 분명 미의식에 호소하는 것입니다. 이 사원은 결코 삭막한 곳이 아닙니다.

5) 청소와 설법

위의 텍스트는 자연환경 자체의 미적 가치에, 질서와 청결함의 미적 가치까지 덧붙여 놓은 것입니다. 이 점에서 대부호인 상인이 감동했습니다. 명상하거나 독송하는 것도 높게 평가된 것이 분명하지만, 이와는 매우 다른 형태의 미적 가치가 사원의 역할로 수반된 결과, 감동이 생겨난 것입니다. 이 사원에서 혼자 거주하고 있는 비구는 분명 '활력이 넘치고(uthānasampanna)' 있습니다. 이를 높이 평가하며 칭찬하는 것도 사원과 관련된 한 가지 특성입니다. 그러나 활력이 명상하거나 독송하는 것으로 향해 있지는 않습니다. 비구에 대해 이렇게 말할 수 있는 것은, '그가 이 사원에 매일 소똥을 칠하며 깨끗이 청소하기' 때문입니다. 간단히 말하면, 비구가 사원을 아름답게 만들어 놓았기 때문입니다.

대부호인 상인이 사원의 아름다운 경치와 깨끗한 사원을 보았을 때, 그는 제따바나의 그림을 보고 감동한 브라만과 같은 영향을 받았습니다. 두 사람이 보인 반응은 같은 것입니다. 브라만은 호화로운 그림에 매우 값비싼 옷감을 기부하는 반응을 보였습니다. 상인은 사원의 아름다움에 어느 정도의 가치인지는 확인할 수 없는, 이 정도의 가치가 있는 것을 기부하겠다는 반응을 보였습니다. 이 가치는 직접적으로는 '많은', '충분한', '거액의(prabhū)'라는 형용사로 표현되어 있습니다. 간접적으로는 독신생활을 하는 비구가 이를 받기를 주저했다고 되어 있습니다. 잘 정돈된 아름다운 사원이 기부 받기를 유도하고 있는 것과 관련된 텍스트만큼은 끝이 없습니다.

「의사」에 나오는 대부호 상인과 공통점이 많은 텍스트는 「와구사」에도 있습니다. 여기서는 한 걸식비구(piṇḍapātika)가 어떤 사원에 정착하게 됩니다. "그는 근면하고 게으르지 않았다. 그는 매일 사원에 소똥을 칠하고 깨끗이 청소했다"라고 합니다. 여기서도 좋은 비구란 '근면하고 게으르지 않고', 사원을 잘 손질하고 아름답게 꾸미는 비구를 가리키고 있습니다. 비구의 이런 활동은 보상을 받게 됩니다.

> 사원이 잘 칠해지고 깨끗하게 청소된 것을 본 사람들은 〔사원을 세운〕 재가자의 집에 가서 그에게 이 사실을 알렸다. 그는 이 말을 듣고 기뻐했다. 그 후 그는 사원에 직접 가서 실제로 이것이 잘 칠해지고 청소되어 있는 것을 보았다. 그는 대단히 감동하여 걸식비구에게 옷감을 기부했다.

「의사」에는 매우 많은 기부 재산을 소유한 어떤 마을의 사원을, 단지 성실하고 정직한 두 노비구만이 생활하는 사원을 비구 우빠난다가 찾아가는 이야기가 있습니다. 기부자는 사원에 거주하는 비구의 인원과 관계없이 해마다 백 장의 옷감을 기부하고 있습니다. 우빠난다는 여기서도 다른 때처럼 한몫 챙기려고 합니다. 그는 재가의 관리인으로부터 두 노비구가 매일 변함없이 같은 것을 계속 반복하고 있다는 이야기를 듣습니다. 우빠난다는 두 노비구의 사이를 틀어지게 하려는 계획을 갖고 그중 한 노비구에게 다가가, 지금 무엇을 하고 있는지 묻습니다.

장로여, 저는 항상 사원에 물을 뿌리고 청소하고 여기에 새로운 소똥을 바릅니다.

이렇게 말하자 우빠난다는

존자여, 만약 물을 뿌리고 청소하는 것으로 기부 받을 수 있다면, 〔나〕 우빠난다〔도〕 이 근방에 있는 모든 사원에 물을 뿌리고 청소하겠지요. 그러나 여기서 기부 받을 수 있는 것이 비록 어떤 것일지라도, 어떤 한 존자의 성과입니다. 그는 사원에서 때마다 설법하고 있습니다. 그는 설법을 열망熱望하는 신神들을 열광시켜 버립니다. 그러니 여기서 얻을 수 있는 기부가 무엇이든, 이것은 그의 힘으로 얻은 것입니다.

이렇게 말한 후 우빠난다는 다른 한 노비구가 있는 곳으로 가서, 전형적인 사기꾼의 수법으로 위의 말과는 전혀 다른 반대의 말을 했다는 것을 언급할 필요는 없습니다. 그는 이 노비구가 어떻게 대답할지 잘 알고 있으면서, 또 지금 무엇을 하는지 묻습니다.

"장로여, 저는 여기서 때마다 설법하고 있습니다." 우빠난다는 "하지만 존자여, 만약 설법으로 기부 받을 수 있다면, 〔나〕 우빠난다〔도〕 행주좌와行住坐臥와 관계없이 계속 설법하겠지요. 여기서 받을 수 있는 기부가 비록 그 어떤 것일지라도, 이것은 모두 그 어떤 한 존자의 힘으로 받을 수 있는 것입니다. 그는 항상 사원에 물을 뿌리고 청소하고 새로운 소똥을 바르고 있습니다."

그리고 우빠난다는 붓다의 말씀인 '청소가 가진 다섯 가지 공덕'의 한 문장을 인용하면서 끝맺고 있습니다.

> 사원을 청소하면 기부자는 대단히 감동하고, 신들은 기뻐한다는 것이 지금 여기서 일어나고 있다. 여기서는 이것으로 기부 받을 수 있다.

우빠난다와 육군비구들이 이 텍스트나 다른 텍스트에서 했던 많은 말들을 살펴보면, 무엇보다도 먼저 이 율장의 편찬자들이 승가에서 발생할 것이라고 예상되는 일들을, 우리가 생각하는 것만큼 그렇게 고상한 것이라고는 생각하지 않았다는 것입니다. 비구들은 사원 생활에서 성격적인 약점이 자주 드러났는데, 이것이 우스꽝스러웠다는 것도 편찬자들은 알고 있었습니다. 특히 이렇게 인간적으로 결코 완전하다고는 할 수 없는 비구들이 문제를 일으키고는, 자신을 정당화하기 위해 '성전'이나 교리적 상투어를 자주 인용합니다. 사실 이런 비구들이 '행동이 올바른' 비구들보다 더 자주 붓다의 말을 인용합니다. 우빠난다는 「와구사」에서도 전혀 이상이 없는 다리에 붕대를 감고 "비구는, 기분이 좋지 않을 때 한 승방에 계속 머물 수 있다"라는 항목을 방패 삼아 자신의 마음에 드는 승방에만 있으려고 애를 씁니다. 그는 자신이 생각한 것처럼 방사 배정이 잘 되면 붕대를 풉니다. 그를 간호하던 비구들이 와서 이것을 보고 빤한 거짓말이었음을 알고

"장로의 다리는 이상이 없다고 생각됩니다만"이라고 말하면, 우빠난다는 교리적으로도 결점이 없고 논리적으로도 완벽하게, 그가 싫어질 만큼 그럴듯하게 "그러나 세존이 제행諸行은 모두 무상無常하다고 말한 적이 없던가? 내 병이 그렇지 않다는 것을 어떻게 알 수 있는가?"라고 대답한 것은 말할 필요도 없습니다. 우빠난다는 이 텍스트에서도 아주 그럴듯하게 주장하면서, 어느 사원의 많은 기부 재산을 자기 것으로 만들려는 계획을 세웠던, 두 노비구가 하던 청소와 설법이, 사원의 업무 중에서도 기부 받기를 유도하는 설득력 있는 것임을 자기 자신에게 적용하며 말하고 있습니다. 이 텍스트를 읽으면 곧바로 이해할 수 있는 것으로 청소와 설법은 '제행은 모두 무상하다'라는 주장만큼이나 비구들이 많이 알고 있는 것이어서, 더 논의할 필요가 없었음도 틀림없습니다. 이런 결과 청소와 설법은 사원에서 매우 일반적인 업무였을 것이 틀림없습니다. 이 부분에서 우리는 비구들이 단순히 사원의 미관美觀을 유지하는 것이 기부 받는 것과 관련된 것으로 의식하고 있었을 뿐 아니라, 일반적으로도 널리 많이 알려져 실행되고 있었고, 이런 관련성은 승가에서 의도적으로 계발했으리라는 것도 거의 틀림없음도 알 수 있습니다.

그러나 이 텍스트는 우리에게 사원경제에서의 미적 가치의 역할을 확인시켜 줄 뿐 아니라, 아주 많은 기부 재산을 소유하고 있는 사원에서 생활하는 두 노비구의 정해진 활동(dhruvapracāra)이 명상과는 관계없이, 경제적인 목적이라고 생각할 수밖에 없는 일을 하는 모습으로 보여주고 있습니다. '설법'은 다른 사람에게 행복을 줄 수 있는 것으로 사원에서 공적인 의식의 하나로 보았습니다. 설법은 사원에서 치르는 장례식을 구성하는 필수적인 의식儀式으로 사망한 비구에게도 도움을 줄 것으로 생각했습니다. '청소'는 사원에서 정기적인 의식의 하나였습니다. 청소가 안락한 죽음을 맞게 해줄 것이고, 천계에 다시 태어날 수 있게 해줄 것이라는 점에서 종교적인 이익은 사람들에게 돌아갈 것이고, 신들까지도 기쁘게 해줄 것으로 생각했습니다. 이 텍스트를 보면 두 노비구가 청소와 설법을 자신들의 의무라고 여겼던 것을 알 수 있습니다.

그렇지만 지금까지 살펴본 이런 내용이 목표하고 있는 최종 목적지는 이 모든 것이 가리키는 단 하나의 경험에 주목하고 있는 것입니다. 비구들이 수행하는 모습이나 사원의 풍부한 장식품, 멋진 그림의 광경과 사원이 위치한 자연환경의 아름다움이나 사원 자체로 잘 가꾸어진 외관 등 모든 것이 방문객들에게는 비슷한 영향을 주었던 것입니다. 이런 것은 방문객들을 교화하는 것도 아니고 인도하는 것도 아닙니다. 이런 것은 방문객들이 '대단히 감동하는' 것입니다. 이것은 교리적인 것이 아니라 미적인 것으로 정감情感에 호소하는 것입니다. 이 율장을 편찬한 비구들은 이런 호소를 충분히 알고 있었습니다. 이뿐만 아니라, 이들이 이런 요소들을 경제적 이유로 촉진한 것도 확실합니다. 이들 자신이 이것을 정말로 실감했기 때문이었겠지요. 승가의 계율에 뼈대를 만들고 조정하는 데 안달복달한 비구들도, 바로 우리처럼 아름다운 장식품이나 예쁜 미술이나 꽃을 사랑했겠지요. 물론 이것을 최종적으로 확인할 수는 없습니다. 그래도 이 율장의 편찬자들이 비록 설교를 위해 내걸었다고 말하는 사원의 미술품에서조차도 미술을 관람하게 되면 무언가 기부 받을 수 있는 것과 항상 관련지어 생각했다는 사실은 확인할 수 있습니다.

6) 윤회도

필자가 알기로는 사원미술과 이를 관람한 사람들의 반응을 언급한 『근본설일체유부율』 문헌 중 현존하는 텍스트는 오직 두 종류뿐입니다. 하나는 이미 살펴본 것으로 그림을 사원에 배치하는 방법을 설명한 것이고, 다른 하나는 사원 입구에 그린 윤회도輪迴圖를 언급한 것입니다. 특수한 그림을 사원의 입구에 배치하는 것을 설명하는 내용은 이미 살펴본 것처럼 「잡사」에도 있습니다. 「율분별」에서는 따로따로 보이는 각기 다른 대강의 줄거리 속에서 찾아볼 수 있습니다. 이 「율분별」의 범어 텍스트는 『디뱌바다나』에도 현존한다고 알려져 있습니다. 이 텍스트는 붓다가 사원의 입구에는 윤회하는 그림을 그려야 한다고 지시하는 상황에서부터 시작되고 있습니다.

붓다의 제자 중 신통력이 가장 우수한 비구는 마우드갈야야나인데, 특히 '기쁘지 않은 종교 생활을 하는' 신입과 제자들에게는 매우 유능한 종교 교육자였습니다. 이 텍스트는 마우드갈야야나가 이 유능한 신통력을 일상적으로 사용한 것으로 보여주고 있습니다.

> 그는 지옥이나 축생이나 아귀나 신들이나 인간들 사이를 자주 돌아다녔다. 지옥에서는 괴로워하는 사람들을 보았는데, 그들이 쥐어뜯기고, 잡아 뜯기고, 난도질당하여 찢기는 것을 보았다. 축생들은 서로 물고 늘어지고, 아귀들은 굶주려 마르고, 신들은 몰락하거나 쇠퇴하거나 붕괴하거나 흩어져 인간들이 끊임없이 싸우게

> 되어 고전苦戰하는 것을 보았다. 그는 이 세계로 돌아와 모든 것을 사중四衆에게 말했다.

말하자면, 비구 마우드갈야야나는 신통력으로 윤회 전생하는 비구·비구니·우바새·우바이에게 닥칠 수 있는, 결코 바람직하다고 말할 수 없는 상황에 대한 목격자의 역할을 완수한 것입니다. 마우드갈야야나가 자신의 비정상인 여행에서 보았던 것을 설명해 주므로, 비구·비구니·우바새·우바이들의 종교적 실천은 새로운 열정으로 활기를 띠게 됩니다. 다음에 살펴보겠지만, 그를 대신하는 윤회도에는 약간 다른 영향을 미치지만, 마우드갈야야나에 대한 텍스트에서는 매우 성공적인 것처럼 그려진 것으로, 그가 "비구·비구니·우바새·우바이의 사중에 둘러싸여 보냈다"라는 말이 있습니다.

이렇게 '사중에 둘러싸여 보냈다'라는 조건에서의 생활이 적어도 명상에 전념할 비구에게는 적당하지 않은 인상을 줄 수도 있습니다만, 붓다는 이것을 장점으로 보았습니다. 붓다는 이러한 마우드갈야야나가 이 정도의 놀랄 만한 힘이 있어도, 상황에 따라서는 분명히 한 번에 동시다발로 여러 장소에 출현한다는 것이 불가능하기에, 그가 출현할 수 없는 장소와 장면에 대비해야 한다고 생각해서 방책을 찾으려고 합니다. 붓다는 아난다에게 말합니다.

> 아난다여, 마우드갈야야나도, 마우드갈야야나를 이길 수 있는 사람도 모든 장소에는 존재하지 않는다. 이 때문에 5취의 윤회도를 입구에 그려야 한다.

여기에는 윤회도를 그리게 된 이유가 서술되어 있으며, 윤회도의 기능에 대해서도 간결하게 서술되어 있습니다. 마우드갈야야나가 다음 생을 직접 경험함으로써 이것을 증언해 주고, 이를 통해 승가라는 공동체의 구성원을 효과적으로 타이르고 올바른 종교 생활에 대한 권고勸告를 할 수 있었습니다만, 이런 일을 할 수 있는 비구가 언제 어디서나 나올 수 있는 것이 아님은 말할 것도 없습니다. 이렇게 될 때를 대비해 미술이 설교하고 훈계하는 기능을 담당하게 한 것입니다. 미술은 문맥으로 보아 비구들에게로 향해 있습니다.

지금 설명할 항목은 이런 사원의 문헌에서 자주 볼 수 있는 것까지 자세히 설명할 필요가 생겨, 추가 항목까지 만들게 되면서 점점 더 복잡해졌습니다. 붓다가 사원의 입구에는 윤회도를 그려야 한다는 항목을 제정했을 때, 비구들은 그림을 어떻게 그려야 할지 알 수 없었습니다.

> 세존께서 말씀하셨다. 지옥·축생·아귀·하늘·인간이라는 윤회의 5취를 그려야 한다. 지옥·축생·아귀는 아래에, 하늘·인간은 위에 그려야 한다. 동승신주東勝身洲·서우화주西牛貨洲·북구여주北俱盧洲·남구부주南贍部洲의 사대주四大洲를 그려야 한다. 탐욕貪慾은 비둘기의 모습으로(往生如何靠上佛力), 진에瞋恚는 뱀의 모습으로, 우치愚癡는 돼지의 모습으로 〔그려야 한다〕. 열반의 바퀴를 가리키는 붓다의 모습을 그려야 한다. 태어나서 흥망성쇠 하는 유정은 물레방아로 그려야 한다. 연기緣起하는 순역의 십이지는 동그라미 주변에 배치해야 한다. 전체를 무상의 〔야차의〕 턱에 물릴 수 있도록

표현해야 한다. 그리고 두 가지 게송偈頌을 기록해야 한다.

이후에 언급하는 것을 보면, 비구들 다수가 그림의 의미를 이해하지 못한 것을 알 수 있습니다. 사원 입구에서 그림을 본 사람들이 그들만이 아니라는 것도 알 수 있습니다만, 여기까지 이루어진 설교하는 그림과 관련한 서술은 비구들을 향해 있습니다. 비구 이외의 사람들이 윤회하는 그림을 보게 되면, 비구들과는 조금 다른 영향을 받게 될 것을 예상하면서 그림이 사원에 전시되었을 때, 비구들은 새로운 역할을 맡아야 했습니다.

이 텍스트에서는 사원을 방문한 재가자들과 브라만이 그림을 보고, "여기서 그리고자 한 것은 무엇입니까?"라고 묻자, "여러분, 우리도 잘 모릅니다"라고 비구들은 대답합니다. 붓다는 방문객들에게 윤회도를 설명해 주려고 새로운 직책을 만들게 되었습니다만, 여기서 또 새로운 문제가 발생합니다.

세존은 "재가자들과 브라만이 끊임없이 방문하기에, 그들에게 이 그림이 무엇인지를 설명해 주려면 입구에 비구 한 명을 배치해야 한다"라고 말했다. 세존이 비구 한 명을 배치해야 한다고 말했을 때, 그들은 학식도 없고 무지하고 교양도 없는 비구 중에서 업무에 적당하지도 않고 분별력도 없는 비구를 배치했다. 그림의 의미가 무엇인지 그 자신도 모르기에, 사원을 찾은 재가자들이나 브라만에게 설명하지 못한 것은 말할 필요도 없었다. 그래서 세존은 "적당한 비구를 배치해야 한다"라고 말했다.

여기서 우리는 무엇보다도 먼저, 이 율장의 편찬자들이 마음속에 그렸거나 가까이서 느꼈던 승가 공동체에 대한 또 하나의 다른 시각을 보게 됩니다. 편찬자들은 승가에서 어떤 역할을 완수할 수 있는 학식도 없고, 무지하고, 교양도 없어 업무에 부적합한 비구들의 존재를 알고 있었거나 예견하고 있었습니다. 이런 비구들을 승가 공동체를 구성하고 있는 존재의 일부로 인정하면서, 이들에 맞춰 특별한 항목까지 제정하고 있습니다. 이 텍스트로부터 사원에 그림이 전시되면 교양 있는 비구들에게는 새로운 의무가 부과되는 것도 알 수 있습니다. 이들은 자신의 취향과는 관계없이 방문객을 상대해야 했습니다. 사원에 미술 작품을 설치하는 것은 비구들의 다른 업무를 방해하는 것이었지만, 여기에는 장점도 있었습니다. 이런 장점은 주로 경제적인 것으로 이제 더는 놀라운 것도 아닙니다.

윤회도는 분명히 마우드갈야야나의 5취 세계로의 여행기였으며, 비구들이 종교 생활에 전념할 수 있도록 도와주려는 것이었으며, 이런 종교 생활이 행복하다고 생각하도록 만들어 주려는 의도가 담겨 있었습니다. 비구들에게 종교적인 생활을 하지 않으면, 어떤 결과가 생기는지를 그림으로 보여줄 수만 있다면 이것으로 좋았던 것입니다. 하지만 이곳을 방문한 재가자들의 반응은 비구들과는 아주 달랐습니다. 이 텍스트의 나머지 부분에서는 재가자들의 반응이 다루어지고 있는데, 설명이 아주 깁니다. 극히 일부는 이미 언급했습니다.

여기에는 부친을 잃고 베누바나사원(Venuvanavihāra, 竹林精舍)에 와서 입구에 그려진 윤회도를 보고 질문하는 젊은이가 있습니다. 그를 만난 비구는 윤회의 5취에 대해 꽤 자세한 설명을 해주었습니다.

이미 보았듯, 젊은이는 "존자여, 이들 5취 가운데 지옥과 축생과 아귀의 삼취는 적절하지 않다고 생각하지만, 천계(天趣)와 인간계(人趣)는 적절하다고 생각합니다"라는 매우 타당한 말을 합니다. 젊은이가 어떻게 하면 이것들을 얻을 수 있는지를 묻자, 비구는 출가하면 된다는 취지로 답을 합니다. 그러면서 고통을 소멸하기에 이르거나 천계에 태어나거나 승가에 들어가는 것 등 다섯 가지의 공덕에 대해서 말하는 정형화된 어구를 인용합니다. 이것은 말할 필요도 없이 이 그림이 기대하고 있었던 것입니다. 윤회도는 사람들에게 종교적인 생활을 권하는 것이 목적이었습니다. 그러나 젊은이는 "승가에 들어가면 무엇을 합니까?"라고 묻습니다. "평생 성적인 금욕을 실천합니다"라고 비구는 대답합니다. "이것은 할 수 없습니다"라고 젊은이는 말합니다. 규명해 본다면, 많은 비구도 이렇게 했을 것이 틀림없습니다. 윤회도는 효과가 없었습니다. 그러면 어떤 기능도 전혀 하지 못했느냐, 그것은 아닙니다. 윤회도는 사원을 방문한 재가자들에게 다른 역할을 하고 있었습니다.

비구는 어떻게 하면 좋을지에 대한 답으로 우바새가 되는 것을 권합니다. 그러나 젊은이는 그렇게 하려면 평생 5계五戒를 지켜야 한다는 것을 듣고 다시 거절합니다.

"존자여, 이것도 할 수 없습니다. 무언가 다른 방법을 가르쳐 주십시오." "그러면 붓다를 교주로 하는 승가에 음식을 대접하면 됩니다." "붓다를 교주로 하는 승가에 음식을 대접하려면 얼마나 필요합니까?' "오백 까르샤빠나가 필요합니다." "존자여, 그렇다면 할 수 있습니다."

다음은 젊은이가 돈을 만들기까지 악전고투하는 모습으로 이어집니다. 그는 결국 성공합니다만, 쉽지 않았습니다. 그는 필사筆寫하는 훈련을 받고 있었습니다만, 건축 현장에서 임금 노동자로 돈벌이를 하게 됩니다. 이 율장에는 임금 노동과 관련된 흥미로운 정보가 상당수 포함되어 있습니다. 그러나 지금 우리에게 중요한 것은 젊은이가 성공한 것으로, 이렇게 사원에 전시해 놓은 설교하기 좋은 그림이, 기부라는 경제적 지원을 이끌게 되는 역할을 완수한 것에 있습니다.

7) 개인이 소유한 불교미술

이 율장은 처음부터 끝까지, 놀랄 만큼 일관되게 미술이나 미적인 가치를 금전과 연결하고 있습니다. 사원에 훌륭한 장식품을 진열하고, 그림을 전시하고, 사원을 잘 꾸미고, 주변의 아름다운 자연환경과도 잘 조화시켜 연결하고 있습니다. 마찬가지로 사람들을 가르치고 설득하는 것이 본래 그 의도라고 생각되는 사원의 미술과도 연결하고 있습니다. 보기 드물게는 개인이 소유하고 있는 불교미술에서조차도 이런 연결이 이루어지고 있습니다. 「쟁사諍事」에는 채색된 옷감에 붓다가 자신의 초상화를 그려 싱할라(Siṃhala)왕의 딸에게 보내는 과정을 자세히 설명한 이야기가 있습니다. 붓다의 육체라는, 대중에게는 붓다라고 불리는 초상화가 결국 승가에 '세 개의 아름다운 진주'로 기부되는 결말을 가져온 내용입니다. 이 율장이 승가에 대한 설화說話를 아무리 정교하게 만든다 해도, 여기에는 무엇보다도 먼저 규칙을 제정하려는 의도가 있기 마련입니다. 이런 점을 염두에 둔다면, 한 장의 초상화와 관련된 장황한 이야기의 목적이라고 할 수 있는 장면에 상당히 고가인 기증품을 승가에서 분배하는 장면으로 배치한 것은, 분배의 몫을 적합하게 사용해야 한다는 항목을 붓다가 정식으로 제정한 장면으로 만들려 한 것입니다. 왕의 딸은 기증품을 보낼 때 일부는 붓다를 위해, 일부는 법을 위해, 일부는 승가를 위해서라는 취지를 갖고 있었습니다. 이를 기부 받은 붓다는 이것을 셋으로 분배하는 것을 승인합니다. 이것이 근본설일체유부의 사원경제에서 행해진 표준 방법입니다. 각각 분배된 몫의 사용 방법에 대해서도 다음과 같이 규정하고 있습니다.

> 붓다에게 속한 배분은 향실에 회반죽을 바르기 위해 사용되어야 한다. 법에 속한 것은 법을 유지하는 사람들을 위해 사용되어야 한다. 승가에 속한 것은 승가 전체에서 분배되어야 한다.

싱할라왕의 딸과 옷감에 그린 붓다의 초상화 이야기와 같은 종류로 더 많이 알려진 것이 있습니다. 빔비사라(Bimbisāra)왕이 옷감에 그린 붓다의 초상화를 루드라야나(Rudrayana)왕에게 선물했는데, 이것도 결국 공을 많이 들인 다른 기증품으로 돌려받은 것으로 귀결된 이야기입니다. 「율분별」과 『디뱌바다나』에 현존하는 이야기입니다. 르두라야나왕은 붓다의 초상화를 받고서 여러 가지 일을 합니다만, 이 중에는 오백 개의 사원을 만들어 충분히 장엄莊嚴한 것이 있습니다. 내용의 초점이 무엇인지는 너무나 명료해 잊을 수가 없습니다.

이 텍스트에도 앞에서 말한 것을 자세히 설명한 부분이 몇 군데 있습니다. 「율분별」을 보면 출가하여 승가에서 비구로 생활할 때, 기대할 수 있는 것이 무엇인지에 대해 말하는 아주 무미건조한 이야기가 있습니다. "승가에 들어가면 무엇을 합니까?"라고 젊은이가 묻자, "평생 성적인 금욕을 실천합니다"라는 너무나도 간단한 대답을 합니다. 여기에는 비구의 업무가 부정적인 말로, 게다가 성적인 면에서만 엄격하게 규정되어 있습니다. 게다가 명상하거나 학습하는 생활에 대해서는 전혀 언급하지도 않습니다. 하지만 이런 텍스트에는 이 율장의 편찬자들이 마음속에 그리고 있던 승가가 어떤 것이었는지를 알게 해주는 새로운 것이 제공되어 있습니다.

이 「율분별」의 텍스트에는 일반 사람들도 사원에서 이용할 수 있는 입구와 베란다가 있었다는 것을 말하고 있는 것이 있습니다. 「잡사」에서도 공公과 사私의 구별이 명확하지는 않습니다만, 부지敷地 내부에 사원의 시설들이 매우 정교하게 구분되어 갖추어져 있었던 것을 보여주는 것이 있습니다. 이곳에는 입구 밖으로 싱할라왕의 딸의 이야기에도 나오는 향실·집회실·대식당·귀중품실·수리실水利室·욕실·화장실·시약소가 있습니다. 사원을 방문한 사람들은 이런 시설을 사원 내부에서나 밖에서나 보려고만 한다면, 이 중 일부를 제외하고는 거의 모든 것을 한눈에 볼 수 있었습니다.

5. 사원을 방문한 사람들이 보았던 것

1) 늦잠꾸러기와 시간만 보내는 비구

이미 설명한 것처럼 사원을 방문한 사람들이 본 것을 목록으로 만들면 길어집니다. 그래도 아직 모든 것을 다 설명하지는 못했습니다. 더 많은 것들이 있으며, 이 범위는 숭고한 것에서부터 너무나 인간적인 것에 이르기까지 다양합니다. 어떤 의미에서는 이런 대부분이 거의 기부와 관련되어 있습니다.

어느 추운 날 아침, 아나타삔다다가 제따바나를 방문했는데 비구들이 그때까지도 이불 속에 있었습니다. 그가 비구들을 엄하게 질책하자, "쾌적한 생활을 하는 사람들은 법을 잘 기억할 수 있겠지만 우리는 지금 얼어 있습니다"라고 비구들이 말합니다. 이를 계기로 재가자가 입는 하의를 입어도 된다고 허락하는 항목이 제정되었습니다. 특히 여섯 명의 나쁜 비구들의 경우, 사원의 정문 주변을 어슬렁어슬렁 돌아다니면서 시간만 보내고 있을 뿐인 모습도 반복적으로 묘사되어 있습니다. 하지만 이것도 육군비구들의 '평소 행동(ācarita)'이라고 반복해서 말할 뿐, 결코 노골적으로 비난하지 않습니다. 또 비구나 비구니가 몇 번이나 같은 집에 가는 것을 언급한 것과 구성이 비슷한 일련의 텍스트가 존재합니다. 이런 텍스트에서는 어떤 경우라도 이것이 상인의 집인데, 비구나 비구니가 값을 계산하지 않자 상인은 이들을 위해 해야 할 일이 어떤 것이든 거절하게 됩니다. 그러자 다른 비구나 비구니가 "존자여, 당신은 매일 거기에 갈 수 있지만, 그곳이 당신 친척의 집입니까, 아니면 기부자의 집입니까?"라고 묻습니다. 여기에는 만약 상인이 친척이거나 기부자라면 매일 방문해도 된다는 가정이 들어 있으므로 비구들이 매일 같은 집에 갔으리라는 것도 알 수 있습니다. 위의 질문은 비구나 비구니가 보통 매일 두 집에 갔다는 것을 보여주고 있습니다.

2) 사원을 유지 관리하거나 건축 업무에 종사하는 비구

다른 장면에서는 사람들이 승가를 방문했을 때, 비구들은 사원을 유지 관리하거나 건축 관련 업무에 종사하고 있었습니다. 불교계에서 기부한 것이 새겨진 비문에는 사원을 유지하는 데 드는 비용과 관련된 언급이 많이 있습니다.

빔비사라(Bimbisāra)왕이 비구 삐린다까(Pirindaka)를 만나러 왔는데, 삐린다까는 '사원을 수리하고 관리하는 일을 하고' 있었습니다. "존자여, 지금 무슨 일을 하고 계십니까? 당신 스스로 사원을 수리하고 관리하는 일을 하고 계십니까?"라고 왕이 묻습니다. 이 앞의 텍스트에서는 관리인의 채용을 인정하고 있습니다만, 흥미로운 것은 삐린다까의 첫 번째 대답입니다. "대왕이시여, 출가자는 자기의 일은 자기 스스로 합니다. 우리는 출가자입니다. 다른 누가 대신해 주겠습니까?"라고 말합니다. 『율분별』에서는 붓다가, 비구는 건축 업무를 도와야 한다고 말해서 비구들이 온종일 일을 돕게 됩니다. 그러자 재가자들과 브라만이 비난하고 조롱하며 '비구들은 어떻게 임금 노동자들처럼 온종일 일하는가?'라고 했다면서 비구들이 불평합니다. 여기서는 비구가 육체노동자처럼 보일 수 있다는 것을 항상 염려하고 있지만, 그렇다고 붓다는 이런 일을 금하지 않습니다. 붓다는 단지 계절에 따라 아침이나 오후 중 어느 때는 작업을 해야 한다고 제정할 뿐입니다. 점심 식사 때는 일을 그만두고 손과 발을 씻어야 한다는 항목도 제정합니다.

3) 공개적으로 하는 독송

근본설일체유부의 사원을 방문한 사람들이 보았던 비구의 활동 중 마지막 범주에 이르면, 우리는 명상하는 것과 독송하는 문제로 되돌아옵니다. 이 율장에는 사원 방문객들이 명상하고 있거나 독송하고 있는 비구들의 모습을 보게 되는 내용이 있지만, 명상과 관련된 내용은 별로 찾아볼 수 없다고 이미 지적했습니다. 하지만 독송하는 것을 다룬 내용은 흔히 찾아볼 수 있으며, 꽤 자세하고 다양하게 설명되어 있습니다. 여기서는 이런 내용을 두 가지만 채택하겠습니다. 「와구사」에는 어떤 재가자가 아주 흥미로운 종류의 독송을 듣게 되는 내용이 있습니다.

> 세존은 "사망한 기부자에게 복덕福德이 약속되어야 한다"라고 말했다. 승가의 장로는 사망한 기부자의 이익을 위해 게偈를 독송했다. 이때 한 재가자가 사원에 왔다. 그는 복덕이 약속되는 것을 들었다.

이 내용에서는 장로가 사망한 기부자를 위해 공공장소에서 게偈를 독송한 것을 뚜렷하게 보여주고 있습니다. 우연히 사원에 왔다고 생각되는 방문자가 이것을 듣게 된 것입니다. 뒤에서 살펴보겠습니다만, 승가의 전례典禮나 의식儀式 속에서 독송이 일상적으로 운영된 사실은 실제로 다른 텍스트로 증명하는 것이 가능합니다. 이 텍스트를 보면 이렇게 일상적으로, 공개적으로 진행된 독송은 사원에서 최고 연장자인 승가장로(saṃghasthavira)가 책임지고 있었습니다.

이 텍스트에는 사원을 방문한 재가자가 독송을 듣고 난 후에 보인 반응이 다행히 기록되어 있습니다. 여기서는 공개된 장소에서 독송하게 된 하나의 이유를 보여주고 있습니다. 재가자의 반응을 약간은 예상할 수 있지만, 그래도 적잖이 흥미롭게 여겨지기도 합니다. 재가자는 장로에게 다가가 말합니다.

> "존자여, 제가 만약 사원을 세운다면, 당신은 제 이름으로 복덕을 칭송하여 주시겠습니까(ārya yady ahaṃ vihāraṃ kārayāmi mamāpi nāmnā dakṣiṇām uddiśasi iti.)?" "세우게 하십시오. 제가 그것을 제대로 해드리겠습니다"라고 장로는 말했다. 재가자는 사원을 세우게 되었다.

장로가 일상적으로 독송을 실행한 것은 오로지 기부자 한 사람의 복덕을 위한 것이면서 기부자 사후의 복덕을 위한 것이기도 했는데, 오로지 이것만을 위해 엄격하게 운영된 것입니다. 기부자의 사후에도 복덕이 계속되기를 바라면서 독송이 운영된 것입니다. 이렇게 독송하는 모습은 사원을 방문한 사람들이 쉽게 볼 수 있는 비구의 업무이면서, 사원의 매일 일과 중 하나로 공개되어 있었습니다. 이렇게 독송하는 모습은 기부자가 사망했어도 그의 복덕을 위해 비구가 독송하는 광경이 언제까지나 계속된다는 것을 보증하고 있는 것입니다. 이것은 사람들이 자신의 사후에도 이렇게 똑같이 공양받기를 바라면서, 기부자가 되도록 만들려고 고안되었을 것이 틀림없습니다. 기부 물품으로 특히 사원을 기부 받은 것은 이 내용뿐이지만, 비구가 하는 독송은 사원의 일일 행사이면서 공개적으로 운영된다는 사실을 장로의 입을 통해 공식적으로 보장해 주고 있습니다. 근본설일체유부의 비구들도 중세 유럽 수도원의 수도사들처럼, 기부자들이 사망해도 그들에게 정신적으로 공양하는 일에 종사했음이 틀림없습니다. 이를 보여주는 사례는 또 있습니다. 그러나 여기서는 이런 독송하는 비구들, 즉 장로들이 독송을 그들의 일과에서 남의 눈에 띄는 업무를 하는 것으로 여겼다는 사실에 주의해 두면 좋겠지요. 그러나 사원의 방문객들이 볼 수 있었던 것 중 독송하는 모습만이 예배와 독송의 유일한 형태는 아니었습니다.

아나타삔다다가 다른 어떤 기회에 제따바나를 방문했습니다. 그리고 외도外道들은 억양이 갖추어진 어조(svaragupti)로 텍스트를 읽는데, 비구들은 그렇지 않다고 붓다에게 지적했습니다. 억양을 갖춘 어조로 텍스트를 읽지 않기 때문에, 비구들이 독송하면 '대추 열매가 휘둘리는 것처럼' 들린다고 했습니다. 불교의 독송은 미적으로 불쾌하며 흉하다는 것이었습니다. 여기서도 역시 미적인지 아닌지만 문제가 됩니다. 이것은 분명히 다음에 음악적으로 화제가 될 것입니다. 붓다는 아나타삔다다의 제안에 따라 억양을 갖춘 어조를 도입하라고 합니다.

> 세존은 "비구들이여, 앞으로는 억양을 갖춘 어조로 법을 독송해야 한다"라고 말했다.

그러나 비구들은 여기서도 붓다가 이렇게 제정한 본래 의도를 오해합니다. 그들은 억양을 갖춘 어조로 해설하고, 독송하고, 예행연습을 하고, 심사를 진행합니다.

> 재가자 아나타삔다다가 제따바나에 와서 이것을 듣고는 "존자들이여, 당신들의 사원은 음악당으로 세워진 것입니까?"라고 말했다.

이 사실이 알려지자 붓다는 법을 독송하는 것에 대해 더욱 정확한 제정을 합니다. 그는 억양을 갖춘 어조의 해설이나 예행연습 등을 금합니다.

> 「사덕찬탄(師德讚歎, śāstur guṇasaṃkīrtana)」과 『무상삼계경』을 독송할 때는 이렇게 억양을 갖춘 어조로 독송해야 한다.

「사덕찬탄」과 『무상삼계경』은 사원의 집회 의식과 관련된 경문經文입니다. 전자는 하루에 두 번 독송하는 것이며, 후자는 적어도 사원의 장례식에서 독송한 것으로 생각됩니다. 아나타삔다다가 사원을 방문했을 때 이것을 목격했던 것으로 보아, 아마 이 둘은 공개석상에서 독송한 것이 틀림없습니다. 심지어 그는 '해설'이나 '예행연습' 등도 보고 있었습니다. 그러나 지금은 우리의 목적을 위해, 이렇게 여러 형태로 진행되었던 독송이 근본설일체유부의 사원을 방문한 방문객들이 보고 들었던 비구들의 모습 중 하나였음에 주의하면 충분합니다. 독송하는 것이 비구들의 일과 중 하나였던 것입니다. 그러나 적어도 전례용典禮用 텍스트는 억양을 갖추어 독송해야 한다는 항목도, 붓다가 제정한 매우 많은 다른 항목들처럼 또 다른 새로운 문제를 낳으면서 비구들의 시간을 빼앗게 됩니다. 억양을 갖춘 독송을 하려면 독송 방법을 배울 필요가 있기 때문입니다.

붓다는 「사덕찬탄」과 『무상삼계경』을 위와 같이 독송해야 한다고 제정했습니다. 이후 젊은 비구는 방법을 몰라서 예전 그대로의 듣기 흉한 방식으로 이것들을 독송합니다. 이 일이 알려지자 붓다는 다음과 같이 말합니다.

> "억양을 갖춘 어조를 배워야 한다"라고 세존이 말했기 때문에, 비구들은 휴게실이나 각자의 독방이나 현관에서 억양을 갖춘 어조를 연습했다.

하지만 이것은 문제를 원점으로 되돌리고 말았습니다.

> 재가자인 아나타삔다다가 제따바나에 왔을 때, 이것을 듣고 말했다. "존자들이여, 사원은 음악학교가 아닙니다. 왜 가수들을 아직 내보내지 않았습니까?"

이런 상황에서 붓다는 아래와 같이 말하는데, 이것은 다음에 설명할 눈에 띄지 않는 장소에서 해야 하는 업무의 범주에도 해당합니다. 이것을 언급하겠습니다.

세존은 "억양을 갖춘 어조를 연습할 때는 격리된 장소에서 해야 한다"라고 말했다.

'격리된 장소'는 '몰래', '남들 눈에 띄지 않는 곳'이라고 보면 됩니다. 따라서 붓다의 해결책은 앞의 말을 변경한 것도, 행동을 금지한 것도 아닙니다. 직접적으로는 이것을 연습할 장소를 특정한 것이고, 간접적으로는 금지된 장소를 특정한 것입니다. 비구가 하는 활동 중에 공개석상에서 하면 안 되는 것이 몇 가지 있습니다. 지금 이 텍스트의 경우는 어조를 갖춘 독송이 노래나 성악과 쉽게 혼동되는 일이기 때문이었습니다. 그러나 방문객들에게 보여주면 안 되는 일은 또 많이 있었습니다. 이것들을 열거하면 또 길어질 것입니다.

4) 눈에 띄지 않는 곳에서 하는 일

「잡사」에서는 비구가 된, 현재 장인匠人이거나 과거에 장인이었던 비구들이 승가의 발우를 고치기도 했는데, 발우가 금속제이므로 장인 비구들이 대장장이 업무를 맡도록 지시받고 있습니다. '처치處置에 숙달된' 비구들은 상처를 치료하거나 절개수술을 하는 외과 의사의 업무를 맡도록 지시받고 있습니다. 또 다른 하나의 텍스트에서는 미용 기술에 소양이 있는 비구나 비구니가 이발하는 업무를 맡도록 지시받고 있습니다. 그러나 어느 경우든, 이런 일은 사적인 장소나 남의 눈에 띄지 않는 장소에서 해야 한다고 특별히 강조되어 있습니다. 「잡사」에서만 이런 규칙을 볼 수 있는 것은 아닙니다. 「피혁사」에서는 비구가 가죽을 세공하거나 신발(sandal)을 수선해야 하는 일을 지시받고 있습니다. 다음은 이에 대한 범어 텍스트입니다.

> 이 기술을 가진 사람은 사적인 장소에서 신발을 수선해야 한다.

이 텍스트의 티베트어판에는 더 자세하게 나와 있습니다. 사적인 장소를 선택해야 하는 이유를 특별히 하나 기록하고 있습니다.

> 세존은 "이런 기술을 가진 비구는 다른 사람이 이런 일을 하는 것을 보고도 믿음을 잃어버리지 않을 수 있는, 사적인 장소에서 신발을 수선해야 한다"라고 말했다.

비구들이 이런 일을 하게 되리라는 것은 이미 예상되었습니다. 이런 일이 합법임에도 불구하고 사원 방문객들의 눈에 띄지 않도록 조심해야 했습니다. 금속이나 의료(血)나 이발이나 가죽 등 '부정한' 재료를 취급하는 것과 관련 있었기 때문임은 쉽게 이해할 수 있습니다. 이런 일들은 이 당시 사람들이 천하고 부정한 것이라고 인식하던 물품을 취급해야 하는 상거래와 관련 있습니다. 비구가 이런 일에 종사하는 것을 보게 되면 분명 교화에 도움이 되지 않는다고 생각했기 때문입니다. 그러나 이런 일이 교화에 도움이 되지 않는 성질임에도 불구하고 이런 상거래를 비구들에게 금하지 않았습니다. 사원에서는 이런 것을 보여주고 싶지 않았습니다만, 어떤 비구들에게는 오히려 업무 중 일부로 인정되고 있었습니다. 이것을 밀교 같은 불교의 새로운 형태의 활동이라고 본다면, 흥미로운 것이라고 할 수 있을지도 모르겠습니다. 이런 일들이 업무로 인정받게 되는 과정을 설명한 몇몇 이야기 속에는, 교화에 도움이 되지 않는 이런 일들을 피하려고 대장장이나 가죽 세공사나 이발사나 의사의 업무를 비구의 사적인 일일 뿐이라고 치부하는 이유 중 하나에 지나지 않는 것으로 설명되어 있습니다. 또 다른 이유로는 승가가 외부의 장인이나 숙련공에게 의존하는 정도를 줄이려 했던 것으로 생각합니다. 이런 업무를 일반인에게 보이지 않으려 했던 것은 비구가 육체노동자는 다르다는 구별도 분명하게 해두려는, 이 율장의 편찬자들이 가진 이상한 편견과도 관련 있는 것 같습니다. 율과 관련된 모든 것이 그렇습니다만, 이 문제도 전체가 서로 복잡하게 얽혀 있습니다. 그리고 이런 복잡함은 분명 비구의 업무라는 것을 바라보는 근본설일체유부만이 가진 사고방식의 특징이기도 합니다.

6. 자신의 업무에 대한 비구들의 인식

마지막으로 참조하려는 내용은 이 율장의 복잡함을 더욱 까다롭게 할지도 모릅니다. 그러나 이것은 어떤 의미에서는 우리를 출발점으로 데려다줍니다. 비구들은 자신들이 외부세계에 어떻게 비쳐질 것으로 생각했을까요? 또 이들은 계율에 따라 생활하는 경우 어떤 상황에 놓인다고 생각했을까요? 이런 문제들을 이해하기 위해 지금부터 참조할 내용이 새로운 암시를 해줄 것으로 생각합니다.

우리가 비구의 업무에 대해 처음 논하기 시작한 것은 짐을 지고 운반하는 것을 정당화하는 비구를 다룬 「잡사」의 한 내용을 고찰하기 시작하면서입니다. 여기서는 육군비구들이 "우리에게도 스승을 예배하고, 승가를 부양하고, 환자를 간호하는 등 많은 일이 있다"라면서 짐을 지고 운반하는 것을 정당화했습니다. 비구들에게는 본인이 짐을 지고 운반하는 것이 당연히 금지되어 있었습니다. 그러나 이렇게 금지했다고 해서 비구들이 과세 대상이 될 가능성이 있는 물건까지, 가까이서든 멀리서든 이곳저곳으로 운반하는 것을 그만두지는 않을 것이며, 이것을 멈출 것이라고 기대하지도 않았습니다. 여기서 마지막으로 다룰 「율분별」은 「잡사」에서 언급한 것과 똑같은 이유로 비구들이 이런 종류의 일을 하게 될 것이라고 예상한 것을 보여주고 있습니다. 이 「율분별」은 승가에 입문한 사위성 출신의 젊은이를 설명하고 있습니다. 그는 출가했습니다.

> 그때 그는, 세존이 "덕행을 해야 한다. 고통은 덕행을 하지 않는 데서 생긴다. 덕행을 하는 사람은 이 세상에서도, 저세상에서도 즐기게 될 것이다"라고 말하는 것을 들었다. 비구들은 특별한 보시(chandayācaka)를 모으고 붓다와 법과 승가에 예배하려고 힘썼다.

그러나 이제 비구가 된 사위성 출신의 젊은이는 세존의 가르침이 널리 알려져 있기에, 자신이 가르침을 실천하기 위해서는 동료들과 경쟁해야 한다는 것을 알았습니다. 그는 '특별한 보시를 모으는 비구들의 수는 많다. 이것들은 소모될 것이다. 사위성은 이들로 가득 차 있다. 그러니 시골 쪽으로 가면 물건을 모을 기회가 있을 것이다'라고 생각합니다. 그는 시골로 가서 '다양한 색채의 옷감을 세 장'이나 모으는

데 성공합니다. 그는 돌아오는 길에 세금 징수 요원을 만납니다. 젊은 비구는 옷감이 붓다와 법과 승가에 속한 것이라며 세금을 면제해 달라고 요청합니다만, 세금 징수 요원은 요청을 받아주지 않습니다. 이 일이 알려졌을 때, 붓다는 이런 상황이 되면 비구는 가장 먼저 세금 징수 요원에게 붓다와 법과 승가를 찬탄해보고, 만약 이런 노력이 효과가 없다면 세금을 내야 한다는 규칙을 제정합니다. 심지어 이런 경우는 그가 운반하고 있는 물건에서 세금을 내야 한다는 규칙까지 제정합니다.

여기서도 몇 가지 주의할 것이 있습니다. 사위성 출신의 비구는 붓다의 말이, 세상 사람들에게가 아니라 비구들에게 향해 있는 것으로 이해하고 있습니다. 이 비구는 덕행의 의무를 승가에 대한 의무로 파악하고 있습니다. 이런 활동에 종사했던 비구의 행동을 규제하기 위해 이렇게 특별한 항목을 제정한 사실에서 보면, 이 율장의 편찬자들도 덕행을 승가에 대한 의무로 당연하게 해석한 것을 알 수 있습니다. 더욱이 비구들은 승가에 대한 의무 때문에, 승가에서 때로는 자신들이 외출하기를 원한다고 받아들였던 것도 분명합니다. 또한, 승가에서는 비구들이 승가에 대한 의무를 다할 수 있도록 과세 대상이 되는 물건의 운반을 요구해도 된다고 생각했던 것도 분명합니다. 여기서는 이 세금 징수 요원이 예상했던 대로의 반응을 보인 것도 흥미롭습니다. 이 율장의 편찬자는 세금 징수 요원이 이른바 '종교 면세'를 인정해 주지 않을 것도, 과세 부분에서는 적어도 비구를 상인과 똑같은 과세 대상자로 분류하리라는 것도 분명 예상했습니다. 징수 요원은 비구들을 상인단체와 같은 형태의 업무에 종사하는 조직의 일원으로 보았습니다. 비구가 금속이나 가죽을 다루는 업무에 종사할 것을 지시받은 경우와는 다르게, 여기서는 이런 활동을 은폐하겠다는 기획은 하지 않습니다. 붓다가 세금 납부에 대한 규칙을 제정한 것은, 편찬자들이 승가의 이런 활동에서 국가의 규정을 암묵적으로 받아들인 것을 암시하는 것입니다. 비구의 업무는 말 그대로 '업무'였습니다.

7. 앞으로의 연구과제

근본설일체유부는 비구의 업무를 어떻게 파악하고 있었을까요? 이 주제를 파악해 보려고 평탄치 않은 넓고 큰 지역을 대강 답사해 본다는 것은, 오히려 이 주제를 더 복잡하고 뒤엉키게 만든다고 생각합니다. 그런데도, 이런 답사의 결과로 이 풍경 속의 몇몇 지형에 조금은 초점을 맞추게 되었습니다. 우리는 지금까지 몇 가지 검토를 해보았습니다만, 이것들은 개별적으로 더 많은 연구가 이루어져야 합니다.

우리는 비구들이 하루의 일과 중 각각의 시간에 할애해 왔던 업무들과 관련된 내용을 살펴보았습니다. 하지만 승가에서의 일정日程이 존재했었는지와 관련해 더 많이 연구해 볼 필요가 있습니다.

우리는 비구들이 몇 가지 독송 활동에 종사한 것을 보았습니다. 그들은 텍스트를 배우고 암기하기 위해 독송하고, 사망한 기부자들을 위해 게偈를 독송하고, 사원 경내境內의 청소의식 중 일부로 게를 독송하며, 전례典禮 장소로 보이는 장면에서 양식화된 형태로 붓다를 찬탄하며 독송하고 있었습니다. 그러나 우리는 이렇게 다양한 형태로 이루어진 독송의 모든 것에 대해 더 많이 연구해야 합니다.

우리는 물질적 재산을 위임한 비구들, 장로들, 사원의 감시견을 관리하는 비구들, 재가의 관리인들, 하인들, 방문자가 사원의 미술에 대해 질문하면 답변하도록 지시받은 비구들에 대한 설명도 살펴보았습니다. 우리는 일반 대중의 노동과 승가 전문직과의 구별에 대해서도 더 많이 연구해야 합니다.

우리는 비구들이 노동자를 감독하거나 사원을 쓸고 닦고, 사원을 건축하고 유지 관리하는 것도 보았습니다. 그들이 금속세공이나 가죽세공이나 이발하는 등 다양한 기술직에 종사하는 것도 보았습니다. 이런 육체노동에 대한 승가의 태도나 가치관에 대해서도 더 많이 연구해야 합니다.

환자를 간호하는 비구들이나 시약소나 재가의 선남선녀 신자들의 임종을 지키는 비구들이나 장례를 맡은 비구들에 대한 설명도 보았습니다. 그러므로 우리는 환자나 임종하는 사람이나 사망자에게 베풀었던 승가의 도움에 대해서도 더 많이 연구해야 합니다.

마지막으로 기부자가 승가에 기부하면 확실하게 사용된다는 것을 확약해 주는 비구의 의무나 기부자를 위해 '법의 협력자'가 되어 근무하는 비구나 사망한 기부자의 공양을 위해 게偈를 독송하는 연장의 비구를 설명하는 것도 보았습니다. 우리는 또, 아나타삔다다의 경우는 특히나 그랬지만, 때로는 기부자들이 '그들의 사원'이라고 부르는 승가에 대해 왕성한 관심을 계속 표현하며, 승가 내부의 행사나 활동에 간섭이라고까지는 말할 수 없더라도 여러 가지 형태로 관여하는 것도 보았습니다. 우리는 근본설일체유부의 승가제도에서 기부자가 지속해왔던 역할과 비구가 이들을 위해 수행해 왔던 역할에 대해서는 아직 많은 연구를 하지 못하고 있습니다.

이런 것들을 더 많이 연구해야 하는 것이 지금 우리에게 요구되고 있습니다.

찾아보기

그레고리 쇼펜(Gregory Schopen)

1947년 미국 출생.
미국 블랙힐스(Black Hills)주립대학(학사, 미국문학), 캐나다 맥마스터(McMaster)대학(석사, 종교사), 호주국립대학(남아시아・불교학)에서 학위를 취득하였다.
미시간대학, 워싱턴대학, 텍사스(오스틴)대학, 캘리포니아(로스앤젤레스)대학, 스탠포드대학의 교수를 지냈으며, 전공은 범어・티베트어, 불교학이다.
저서 : *From Benares to Beijing*: Essays on Buddhism and Chinese Religion in Honor of Jan Yun-hua, eds. K. Shinohara & G. Schopen (Oakville: 1991)
Bones, Stones, and Buddhist Monks: Collected Papers on the Archaeology, Epigraphy, and Texts of Monastic Buddhism in India (Honolulu, 1997)

日譯 : 오다니 노부치요(小谷信千代)

1944년 일본 효고현(兵庫県) 출생.
오타니(大谷)대학 문학부를 졸업하고 교토(京都)대학 대학원 석사과정을 수료하였다. 오타니대학 대학원 박사과정을 수료하고 동 대학에서 교수로 재직하였다.
저서 : 『티베트 구사학 연구』, 『구사론의 원전해명 현성품』(공저), 『법과 행의 사상으로서의 불교』

韓譯 : 임은정

동국대학교 인도철학과 박사과정 수료

대승불교 흥기시대 인도의 사원 생활

초판 1쇄 인쇄 2021년 4월 9일 | 초판 1쇄 발행 2021년 4월 19일

그레고리 쇼펜 著 | 오다니 노부치요 日譯 | 임은정 韓譯 | 펴낸이 김시열

펴낸곳 도서출판 운주사

(02832) 서울시 성북구 동소문로 67-1 성심빌딩 3층

전화 (02) 926-8361 | 팩스 0505-115-8361

ISBN 978-89-5746-640-7 93220 값 23,000원

http://cafe.daum.net/unjubooks 〈다음카페: 도서출판 운주사〉